매국의 역사학자,
그들만의 세상

김명옥

이주한

홍순대

황순종

지 음

매국의 역사학자, 그들만의 세상

만권당

■ **일러두기**

1. 외국의 인명과 지명 표기는 기본적으로 외래어표기법에 따랐으나 중국의 인명 · 지명은 한
   자음대로 표기했고 '임나'의 경우 '미마나'보다 '임나'가 독자들에게 익숙하다고 생각하여
   '임나'로 통일했다.
2. 본문에서 중복하여 제시되는 인용 출처는 처음에만 출판사와 출간연도를 표기하고 이후로
   는 생략했다.

"자명한 이치를 외면한 채 조선의 기존 역사가들은
자신이 기록하는 역사를 자기 목적을 위해 희생했다.
그들은 도깨비도 흉내 못 낼 '땅 옮기는 재주'를 발휘했다."

– 신채호, 『조선상고사』

진실이 번개처럼 후려치리라

1.

지금 대한민국은 역사전쟁 중이다. 한쪽은 조선총독부 역사관을 '통설, 정설'이라고 강변하는 이른바 식민사학계이며, 다른 한쪽은 이를 비판해온 민족사학계이다. 2015년 동북아역사재단이 47억 원을 투입한 『동북아역사지도집』이 양측의 전면적인 충돌을 일으켰다. 그런데 이 사업이 대중들에게 알려지게 된 계기는 국회의원 도종환의 문체부 장관 지명이었다. 도종환이 장관에 지명되자마자 「한겨레」, 「경향신문」, 「한국일보」, 「조선일보」 등 그동안 식민사학계와 한 몸이었던 종이신문들이 일제히 그가 사이비·유사 역사학에 경도되어 이 지도 사업을 중단시켰으므로 장관이 되는 것은 문제가 있다고 성토하고 나섰다. 한국 언론사에서 아주 드물게 볼 수 있는 '좌우합작'이었다. 고(故) 노무현 대통령이 검찰 수사를 받을 때와 지난 대선 때 문재인 후보를 낙선시키기 위해 가동했던 좌우합작 카르텔의 재현이었다. 그 특징은 특정한 프레임으로 상대방을 매도하면서 '아니면 말고' 식의 보도를 반복한다는 점이다. 노무현 대통령 때는 이런 좌우합작이 성공했고 이후 노무현 대통령은 사실상 타살되었다. 지난 대선 때의 좌우합작은 통하지 않아서 문재인 후보가 제19대 대통령에 당선되었다.

그 후 다시 민족사학 죽이기 좌우합작 카르텔이 가동했다. 이들은 『동북아역사지도』 사업의 문제점에 대해서는 일체 입을 다물고, "학자들이 수행하던 순수한 학문 사업을 도종환 의원을 비롯한 국회의 동북아역사왜곡 특위가 부당하게 좌절시켰다."는 프레임만 제시해 독자들을 현혹시켰다. 어떤 기자도 팩트 취재는 하지 않았다.

국고가 47억 원이나 들어갔으므로 발주처인 동북아역사재단은 2008년 8월부터 매년 두 차례씩 16번에 걸쳐 자체 심사를 했다. 2015년 7월까지 15차례는 평점 84.8~95점으로 모두 합격점인 80점을 훌쩍 넘었다. 그러나 국회 특위에서 문제를 제기한 후 식민사학 카르텔에 속해 있지 않은 학자들을 심사위원으로 선정해 평가한 2015년 12월에는 겨우 14점을 받았다.

그 지도에서 북한 강역은 모두 중국으로 넘어갔고, 4세기에도 한반도 남부에는 신라도, 백제도, 가야도 없었다. 조선총독부의 이른바 '『삼국사기』 초기 기록 불신론'을 추종한 결과였다. 게다가 독도는 일관되게 그리지 않았다. 당시 국회 특위 진술회에 지도 제작측 대표로 출석한 임기환(서울교육대학교 교수, 고구려사 전공)은 독도를 그리지 않은 것에 대해 단순한 "실수"라고 답했다. 60여 명의 역사학자가 8년

동안 그린 수많은 도엽에 독도를 일관되게 그리지 않은 것을 단순한 실수로 받아들일 대한민국 국민들이 과연 몇 명이나 될까?

동북아역사재단 연구위원 김종근은 "독도는 단순한 축척 차원에서 다뤄질 수 없는, 우리나라 영토 교육에서 중요한 정체성의 대상"이라면서 "일본사 전도 23매에 독도가 일체 표시되지 않았다."고도 비판했다. 일본사 전도를 23매나 그리면서 독도는 단 한 번도 표기하지 않았던 것이다. 이렇게 독도는 『동북아역사지도』 제작진에 의해 한국 영토에서 사라졌다.

그러나 좌우합작 카르텔 언론은 이런 팩트에는 일체 입을 닫은 채, "도 의원이 '사이비·유사 역사학'에 경도되어 『동북아역사지도』 사업을 중단시켰다."고 호도하기에 바빴다. 게다가 '사이비·유사 역사학'이란 용어가 조선총독부 역사관을 비판하는 역사학자들을 매도하기 위해 만든 용어라는 사실은 전혀 보도하지 않고 '사이비·유사'라는 용어가 마치 우리 사회에서 합의된 학문적 용어라도 되는 것처럼 조선총독부의 나팔수, 선전원 역할에 충실했다. 일당독재 국가의 언론들처럼 사실 관계는 일체 확인하지 않았다. 반론 취재, 언론보도의 기초 따위는 일체 사라졌다. 한마디로 한국 언론의 '셀프 사망진단서'였다.

2.

식민사학계는 조선총독부 조선사편수회가 정립한 역사관을 정(正)·선(善)으로 추종하고, 독립 혁명가의 역사관을 사이비·유사·악(惡)으로 매도했는데, 좌우 언론 카르텔이 이들의 선전원으로 전락해 독립 혁명가의 역사관을 부관참시했다.

한때는 진보를 표방했으나 이제는 조선총독부 기관지로 전락한 「역사비평」에서 아직 학문계에 첫발을 떼지도 못한 젊은 학자들을 동원해 민족사학계를 '사이비·유사 역사학'으로 폄훼하고 나섰다. 그러자 좌우 언론 카르텔이 일제히 이들의 덜떨어진 주장을 연일 대서특필했다. 「조선일보」는 이들에게 '국사학계의 무서운 아이들'이란 닉네임을 붙여주었고, 「경향신문」, 「한겨레」, 「한국일보」는 그들이 노벨상이라도 탄 듯이 다투어 전면에 걸친 인터뷰 기사로 거듭 띄워주었다. 생물학적 나이만 '젊은' 역사학자들이 스승과 선배들을 대신해 조선총독부 역사관 수호의 총알받이로 나선 것이 이들 언론이 그토록 고대하던 일이었던가?

"설마 그럴 리가?" 하는 막연한 생각이 구조적인 악폐를 떠받친다.

"설마 「조선일보」가?"

"설마 「한겨레」, 「경향신문」, 「한국일보」가?"

"설마 젊은 역사학자들이?"

"설마 유명대학의 사학과 교수들이?"

"설마 진보적인 학자들이?"

이 '설마'는 모두 팩트였다. 그런 지 오래였다. 그렇게 한국 현대사가 겉과 속이 다르게 굴절되어온 결과, 지금도 '헬조선'은 계속되고 있다. '노무현 죽이기'에 성공했던 좌우합작 언론 카르텔은 그러나 '민족사학 죽이기'는 실패했다. 우리 사회의 온갖 사안에서 해석을 달리하고 싸우던 좌우 언론이 조선총독부 역사관 수호에는 한

몸이 되었던 비극의 한국 언론사는 처절한 실패의 후일담만 남기고 숨고르기에 들어갔다. 그러나 우리는 안다. 저들은 다시 나올 것이다. 조선총독부 역사관 수호는 저들의 교리가 되었기 때문이다.

우리는 아직 이런 반민족, 반국가적 논조가 「조선일보」, 「한겨레」, 「경향신문」, 「한국일보」 전체의 견해인지에 대해서는 일말의 의심이 있다. 이들 신문사에는 문화부 학술 담당이 주도하는 이 같은 논조에 불만을 품은 기자들도 있을 것이다. 이런 보도가 나갈 때마다 숱한 항의를 받았던 사실도 알고 있을 것이다. 그러나 이런 항의에도 불구하고 같은 보도가 반복된 상황은 우리에게 신문사 전체의 견해라고 해석하게 한다. 아직도 조선총독부 세상인 줄 아는 식민사학이 목숨을 부지하는 최고의 영양소 공급원은 이들 카르텔 언론들이다. 앞으로 잠시만 더 지켜볼 것이다.

이제는 세상이 바뀌었다. '그들'의 눈이 아니라 '나'의 눈으로 세상을 바라보는 개인들이 집단으로 등장했다. 이른바 '전문가'와 '언론'의 카르텔이 진실을 얼마나 호도해왔는지 깨달은 개인들이 모여 '집단'을 이뤘고 한국 사회의 큰 힘이 되었다. 조선총독부 역사관만을 '통설, 정설'이라고 주장하는 '전문가'와 이들과 한 몸인 '언론 카르텔'의 반민주적, 반민중적 행태에 대한 분노의 물결이 SNS를 뒤덮은 지 오래다. 이런 분노의 목소리에 부응하기 위해 우리는 이 책 『매국의 역사학자, 그들만의 세상』을 썼다.

3.
저들은 아직 우리 사회의 이런 근본적인 변화를 깨닫지 못하고 있다. 이런 혁명적인 변화를 인지하지 못하고 평생 중독된 이념과 가치관, 비틀어진 역사관과 비열한 인신공격의 프레임에 갇혀 있다. 그러나 거짓과 능멸의 역사는 이제 더러운 생명을 다했다. 진실의 날카로운 칼이 우리를 옭아맨 주입된 사상과 생각의 사슬을 끊고 그것을 베어버릴 것이다. 거대한 해일이 몰아쳐 매국의 역사학자, 그들만의 세상을 휩쓸어버릴 것이다. 너와 내가 들었던 그 촛불처럼, 너와 내가 맞잡은 이 손으로 이 '헬조선'의 근간을 이루는 매국의 역사학을 끝장낼 것이다.

어느 날 문득
진실이 번개처럼 대지를 후려칠 것이다
그날을 두려워하라

– 김정란, 「역사를 건너온 가슴들이 쏟아졌다」 중에서

2017년 8월
저자들의 뜻을 모아
이주한 쓰다

차례

1부

한국 최대 적폐
'청산해야 할 역사'

1장
누가 사이비 역사학이라 말하는가?

_ 이주한

역사 청산의 폭풍이 몰려오고 있다

촛불혁명의 결과로 탄생한 문재인 정부의 적폐 청산 1호는 국정 역사 교과서였다. 문재인 대통령의 공약집에서 국정 역사 교과서는 4번째 적폐 청산 대상으로 기록되어 있다. 국정 역사 교과서의 편찬을 실무적으로 총괄한 국사편찬위원장 김정배는 새 정부가 들어선 후 바로 사퇴했다. 김정배와 함께 국정 역사 교과서를 편찬한 이기동(한국학중앙연구원 원장)도 같은 운명에 처해질 것이다. 김정배는 조선총독부 산하 조선사편수회(朝鮮史編修會) 출신인 신석호의 제자다. 이기동은 조선사편수회 출신인 이병도의 제자로 역사학계의 중추적인 인물이다.

이병도는 광복 후 이승만에 의해 반민족행위특별조사위원회(이하 반민특위)가 해체되면서 극적으로 살아남아 서울대학교 사학과를 창설하고 학술원 원장을 역임하며 한국사의 태두로 군림했다. 이병도와 함께 진단학회를 만든 신석호는 국사관 사무국장, 고려대학교 교수, 한국사학회 이사장을 역임하며 제자들을 양성했다. 이병도와 신석호는 조선사편수회가 확립한 황국사관을 국사로 정립한 양대 산맥이다.

국회 동북아역사왜곡대책특별위원회(이하 동북아특위)에서 역사학계의 실상을 목도한 국회위원 도종환이 문화체육관광부(이하 문체부) 장관이 되었다. 문재인 대통령은 가야사 연구와 복원을 당부했다. 정한론(征韓論)에 입각한 임나일본부설(任那日本府說)을 추종해 가야를 임나(任那)라고 주장해온 역사학계는 충격과 공포에 휩싸였다.

조선총독부 이래 국가 기관과 대학, 언론 등을 장악한 식민사학 카르텔은 광복 72주년을 맞아 최대 위기를 맞았다. 역사학계는 총공세에 나섰다. 국정 역사 교과서의 편찬을 반대했다며 진보의 외연을 취하는 이들이 위기 국면을 타파하기 위해 전면에 나섰다. 그들은 마치 과학적인 역사학과 민주주의를 옹호해온 것처럼 말하지만 그것은 터무니없는 기만에 불과하다.

근래에 황국사관의 실체를 파악하고, 조선총독부가 확립한 침략 이론을 정설화한 역사학계의 적폐를 심각하게 생각하는 이들이 점점 늘어왔다. 역사학계와 진보·보수를 막론한 언론 카르텔이 문체부 장관 도종환을 사이비 역사학의 추종자로 무차별 공격한 이유가 여기 있다. 가야사 연구를 언급한 문재인 대통령의 발언을 권력의 학문 개입으로 호도하며 비난하고 나선 것도 같은 맥락이다.

"문재인 대통령의 가야사 연구·복원 지시와 도종환 문화체
육관광부 장관 후보자의 역사관을 놓고 다양한 학자의 의견
개진이 이어지고 있다. 두 사안이 불거진 뒤 역사학자들은 한
목소리로 '정치적 판단에 의한 역사학 간여는 학문 발전에 걸
림돌이 된다'고 주장하고 있다."

— 「연합뉴스」, 2017년 6월 11일

박근혜 정부가 추진한 국정 역사 교과서는 폐지되었다. 그런데
역사학계가 또다시 들끓는다. 국정 역사 교과서에 대한 논란 때보
다 더 요란하다. 그것도 위의 기사처럼 '한목소리'를 내고 있다는 점
을 주목하자. 역사학계가 '한목소리'를 낸 적은 없었다. 이 현상은
역사학계가 절체절명의 위기감을 공유하고 있다는 것을 방증한다.

이 과정을 찬찬히 들여다보면 우리 사회를 움직여온 보이지 않는
힘의 실체와 그 작동 방식이 고스란히 드러난다.

폭력적인 단죄

「역사비평」이라는 학술지가 있다. 역사문제연구소가 발간하는 「역
사비평」을 비교적 진보의 학술지로 알고 있던 사람들은 2016년 봄
호와 여름호에 실린 이른바 연속 기획을 보고 충격을 받았을 것이
다. 2016년 봄호에는 「한국 고대사와 사이비 역사학 비판 ①」이란
기획 아래 기경량의 「사이비 역사학과 역사 파시즘」, 위가야의 「'한

사군 한반도설'은 식민사학의 산물인가」, 안정준의 「오늘날의 낙랑군 연구」라는 세 편의 글이 실렸다. 한국 고대사 연구에 천착해온 사람들에게 이 글들은 놀라움을 줬다. 고대사에 약간의 관심이 있는 고등학생은 물론 중학생도 할 수 없는 주장과 논리를 이 글들은 서슴없이 펼쳤다. 글쓴이들은 박사 학위를 수료하고 대학 강사로 활동하거나 그 과정에 있었다. 대학의 현실에 절로 개탄이 나왔다. 이 글들을 읽은 어떤 이는 한국전쟁 때 어린 학도병들에게 총 쏘는 연습만 반나절 시킨 후 전선에 투입해 죽게 만들었던 비극의 역사가 생각난다고 혀를 찼다. 2016년 4월 11일자 「경향신문」을 보니 「역사비평」에서 이들에게 한국 고대사 문제를 정리해보자는 구상과 기고 제의가 들어왔다고 한다. 강단사학계와 「역사비평」 편집위원 박태균(서울대학교 국제대학원 교수)이 움직인 것으로 보인다.

「역사비평」에 이 글들이 실린 직후 식민사학이 어떻게 광복 70년이 지난 지금까지 주류 역사학계의 정론을 차지하고 있는지를 모르는 사람들에게 놀랄 만한 일이 벌어졌다. 「조선일보」는 물론 이른바 진보로 불리는 「경향신문」과 「한겨레」, 중도로 여겨지는 「한국일보」는 일제히 강단사학계의 주장을 논지로 삼아 대서특필했다. 언론이 견지해야 할 최소한의 사실 관계 확인과 공정성은 전혀 지켜지지 않았다.

2016년 3월 12일 「경향신문」은 「사이비 역사학은 왜 위험한가?」라는 기사에서 "(고대사와 관련해) 재야사학자들의 주장이 역사적 고증도 제대로 되지 않은 상태에서 민족주의라는 이름 아래 일부 국회의원들과 일부 진보적 지식인들의 호응까지 얻고 있다. '사이비 역사학'의 영향으로 왜곡된 고대사 인식이 교과서 문제뿐 아니라 한·중 관계와도 관련될 것'이라는 박태균의 주장을 소개했다. 이 기사는 "학계의 우려는 어디에서 나오는 것인지, 고대사에 관한 일부의 주장에 '사이비 역사학'이라는 비판은 타당한지 「역사비평」의 글을 중심으로 짚어봤다."면서 주류 역사학계의 주장을 일방적으로 실었다. '비판의 타당성'을 한쪽의 일방적인 주장으로 짚는다는 것은 언어도단이다. 「조선일보」, 「한겨레」, 「한국일보」도 마찬가지였다. 일제(日帝) 식민사학에 대해서는 보수와 진보의 구분이 없는 한국의 주류 역사학계와 언론의 민낯이 고스란히 드러났다.

언론, 특히 「경향신문」과 「한겨레」 등에서 이들의 주장을 반복해서 싣는 것을 보고 놀란 사람이 많았다. 이 같은 충격은 역사학과 사회의 변화를 위해 긍정적인 측면도 있다. 우리 사회의 상당수 언론들은 보수와 진보를 막론하고 객관적 기록자이거나 비평가이기를 포기하고 일제 식민사학을 대변해온 지 오래다. 이하에서는 '역사학계' 대신 '강단사학계'라고 지칭하겠다. 강단사학계는 국사편찬위원회, 한국학중앙연구원, 동북아역사재단 등의 정부 기관과 국립 대학을 비롯한 전국의 대학에서 역사학을 주도하는 학자들을 일컫는 것으로 역사학계의 일군(一群)을 지칭한다. 요즘은 강단사학 대신 갱단사학이라고 부르는 이들이 늘었다. 사실 갱단사학이라는 말이 이들의 실상과 행태에 더 적합한 용어다. 내가 '강단'이라고 쓰면 독자들은 '갱단'이라고 읽어주기 바란다.

「역사비평」은 여름호에서도 「한국 고대사와 사이비 역사학 비판 ②」이라는 항목 아래 세 편의 글을 연속으로 실었다. 그 내용은 봄호와 대동소이해서 논술을 공부하는 중학생이 그 허점을 조목조목 비판할 수 있는 정도의 수준이었다. 강진원의 「식민주의 역사학과 '우리' 안의 타율성론」, 신가영의 「'임나일본부' 연구와 식민주의 역사관」, 이정빈의 「한사군, 과연 랸허강 유역에 있었을까?」가 그런 글들이다. 이번에도 식민사학과 한 몸인 일부 언론이 쌍수를 들고 자신들의 본색을 드러냈다.

역사비평사는 2016년 봄호와 여름호 「역사비평」의 기획들을 묶어서 『한국 고대사와 사이비 역사학』이란 책을 출간했다. 저자는 '젊은역사학자모임'이란 이름의 단체다. 한국은 생물학적 연령을 가지고 역사학자들이 모이는 세계 유일의 나라다. 역사학자 앞에 굳이 '젊은'이라는 형용사를 붙인 것은 그만큼 켕기는 것이 많다는 심리 상태의 반영으로 보인다.

'젊은' 역사학과 '늙은' 역사학이 따로 있지 않다. 굳이 있다면 젊은 역사학자는 기존의 관념과 학문 권력에 강한 비판의식을 갖고 독립적인 역사학을 추구하는 것이 보편적인 현상이라고나 할까. 그런 면에서 '젊은역사학자모임'은 젊음을 잃은 모임이다. 그들이 젊음을 내세운 이유가 거기에 있을 것이다. 한국 고대사와 관련해 강단 사학계는 늙건 젊건 조선총독부의 사관을 추종한다. 박근혜 정부에서 국정 역사 교과서를 주도하고 일제 식민사학을 내면화한 인물들이 일부 늙은 원로학자에 불과하다는 시각은 사실이 아니다.

학문적 근거와 성취를 내세울 수 없어 '젊음'을 앞세우며 '낡은' 학문의 반복을 감추고자 하는 이들의 정직하지 못한 태도는 적나라한 행태로 점철된다. 내가 이후 '젊은 역사학자'라고 표기하는 것은 이 같은 상황을 역설적으로 상징하는 의미다.

「역사비평」에 실린 글 중 나는 「사이비 역사학과 역사 파시즘」, 「식민주의 역사학과 '우리' 안의 타율성론」, 「민족의 국사 교과서, 그 안에 담긴 허상」, 「민족주의 역사학의 표상, 신채호 다시 생각하기」를 살펴보고자 한다. 이 글들은 『한국 고대사와 사이비 역사학』의 총론에 해당하는데, 같은 내용과 주장이 반복되므로 편의상 통합해서 다루겠다. 또한 이 책에 실린 다른 글들도 전체 맥락을 이해하는 차원에서 함께 검토한다. 사실에 입각한 논거와 타당한 비판 대신 폭력적인 낙인과 혐오, 독선과 교만으로 점철된 이 글들의 요지를 나름대로 정리하면 다음과 같다.

첫째, 강단사학계의 정설(定說)과 다른 견해는 학문의 범주를 벗어난 것이므로 사이비 역사학이다.

둘째, 사이비 역사학은 신채호로부터 비롯되었다. 조선총독부가 체계화한 강단사학계의 실증사학은 정설이자 하나뿐인 진리다.

셋째, 신채호가 주창한 민족사학은 고립적이고 배타적이며, 세계화 시대에 민족과 민족주의는 폐기되어야 한다.

넷째, 사이비 역사학자들의 주장은 일방적이고 자극적인데도 그들의 선전·선동이 쇼비니즘(chauvinism)에 취약한 대중의 의식 구조와 결합해 광범위한 지지를 받는다. 반면 근원적이고 합리적인 강단사학계의 통설은 대중이 외면한다.

다섯째, 국정 역사 교과서는 강단사학계의 통설에 따라 편찬됐는데, 1980년대 이후 사이비 역사학이 반영되었다. 이를 바로잡아야 한다.

어떤 진술이든 표면과 이면, 전체적인 배경과 상황, 맥락을 잘 살펴야 하지만, 한국의 강단사학계, 특히 강단고대사학계의 주장은 사실 여부를 우선 검증해야 하며 논거와 논리 구조, 그리고 관점을 주의 깊게 분석할 필요가 있다.

> "이 글에서 다루고자 하는 또 다른 '역사 파시즘'은 우리나라 상고사를 주된 연구 대상으로 하며, 과거 국가의 국력과 영토에 이상 집착하는 일련의 비합리적 행위들을 말한다. 다양한 해석 가능성이 존재하는 역사 연구에서 '사이비'라는 딱지를 붙이는 것은 난폭하게 느껴지는 측면이 있는 것이 사실이다. 그런데도 이러한 용어를 사용하는 이유는 이들이 이미 학문의 범주를 벗어났다고 판단하기 때문이다."
>
> – 젊은역사학자모임, 「한국 고대사와 사이비 역사학」, 역사비평사, 2016, 14쪽

역사학은 과거의 사료를 비판적으로 검토해서 사실을 발굴하고 다양한 관점과 방법으로 해석하는 학문이다. 그런데 이 글을 쓴 기경량(가천대학교 강사)은 "다양한 해석 가능성이 존재하는 역사 연구"라고 전제하고는 곧바로 "학문의 범주"를 벗어났기 때문에 "사이비"라는 딱지를 붙인다고 모순되게 설명했다. 이 문장이 고교 논술 답안지로 제출되었다면 이 자체로 낙제점을 받을 것이다. 강단사학자들의 공통된 특징은 '젊은', '늙은'을 막론하고 표리부동하다는 점이다. 이들은 필요에 따라 앞뒤가 맞지 않은 견해를 나열한다. 이 글은 사이비 역사학이라는 프레임만 반복할 뿐 "과거 국가의 국력과

영토에 이상 집착하는 일련의 비합리적인 행위들"로 판단하는 구체적 근거들을 전혀 제시하지 않았다. 이 글이 말하는 "학문의 범주"는 무엇이고, "과거 국가의 국력과 영토에 이상 집착하는 일련의 비합리적인 행위들"을 하는 사이비 역사학자들은 누구일까? 기경량은 이 글을 「역사비평」에 실을 때 '사이비 역사학'의 의미에 대해 다음과 같이 주를 달았다.

> "'재야(在野)'란 초야에 묻혀 있다는 뜻으로, 역사학 관련 학위를 가지고 있지 않은 사이비 역사학자들을 지칭하는 용어로 흔히 사용되었다. 그러나 사이비 역사학을 하는 이들이 반드시 '재야'에만 국한되어 있는 것은 아니다. 한국 고대사 전공자인 윤내현과 근대사와 사회학 전공자인 신용하, 그리고 최근 활발하게 활동하는 복기대(고고학), 이덕일(한국 근대사)의 경우처럼 역사 관련 분야의 학위를 취득한 인물들도 존재한다. 따라서 '재야'라는 용어로는 사이비 역사학의 범주를 온전히 정의할 수 없다."
>
> — 「역사비평」 114호, 역사비평사, 2016, 235쪽

앞에서는 "역사학 관련 학위를 가지고 있지 않은 사이비 역사학자들"이라고 하더니 다음 문장에서는 "역사 관련 분야의 학위를 취득한 인물"들도 이 범주에 든다고 말을 뒤집는다. 한마디로 역사학 관련 학위가 '없어도' 사이비고, '있어도' 사이비라는 말이다. 역사학 관련 학위를 가지고 있지 않은 이들은 사이비 역사학자이고, '재야'

로 흔히 지칭한다고 한다. 유독 역사학계에 '재야'라는 말이 보통 명사처럼 통용되는 배경을 알 수 있다. 그런데 역사학 관련 학위를 취득한 이들이 재야에도 존재하니 그보다는 사이비 역사학자라는 지칭이 옳다고 한다. 21세기에 이 같은 주장이 역사 비평지에 논문으로 실리는 예를 다른 나라에서는 찾을 수 없을 것이다. 더군다나 진보를 표방한 「역사비평」 같은 잡지에서 학위가 '없어도' 사이비고, '있어도' 사이비라는 파시즘적 주장을 버젓이 하는 것 역시 친일 청산이 철저하게 무산된 한국에서만 있을 수 있는 현상이다.

역사학 관련 학위의 취득 여부에 따라 사이비 여부가 가늠되고, 역사학 학위를 취득해도 사이비가 되는 기준은 '역사학계 다수의 견해와 다른 이론들'이다. 역사학 관련 학위가 없는 동서고금의 역사가들, 통설을 벗어난 역사학자들은 모두 사이비다. 그러니 이들에게는 다양한 관점과 해석, 풍성한 상상력에 따른 새로운 근거와 논리가 활발하게 제기될 때 학문이 발전한다는 상식이 설 자리가 없다. 소수설이 다수설로 변한 것이 인류의 역사라는 사실도 이들의 머릿속에는 존재하지 않는다. 공자는 "아는 것을 안다고 하고, 모르는 것을 모른다고 하는 것이 아는 것(「논어(論語)」, 「위정(爲政)」)"이라고 말했다. 그러나 이들은 자신들이 아는 것과 다른 주장을 하면 사이비로 매도한다.

'젊은' 역사학자들이 주류 학문 권력의 비민주적 권위주의에 도전하기는커녕 온갖 어려움을 무릅쓰고 그런 학문의 길을 걷고 있는 학자들에게 사이비 딱지를 붙이는 이유와 맥락은 단순하다. 사이비 역사학자로 매도된 이들이 조선총독부가 만든 식민사학을 문헌과 고고학 사료 등을 통해 꾸준하게 비판하고 있기 때문이다. 이들은 하나뿐인 정설을 추종하는 식민사학에 맞서 다른 관점과 방법론에 입각한 연구 결과를 계속 발표해왔다. 결국 사이비의 유일한 기준은 일제 식민사학을 추종하는가, 비판하는가 하는 점이다.

강단사학계는 조선총독부 직속의 조선사편수회 때부터 지금까지 지배 권력과 유착한 관학(官學) 체계를 유지해왔다. 권력과 밀착한 제도권 역사학은 지배 이념의 주축이 되어 권력을 가지게 되었다. 한국의 관제 역사학은 다른 나라에서 그 유래를 찾아볼 수 없는 무소불위의 지위와 특혜를 누리며 일제의 침략 이론을 '근대 역사학', '실증사학'으로 치장해왔다. 그리고 조선총독부가 만든 이론을 하나뿐인 교본으로 삼아 한국사의 전체 체계와 맥락을 구성해왔다.

젊은 역사학자들이 중국 문화혁명 시기의 홍위병처럼 식민주의 학문 권력에 비판적인 학자들을 폭력적으로 매도하고 나선 행위도 이런 배경에서 나왔다. 이들이 무엇을 주장하는지 살펴보는 일은 상식적인 사고를 가진 사람들에게 고달픈 일이다. 이들의 주장이 사실과 무관하고 앞뒤 맥락도 없이 지독한 독선과 교만에 빠진 엘리트주의로 일관되기 때문이다. 이들의 행태 자체가 식민주의의 폐해를 여실히 보여주는 적나라한 사례다.

식민사학의 내면화

젊은이답지 못한 기경량의 주장을 들어보자.

"그렇다면 '사이비 역사학' 혹은 '재야사학'이라 자칭하며 위대한 상고사의 실재를 주장하는 사이비 역사가들의 역사관과 논리는 어떻게 등장하게 된 것일까. 그 뿌리를 찾아가면 일제 강점기의 식민주의 사학에 가 닿게 된다. 일제 강점기의 식민주의 사학자들은 일본의 조선 지배를 정당화하기 위한 작업을 수행했다. 그 과정에서 고안된 몇 가지 이론이 있으며, 이를 크게 일선동조론, 정체성론, 타율성론으로 분류할 수 있다."

– 젊은역사학자모임, 『한국 고대사와 사이비 역사학』, 24쪽

강단사학계의 학자들은 주장을 펼칠 때 총론에서는 일제 식민사학을 비판하고 각론으로 들어가면 식민사학을 반복한다.

"사이비 역사학의 대두는 이 중 타율성론에 속하는 반도적 성격론과 밀접하게 관련되어 있다. (중략) '반도적 성격론'에 대한 가장 근본적이고 효과적인 반론은 자의적으로 적용한 지리적 결정론의 비합리성을 폭로하는 것이라 할 수 있다. 하지만 다른 방향에서 문제를 해결하려는 시도가 있었다. 바로 한국사가 반도의 역사가 아니며 대륙에서 전개된 역사라고 주장하는 것이었다. 이들은 한국사의 '열등성'을 부정하고자 고대의 '우리 역사'가 전개된 공간을 '반도가 아닌 대륙'에서 찾고자 부단히 노력했다. 그러나 이는 '반도의 역사는 열등하다'는 일제 식민주의 사관의 그릇된 명제를 그대로 수용한다

는 점에서 근본적인 한계를 가지고 있다. 이들의 시도는 결과적으로 반도적 성격론의 극복이 아닌 내면화에 다름 아니었으나, 그럼에도 상고시대에 존재했던 '거대하고 강력했던 조국'을 그려보는 것은 달콤하고 유혹적이었다. 결국 겉으로는 식민주의 사학을 격렬하게 비판하고 거부하면서도 다른 한편으로는 식민주의 사학의 이론을 그대로 자기화한 기괴한 쇼비니즘이 탄생하게 되었다."

– 젊은역사학자모임, 『한국 고대사와 사이비 역사학』, 24~26쪽

기경량은 자신의 방법론을 "가장 근본적이고 효과적인" 것으로 절대화하고, 다른 방향의 접근을 용인하지 않는다. 반도적 성격론은 그도 말하듯이 일제가 자의적으로 적용한 침략 이론에 불과하다. 그것의 정당성 여부를 갑론을박하는 것은 문제의 핵심에서 벗어난 접근 방식이다. 일제의 주장을 한 가지 방향으로만 비판해야 할 이유도 없지만, 한국사가 대륙에서 전개된 역사라는 주장이 "열등성을 부정하고자 한 노력"이라는 것도 자의적인 단정이다. "대륙에서 전개된 역사"가 사실에 부합하는지 실증하는 것이 학문적인 태도다.

한국 대학의 역사학과는 어느 대학을 막론하고 이론도 없고 방법론도 없다. '실증'이라는 방법론을 역사의 이론인 것처럼 가르친다. 그런데 이들이 말하는 실증에는 실증이 없다. '젊음'을 내세우며 '젊음'이 없는 경우와 같다. 이들은 역사학의 이론과 방법론을 조금이라도 알면 해서는 안 되는 주장을 서슴없이 전개한다. 역사학에서

중요한 것은 1차 사료 등을 통해 사실을 검토하는 것이다. 그 결과 한국사가 대륙에서 전개된 것이 사실이라면 한국사는 대륙에서 전개된 것이다. 이 사실을 부인한다면 이미 역사가 아니다. 그런데 일제 식민사학은 이렇게 주장했다. 한국사가 대륙에서 전개된 역사라는 주장이 "열등성을 부정하고자 한 노력"이라는 것은 역사학의 기역, 니은을 부인하는 주장에 불과하다고 말이다. "대륙에서 전개된 역사"가 사실에 부합하면 대륙에서 전개된 것이고, 사실에 부합하지 않으면 대륙에서 전개되지 않은 것이다. "열등성" 따위의 심리학적 요인이 들어갈 자리가 없다.

고조선, 부여, 고구려, 발해, 그리고 대륙 백제 등의 역사는 한국사의 강역(疆域)이 반도에 국한되지 않는다는 사실을 말해준다. 이를 사실로 인정하지 않으려면 근거 사료를 가지고 구체적으로 비판하면 된다. 그러나 이런 과정은 생략되고, 한국사가 대륙에서 전개되었다는 사실을 서술하면 '열등성'을 부정하고자 하는 것으로 매도한다. 미국의 역사가 영국의 이주민들로부터 시작된 것은 역사적 사실이다. 그런데 이 사실을 서술하는 것은 '열등성'과 아무런 관련이 없다. 그저 사실일 뿐이다. 미국이나 유럽 학계에 가서 이런 주장을 편다면 어떻게 될까? 굳이 학계까지 가지도 못하고 학부 때 짐 싸서 집으로 가야 한다. 그러나 여기는 해방 70년이 넘도록 일제 식민사관이 하나뿐인 정설로 맹위를 떨치는 대한민국이다. 그러니 아무런 논증도 없이 "열등성을 부정하고자 한", "반도적 성격론의 내면화", "달콤하고 유혹적인", "기괴한 쇼비니즘"의 추상어만 나열해도 언필칭 진보를 표방하는 「역사비평」에 실리고 보수 언론이든 진보 언론이든 하나가 되어 치켜세우는 것이다.

이는 강도에게 빼앗긴 것을 되찾으려는 사람에게 그것은 강도에 대한 열등성을 부정하기 위한 노력이고, 강도의 논리를 그대로 수용하는 것이라고 주장하는 것과 같다. 강도에게 무자비한 폭력을 당한 피해자의 대응을 "달콤하고 유혹적인 기괴한 전체주의"라고 매도하면서 강도를 옹호하고 피의자를 옹호하는 가치 전도에 지나지 않는 것이다.

그런데 이 글은 『한국 고대사와 사이비 역사학』에 실린 모든 글의 대전제다. 이 프레임으로 모든 사실을 해석하고 판단한다. 그 프레임 속에 구체적인 근거는 없다. 이 점을 놓치지 않고 살피면서 그 연원과 인과 관계를 밝혀보고자 한다.

윗글은 이기백의 「반도적 성격론 비판」, 『한국사 시민강좌』 1집을 '주'로 달았다. 이기백은 민주화 열기가 터져 나온 1980년 후반 한국의 역사학계에서 학자와 대중의 광범위한 비판이 일자 『한국사 시민강좌』를 창간해 대응해 나섰다.

이기백이 1987년에 창간한 『한국사 시민강좌』 1집의 특집은 「식민주의 사관 비판」이다. 지금의 「역사비평」과 붕어빵이며 목적은 식민사학의 옹호다. 둘 다 제목으로는 식민사관을 비판하는 척하지만 총론만 그럴 뿐 각론으로 들어가면 식민사관을 열렬히 추종한다. 이기백은 「반도적 성격론 비판」에서 한국 민족이 만주와 한반도에 걸치는 넓은 활동 무대를 차지했다는 사실로는 한국사의 반도적 성격론을 극복할 수 없다면서 다음과 같이 주장했다.

"926년에 발해가 멸망하고 그 지배층이 고려로 망명하여 옴으로써 만주 지방은 거란과 여진과 몽골 등 이민족의 지배 밑에 들어가고 한국사의 영역에서는 벗어나게 되었기 때문이다. 그러니까 고려 이후 지금까지 1,000년 이상 한국사는 한반도를 무대로 전개되어오는 데 지나지 않았다. 따라서 대륙에 붙어 있는 반도에서는 강대국이 생겨나지 못한다는 것을 역사적 진실로 받아들이는 전제 조건 하에서는, 일제 어용학자들의 식민주의 사관을 완전히 극복하기는 힘들다고 생각하는 것이다."

– 『한국사 시민강좌』 1집, 일조각, 1987, 8~9쪽

이기백은 한국사의 강역에서 고조선, 부여, 고구려, 발해 등 대륙에서 전개된 역사를 제외했다. 발해와 고려는 고구려를 계승한 나라였고, 고구려는 부여와 고조선에서 나온 나라였다. 근세인 조선도 고(古)조선에서 이름이 유래했다. 고조선 건국 이전의 역사는 논외로 하더라도 『삼국유사(三國遺事)』, 『제왕운기(帝王韻紀)』, 『응제시주(應製詩註)』, 『세종실록지리지(世宗實錄地理志)』, 『동국통감(東國通鑑)』 등의 문헌 사료들을 통해 서기전 24세기 무렵에 건국한 것으로 전해지는 한민족 최초의 국가인 고조선 이후 발해에 이르는 수천 년 역사를 이기백은 고려 이후의 역사와 단절해버렸다. 한국사의 실재를 실증적으로 접근하기는커녕 일제의 반도사관을 사실로 전제한 것이다.

이기백은 사실에서 벗어난 주장을 하면서 "대륙에 붙어 있는 반도에서는 강대국이 생겨나지 못한다는 것을 역사적 진실로 받아들

이는 전제 조건 하에서"라고 자의적인 조건을 설정했다. 식민사학자들은 항상 '~라면'이란 전제 조건을 단다. 근거가 없기 때문에 '~라면'이란 전제 조건을 제시해야 다음 논리를 이을 수 있기 때문이다.

이기백은 1960년에 4·19혁명으로 식민사관에 대한 비판이 일기 시작하자 1961년에 『국사신론』에서 이 같은 주장을 펼쳤다.

> "한국의 역사가 전개된 무대는 고려 통일 이후 약 1,000년 동안 아시아 대륙의 동쪽 끝에 붙어 있는 조그마한 반도에 국한되었다. 대륙의 한 끝에 붙어 있는 조그마한 반도가 오랫동안의 역사 무대였다는 지리적 조건은 한국사를 지배한 어떤 법칙을 발견하려고 노력해온 많은 사람에 의하여 주목되어왔다. 그리고 이것은 한국의 역사를 위하여 행운이었다기보다도 숙명적인 불행의 굴레를 씌운 것으로 생각되어왔다. 중국과 같이 대륙을 차지하지 못할진댄, 차라리 일본과 같은 섬의 나라였던들 그렇게 거센 이민족의 압력을 받지는 않았을 것이요, 따라서 독자적인 역사와 문화를 발전시킬 여유를 많이 누린 것은 아니었을까. 천하의 주인공임을 자처한 일도 없고, 일출처(日出處)의 천자임을 자랑해본 일이 없는 반도의 나라—조연자(助演者)의 구실, 사대주의적 경향은 한국의 면할 길 없는 운명이라는 생각으로 기울게 된다."
>
> — 이기백, 『민족과 역사』, 일조각, 1983, 2쪽 재인용

고려 초기 윤관이 두만강 북쪽 700리(약 275킬로미터)의 공험진에 고

려의 강역이란 뜻의 고려지경(高麗之境)이라는 비석을 세운 사실을 이기백은 외면한다. 또한 조선 초기에 고려지경을 기초로 명나라와 맺은 국경 조약이 있다는 사실도 무시한다.

이기백은 일제가 체계화한 학문의 틀과 권위주의적 학풍을 벗어나지 못한 채 한국사를 이해했다. 이병도가 한국 역사학계의 태두로 군림하면서 세운 일원적(一元的) 황국관학(皇國官學) 체계는 광복 후 실증주의 사관이란 미명으로 이름표만 바꿔단 채 식민사학을 정설화하고, 이를 비판하는 모든 관점과 이론을 '재야사학', '국수주의 사학'으로 내몰더니 이제는 '사이비 역사학'이라는 프레임으로 억압하려 한다. 일제가 통감부를 설치한 이래 관학을 정(正)으로, 이에 비판적인 견해를 사(邪)로 분립해 다양한 이설(異說)을 이단(異端)으로 통제하는 그대로다. 반민특위가 해체되며 친일 청산이 무산되고 분단과 전쟁, 독재 정권을 겪으며 황국사관과 일제 식민주의의 유폐는 한국 사회를 근저에서 병들게 한 근원적인 적폐가 되었다.

젊은 역사학자들이 전면에 나선 이유

젊음을 벗어난 기경량의 '낡은' 이야기를 더 들어보자.

> "최근 사이비 역사학을 퍼뜨리는 첨병 역할을 하는 이는 유명한 대중 역사 저술가인 이덕일이다. (중략) 이덕일은 국가 기관인 동북아역사재단에서 진행한 『동북아역사지도』 제작 사

업에 대해서도 문제 제기를 하였다. 독도 표기 문제 등 여러 가지를 지적하였지만, 결국 핵심은 고조선 중심지와 고조선 멸망 후 세워진 낙랑군(樂浪郡)의 위치가 한반도 평양에 그려져 있는 것에 대한 불만이었다. 2015년 4월 17일 동북아특위에서는 『동북아역사지도』 연구 책임자인 임기환과 이덕일을 출석시켜 문답을 진행하였는데, 그 분위기는 1981년 국회 문공위원회가 주최한 공청회의 반복에 가까웠다. 국회의원들은 여야를 막론하고 사이비 역사학의 주장을 대변하는 이덕일 측에 호의적인 태도를 견지하였고, 신문과 방송 등 각종 언론은 『동북아역사지도』가 중국과 일본의 왜곡된 주장을 그대로 반영하고 있다는 이덕일 측의 일방적이고 자극적인 주장을 그대로 받아서 보도하였다. 그 결과 역사학자 수십 명이 참여하고 8년의 연구 기간과 47억 원의 세금이 투입된 『동북아역사지도』 편찬 사업은 결국 무산되고 말았다."

– 젊은역사학자모임, 『한국 고대사와 사이비 역사학』, 29~30쪽

비단 역사학자가 아니더라도 국민의 세금으로 운영되는 동북아역사재단의 사업에 문제가 있을 때 이의를 제기하면 안 되는 이유가 있을까? 이들이 뼈아픈 것은 47억 원이란 돈이다. 그간 대한민국에 해로운 역사를 대한민국 국민의 세금으로 설파해왔는데 이제는 그런 행태가 쉽지 않아졌다는 것이다. 젊지 못한 사상을 가진 이들은 이런 주장까지 했다.

"급기야 최근에는 앞에서 확인한 것처럼 정치권 일부의 동조
를 얻어 동북아역사재단 같은 국책 기관을 공격하기에 이르
렀다는 데 문제의 심각성이 있다."

– 젊은역사학자모임, 『한국 고대사와 사이비 역사학』, 121쪽

"동북아역사재단 같은 국책 기관을 공격"하는 것이 문제라는 것
이다. 「조선일보」에서 이들을 띄우는 것은 일면 이해할 수 있다. 그
러나 「한겨레」와 「경향신문」은 어떻게 이해해야 할까? 동북아역사재
단 같은 국책 기관을 진보는 비판하지 말아야 하는가?

대한민국 헌법 제1조 2항에는 "대한민국의 주권은 국민에게 있
고, 모든 권력은 국민으로부터 나온다."라고 명시되어 있다. 대한민
국의 모든 국민은 국가 기관을 감시·비판할 권리와 의무가 있다.
학자도 국민 세금을 받는 한 예외가 아니다. 국회는 국정을 조사해
야 한다. 헌법 제61조 1항을 보면 국회는 국정을 감사하거나 특정
한 국정 사안에 대하여 조사할 수 있으며, 이에 필요한 서류의 제
출 또는 증인의 출석과 증언이나 의견의 진술을 요구할 수 있다.
'젊은' 역사학자들이 반민주적·반헌법적 주장을 하고 나선 이유와
내막을 들여다보면 강단사학계의 실상이 적나라하게 드러난다.

중국과 일본의 역사 왜곡에 대응하기 위해 설립된 국책 기관인
동북아역사재단은 2008년 이후 8년간 47억 원의 예산을 들여 『동
북아역사지도』를 편찬했다. 이 지도는 고대에서 현대에 이르기까
지 한국사의 강역을 중심으로 중국과 일본까지 시대별로 그린 것이
다. 2015년에 종료 예정이었지만 나랏돈을 마음껏 써온 강단사학자

들이 사업을 3년 더 연장하고 30억 원의 예산을 추가로 요구하면서 문제가 발생했다. 예산권이 있는 국회에서 그간 만든 지도의 공개를 요구했다. 국민 세금이 들어간 사업의 경과를 보겠다는 것은 헌법이 보장하는 국회의 권리이자 의무다. 그렇게 공개된 지도는 대한민국 국민의 입을 벌어지게 했다.

한반도 북부는 동북공정을 추종해서 중국사의 강역으로 설정했고, 심지어 조조가 세운 위나라가 경기도 일대까지 차지했다고 그렸으며, 조선총독부의 '『삼국사기(三國史記)』 초기 기록 불신론'을 따르기 위해 4세기까지 한반도 남부에 백제, 신라, 가야가 '있었던 사실을 그대로' 그려 넣지도 않았다. 더군다나 독도는 일관되게 삭제했다. 한마디로 중국의 동북공정과 일본 극우파의 역사관을 추종한 지도였다.

동북아특위에서 그렇게 그린 사료적 근거를 확인해보니 『동북아역사지도』는 한사군(漢四郡)의 위치를 한반도로 비정한 64개 항목의 근거 사료 중에서 『한서(漢書)』 「지리지(地理志)」를 39번, 이병도의 주장을 34번 인용한 것이었다. 그러나 『한서』 「지리지」에는 낙랑군을 비롯해 한사군을 한반도 내로 비정할 근거가 전혀 없다. 모두 거짓말이다. 또한 20세기 인물인 이병도 주장이 1차 사료가 될 수 없을 뿐더러 이병도의 주장 역시 사료에 따른 근거가 없다. 『동북아역사지도』는 중국이 동북공정을 추진하는 과정에서 만든 담기양(譚其驤)의 『중국역사지도집(中國歷史地圖集)』을 그대로 갖다 쓰고, 조선총독부가 조작한 사실들을 전적으로 근거로 삼았을 뿐 1차 문헌 사료나 고고학 자료에 대한 학문적 사료 비판을 거친 것이 아니었다.

임기환은 『동북아역사지도』 편찬자들과 대전 유성의 한 호텔에서 연 회의에서 "동아시아 문화 지도를 제시해서 고조선의 특별성을 약화시키자."라고 발언했다. 대한민국 국민의 세금으로 지도를 편찬하면서 "고조선의 특별성을 약화시키자."라고 공개적으로 말하고 거기 참석한 다른 학자들도 아무런 이견을 제시하지 않았다.

임기환은 국회에서 독도가 일관되게 삭제된 이유에 대해 단순한 "실수"라고 답했다. 그러나 그것이 실수가 아니라는 사실은 임기환도 잘 알고 나이만 '젊은' 역사학자들도 잘 안다. 그렇기에 이들은 "독도 표기 문제 등 여러 가지를 지적하였지만, 결국 핵심은 고조선 중심지와 고조선 멸망 후 세워진 낙랑군의 위치가 한반도 평양에 그려져 있는 것에 대한 불만이었다."라고 독도 문제가 별것 아닌 것처럼 물타기를 시도했다. 2,000년 전의 역사인 고조선 중심지와 낙랑군의 위치에 대해서는 일반 국민이나 국회의원들이 그 진실을 알기가 쉽지 않다. 그러나 독도는 지금도 일본 극우파와 분쟁하고 있는 현재 진행형의 영토 문제다. 이런 독도를 일관되게 삭제했다. 임기환은 국회에서 독도를 삭제한 것에 대해 "실수"라고 했지만 다시 5개월의 수정 기간을 주었는데도 끝내 그리지 않았다.

독도는 『동북아역사지도』가 좌초된 핵심 사유였다. '이 지도를 제시해 독도의 특별성을 약화시키자'라는 암묵적인 동조가 없었다면 있을 수 없는 일이다. 평범한 대한민국 국민 중 누가 한국의 역사학자들이 국민들의 피 같은 세금으로 지도를 만들면서 독도를 일본 것으로 여겨 그리지 않으리라고 상상이나 하겠는가? 그러나 이는 사실이다. 동북아역사재단 독도연구소 연구위원이었고, 2013년까지 『동북아역사지도』 제작을 담당했던 배성준은 「독도 문제」를 보는 비판적 시각을 위하여」라는 글에서 이렇게 주장했다.

> "독도가 우리 것일까? 독도 문제가 되풀이되는 것은 명백한 '진실'을 왜곡하고 독도를 빼앗으려는 일본의 음흉한 음모일까? 사실은 그렇지 않다. 선입관을 버리고 찬찬히 독도 자료를 읽어본 사람이라면 곧 독도의 '진실'이 그렇게 명명백백한 것은 아니라는 점을 느끼게 된다. 그리고 동시에 독도에 대한 '진실'이 얼마나 '독도는 우리 땅'이라는 선입관에 결박되어 있는지 실감하게 된다."
>
> – 「문화과학」 42호, 문화과학사, 2005. 이덕일, 『매국의 역사학, 어디까지 왔나』, 만권당, 2015, 13쪽 재인용

독도가 우리 땅이라는 사실은 역사적 사실이 아니라 우리만의 선입관이라는 주장이다. 이것이 『동북아역사지도』를 만든 중견 학자들과 이른바 '젊은' 역사학자들의 속내인데 이 문제를 연구한 역사학자 이덕일과 동북아특위의 문제 제기로 그들의 의도가 만천하에 폭로되었다. 그러니 그들은 이덕일과 도종환 같은 동북아특위 위원들을 가만히 뇌둘 수 없는 것이다. 이덕일을 죽여야 자신들이 산다고 생각하는 것이다. 이것이 젊음을 모르는 역사학자들이 조선총독부 사관에 대해 비판하는 역사학을 사이비 역사학이라고 매도하며 그 척결을 내걸고 나서게 된 핵심 사유다.

한 역사학자가 역사학자 수십 명이 국책 기관에서 8년간 진행해

온 대규모 프로젝트를 "일방적이고 자극적인 주장"으로 무산했다고 성토한다. 5개월간 수정 기한을 주었는데도 끝내 독도를 그리지 않은 이유에 대해서는 입을 닫는다. 아무리 친일적인 뉴라이트들이 집권한 박근혜 정권에서 발생한 일이라지만 독도가 없는 지도를 어찌 용납할 수 있겠는가? 그래서 동북아역사재단은 '울며 겨자 먹기'로 지도 사업을 중단하고 47억 원 중 10억 원의 환수 조치를 내렸다. 그런데 이 조치에 대해 「경향신문」은 이렇게 성토했다.

> "수십억 원의 예산을 들여 역사학자들이 만든 『동북아역사지도』를 한국이 부각되지 않았다고 폐기해버린 조치는 정치권의 역사학계에 대한 폭거다."
>
> – '조운찬의 들숨날숨', 「경향신문」, 2016년 8월 26일

이 글을 쓴 조운찬은 역사를 전공했고 「경향신문」 문화부장을 역임했다. 식민사학과 언론 카르텔이 하도 극성을 부리다 보니 이 카르텔에 속한 기자들의 출신 학교와 학과가 널리 유포되기에 이르렀다. 식민사학 카르텔에 속해 있는 이들은 학자고 기자고 따질 것 없이 가치관이 심하게 전도되어 있다. 그럼 북한 강역을 중국에 모두 넘겨주고, 조선총독부의 임나일본부설에 따라 4세기까지도 신라, 백제, 가야가 없었다며 누락시키고, 독도까지도 끝내 누락시킨 지도를 대한민국의 국책 기관에서 국민의 세금으로 발간해야 정치권이 역사학계를 대접하는 것인가?

중국의 국가주석 시진핑(習近平)이 미국의 대통령 트럼프(Donald John

Trump)를 만나서 "한국은 중국의 일부였다."는 폭언을 해도 한국 강단사학계는 조용하다. 그 논리 제공을 자신들이 한 것을 알고 있기 때문이다.

이덕일은 1차 사료 등 문헌 자료와 고고학 자료에 의거해 『동북아역사지도』의 문제점들을 논증한 반면, 임기환은 구체적으로 어떤 사료에 근거한 것이냐는 국회의원들의 질문에 "기억이 나지 않는다."며 논점을 흐리거나 동문서답하거나 앞뒤가 맞지 않는 궁색한 변명으로 일관했다(42쪽에 제시한 국회 속기록을 통해 확인할 수 있다). 그런데도 나이는 '젊은' 역사학자들은 "국회의원들은 여야를 막론하고 사이비 역사학의 주장을 대변하는 이덕일 측에 호의적인 태도를 견지했다."고 비판했다.

> **기경량** "지난해 4월에 동북아특위가 이덕일 소장과 『동북아역사지도』 편찬위원인 서울교육대학교 임기환 교수를 불러서 『동북아역사지도』에 대해 물은 적이 있다. 회의록을 읽어봤는데 굉장히 끔찍하다는 생각이 들었다. 여야를 막론하고 임 교수에게 질문을 던지는 게 '이렇게 우리한테 유리한 사료가 있다고 하는데 왜 불리한 사료를 인용하나' 이런 식이더라."
> – 「경향신문」, 2016년 4월 11일

임기환은 일관되게 중국의 동북공정과 일본 극우파의 입장에서 한국사를 설명했다. 그는 중국과 한국, 일본의 문헌 사료와 고고학

자료 등을 무시하거나 왜곡해 주장했다. '젊은' 역사학자들은 유체이탈 화법으로 이를 '끔찍하다'고 했다. 대한민국의 국회의원들이 '북한은 중국 땅이다', '독도는 일본 것이다'라는 주장에 동조해서 이들 강역을 중국과 일본에 넘겨줘야 좋다는 주장이다. 이들에게 양심이 있는지 묻지 않을 수 없다.

동북아특위 국회 속기록 발췌

(전략)

참고인 이덕일　　고구려와 한나라의 국경선을 아까 말씀드린 대로 세로로 긋는 이 사료적 근거가 뭡니까?

참고인 임기환　　말씀드리겠습니다. 이 시기에 자료를 검토했을 때 고구려가 정복하고 있던 영역들의 교통로를 중심으로 해가지고 그 지점들을 찾습니다.

참고인 이덕일　　아니, 그러니까 그 자료가 대체 무엇이냐는 거지요, 1차 자료가.

참고인 임기환　　『삼국사기』 자료들입니다. 『삼국사기』 자료, 『삼국지』 자료들입니다.

참고인 이덕일　　아까 태조왕이 요서에 10개 성을 쌓고 모본왕이 어양, 상곡, 북평 여기를 다 공격했다고 한 그것은 『삼국사기』에도 나와 있고 『후한서』에도 나와 있어요. 그것은 전혀 인정 안 하지요? 그런데 『삼국사기』에 고구려가 천산산맥을 자르고 그다음에 장백산맥 자르고 강을 다 잘라가지고 국경을 (정)했다는 자료가 어디 몇 조에 있어요? 위원님들 조금만 시간 있으시면 저희가 저기(스크린)에 다 띄워볼 수 있어요. 『삼국사기』 자료를. 1차 자료가 (인터넷에) 다 떠 있습니다. 어디 있어요? 『삼국사기』 어느 왕, 몇 연도에?

참고인 임기환　　제가 지금 갑자기 기억이 잘 나지 않는데 『삼국사기』 자료와 『삼국지』 자료를 종합적으로 검토한 결과라고 말씀드릴 수 있습니다.

참고인 이덕일　　고구려사 전공하시는 분이 고구려사에 관한 『삼국사기』 사료 정도를 몰라서야 되겠습니까? (후략)

당시 동북아특위 위원들은 『동북아역사지도』에 숨겨진 함의가 드러나자 놀라움을 금치 못했다. 이덕일은 『매국의 역사학, 어디까지 왔나』에서 이 내용을 상세하게 기록했다. 그러자 강단사학계와 언론의 무자비한 공격이 시작되었다. 「한겨레」는 「이덕일 중심 '상고사 열풍'에 드리운 정치적 위험성」이라는 제하로 다음과 같이 집중포화를 퍼부었다.

"유사 역사학자들은 고조선의 중심이 한반도가 아니라 중국 요령성 일대에 있었다고 주장한다. 이 '고조선 중심지 재요령성설'은 조선시대 이익과 안정복에서 발원해 신채호를 거쳐 북한의 리지린이 종합 정리한 것이다. 리지린은 『고조선 연구』에서 『산해경(山海經)』을 비롯한 중국 문헌들에 나오는 요수, 패수 등 강 이름을 언어학적으로 추적해 그런 결론을 냈다. '리지린의 주장은 남한 학계의 윤내현에 의해 그대로 확대 해석' 됐다. 윤내현은 한 걸음 더 나아가 고조선이 조·중 국경인 하북성 난하(灤河) 이동 지역에서 한반도 서북에 걸쳐 있었으며, 이미 고대 제국의 단계까지 발전해 있었다고 주장했다. 윤내현의 계승자가 이덕일이다. 1990년대에 윤내현, 2000년대 초반 최재인이 있었다면, 지금은 이덕일의 전성시대다. (중략) 특히 이덕일 등은 자신들의 환상을 반박하고 한반도의 식민 경험을 인정하는 강단역사학계를 '(친일사학자) 이병도와 신석호 제자들의 식민사학 카르텔, 사피아(사학 마피아)'라고 싸잡아 매도하고 있다. 그들의 주장은 '시대착오적 애국주의와 전체주의로 나아가는 현 정부의 논리와 연결되는 부분이 크다' (중략) 국회도 '동북아역사왜곡대책특별위원회'라는 특별 기구까지 만들어 유사 역사학자들에게 활동 무대를 제공했다."

— 「한겨레」, 2016년 3월 24일

신채호, 리지린, 윤내현, 이덕일을 사이비 역사학자의 계보로 엮고, 이들을 시대착오적인 애국주의와 전체주의로 규정하면서 박근혜 정부의 역사관과 연결했다. 대단히 악의적인 글이다. 기자로서의 양심을 저버린 범죄 행위다. 강단사학계의 일방적인 매도를 객관적인 취재와 조사, 기사 작성의 최소한의 원칙을 저버리고 독립 혁명가와 일제 식민사학에 맞선 역사학자들의 삶과 철학, 역사관을 처참하게 짓밟은 것이다. 동북아특위가 이들에게 활동 무대를 줬다고 역공했다. 박근혜 정부의 역사관을 뒷받침해온 것은 강단사학계가 유지해온 조선총독부의 사관임을 대중은 알고 있다. 「한겨레」는 가해자를 피해자로, 피해자를 가해자로 만든 것이다. 이덕일은 이후 정식으로 「한겨레」에 해명과 사과를 요구했으나, 아무런 답을 받지 못했다.

한편 동북아특위의 문제 제기 후 『동북아역사지도』는 동북아역사재단의 자체 평가에서 '출판 불가 판정'을 받았다. 2008년 이후 연 2회, 15차례의 자체 평가에서 평점 84.8~95점으로 모두 합격점 (80점)을 받았는데, 2015년 12월 심사에서 평점 14점을 받아 최종 평가 점수 44점을 받았다. 15차례 채점에서는 최저 84.8점에서 최고 95점을 맞았는데, 16번째 채점에서는 14점을 맞았다? 희한하다는 말 외에 다른 말이 필요 없다. 15차례의 시험에서 85~95점 맞은 학생이 16번째 시험에서는 14점을 맞았다. 중국과 일본의 패권주의 시각이 아니라 대한민국의 상식적인 사실로 채점했다면 14점도 높다.

그런데 14점짜리 답안지를 85~95점으로 채점했던 15번의 채점위원들은 누구일까? 강단사학계의 구조를 조금이라도 알면 그 답을 알기는 어렵지 않다. 앞의 15차례 채점은 동북아역사재단이 식민사학 카르텔에 의해서 채점위원을 선정했다면 16번째의 채점은 이 지도에 대한 사회적 물의가 일면서 식민사학 카르텔을 배제하고 채점위원을 선정한 것이다. 카르텔에서 벗어나 객관적으로 채점하니 14점이란 진짜 점수가 나왔던 것이다.

동북아역사재단의 한 연구위원은 "독도 표기가 부실한 『동북아역사지도』를 심사에서 통과했더라면 재단은 온 국민의 지탄을 받으며 공중분해가 됐을 가능성이 높다."(『연합뉴스』, 2016년 5월 17일)고 발언했다. 그런데 「경향신문」, 「한겨레」, 「한국일보」 등이 지속적이고 반복적으로 조선총독부 역사관의 편에 서서 이들을 비판하는 학자들에 대해 테러 수준의 공격을 해대는 것은 우연이나 일탈이 아니다.

2015년 9월에 새로 취임한 동북아역사재단 이사장 김호섭조차도 "저도 어이가 없다. 특별 감사 요청 여부도 검토하겠다."(『조선일보』, 2016년 7월 1일)고 말했을 정도다. 만약 이덕일의 학술적 검증과 동북아특위의 문제 제기가 없었다면 30억의 예산이 더 투입되고, 지도는 그대로 출간되었을 것이다. 한국의 국책 기관이 중국의 동북공정과 일본 극우파의 역사 논리를 그대로 추종한 지도를 대한민국 정부의 이름으로 발간했다면 중국과 일본은 이를 적극 활용해 북한과 독도에 대한 영유권을 주장했을 것이다. 일본과 중국의 역사학계와 정부 기관이 주장하는 것과는 완전히 차원이 다른 문제다. 그 결과가 일으킬 참상은 상상을 초월할 것이다.

> "동북아역사재단의 한국사 지도 제작 중단 사태는 역사학계가 '사이비 역사학'이라는 말을 만들고 공세적으로 반격해야 한다는 위기감을 가져다주었다. 정치권에 의해 학문 연구가 중단된 사례였다. 도종환 의원과 김태년 의원 등 국정 교과서 전환에는 당론으로 반대했던 야당 의원들마저도 이 사안에서는 새누리당 의원들과 같은 태도를 보였다. 한국 고대사 전공자인 하일식 연세대학교 사학과 교수는 '청와대와 교육부, 동북아재단의 관료들 가운데 일부가 1980년대 널리 퍼진 사이비 역사학에 동조하고 있고 학계의 다수를 식민사학으로 몰아붙이고 있다'고 말했다."
>
> — 「경향신문」, 2016년 3월 12일

'사이비 역사학'이란 말은 이런 배경에서 나왔다. 국회의원 도종환이 문재인 정부에서 문체부 장관 후보로 지명된 순간부터 강단사학계와 언론은 그를 사이비로 몰기 바빴다.

「한국일보」의 「도종환 후보자님 '위대한 상고사'는 안 됩니다」라는 인터뷰 기사에서 젊음을 버린 역사학자들은 이렇게 주장했다.

한국일보 "동북아특위 위원 시절의 도종환 의원이 문제라는 건가."

안정준 "식민사학이라는 누명 때문에 50억 원을 들였던 『동북아역사지도』 사업과 10년 정도 진행된 하버드 고대한국 프로젝트가 무산됐다. 그걸 도 의원은 자기 업적이라 말하면서도 '유사 역사학'에 경도되지 않은 것처럼 대답한다. 설명이 필요한 대목이다."

기경량 "역사학계가 다 좌파라서 교과서를 국정화해야 한다는 주장은 정권 교체로 폐기됐다. 남은 건 식민 사학자들이 역사학계를 장악했다는 터무니없는 모함이다. 도 의원이 성찰하는 모습을 보여주셨으면 한다. 역사학계와 허심탄회하게 대화했으면 좋겠다."

– 「한국일보」, 2017년 6월 4일

안정준은 동북아특위 활동에 대해 도종환 후보자가 해명해야 할 것이 있다고 했다. 이들은 인터뷰에서 진보를 자처하는 일부 정치인들까지 사이비 역사학에 경도된 걸 보면 기가 찰 따름이라며 반드시 학계 의견을 수렴하라고 주장했다. 국회의원 도종환의 성찰을 요구할 것이 아니라 자신들이 성찰할 문제다. 동북아역사재단의 하버드 고대한국 프로젝트라는 것도 『동북아역사지도』 사업처럼 조선총독부와 중국 동북공정의 논리를 그대로 따르는 사업이었다. 이 기사는 "문체부 장관 후보자 도종환을 두고 역사학계가 술렁대고 있다."며 젊은 역사학자들이 국회의원 도종환에게 '재야사학'과 관계를 청산할 것을 요구했다고 한다. 젊은이들이 그릇된 역사관으로 사상과 양심의 자유를 통제하고자 패악질에 나선 것이다.

2017년 6월 1일 「중앙일보」는 국회의원 도종환에게 '유사 역사학자'라는 우려가 나온다며 페이스북 등 SNS상에서 역사학자와 역사교사를 중심으로 도 의원에 대한 우려가 확산하는 중이라고 했다. "많은 이가 우려의 시선으로 바라보는 의원 도종환의 지나친 민족주의와 이에 따른 유사 역사학에의 동조 혹은 가담은 반드시 짚고 넘어가야 할 문제로 믿고 있다."라는 심재훈(단국대학교 교수)의 발언을 소개했다.

「동아일보」는 논설위원이 쓰는 '횡설수설'에서 「도종환 시인의 사이비 사학」이라는 제목을 달고 "도 의원이 장관이 될지는 모르겠으나 그의 어쭙잖은 인식이 역사를 몽롱한 시로 만드는 일은 없어야 한다."고 횡설수설했다. 「'식민사학' 공격받는 김현구 교수 "임나일본부 인정한 적 없어"」라는 제하로 「한국일보」는 대표적인 임나일본부설 논자인 김현구의 인터뷰 기사를 실으며 이렇게 주장했다.

> "강단사학과 재야사학이 고대사 인식을 둘러싸고 전선을 형성한 상황에서 도 후보자가 '역사 내전'의 도화선이 되는 것 아니냐는 우려도 나온다. 여호규 한국외국어대학교 사학과 교수는 '역사 문제는 정부 관료나 국회의 정치인들이 아니라 학계에 맡겨둬야 한다'고 비판했다. 지난 4일 「한국일보」와의 인터뷰에서 도 후보자의 역사관에 대해 강한 의혹을 제기했던 안정준 경희대학교 연구교수도 '그런 발언은 문재인 대통령의 가야사 연구 발언의 선의마저 훼손할 수 있다'고 주장

했다."

— 「한국일보」, 2017년 6월 8일

강단사학과 재야사학의 전선이라는 프레임은 속임수다. 재야사학을 사이비로 몬 이유도 거기에 있음을 우리는 간파하고 있다. 한국 사회의 현재와 미래를 어떻게 보는가 하는 근본적인 가치관과 세계관, 그리고 역사관의 문제다. 이것을 강단사학계와 언론은 학계에 맡기라고 한다.

> "역사 교과서 국정화 반대 운동을 함께 벌인 인연으로 도 후보자를 옹호해온 주진오 상명대학교 사학과 교수도 자신의 페이스북 계정에 '만약 도 의원이 문체부 장관이 되어, 유사 역사학 관련자를 등용하고, 박물관 전시에 반영하도록 강요한다면 그와 맞설 것'이라며 도 후보자에게 명확한 입장 표명을 요구하는 글을 게재했다."
>
> — 「한국일보」, 2017년 6월 8일

주진오(상명대학교 교수)는 진보적 행보를 한 역사학자로 인식되었다. 진보? 만약 프랑스에서 나치 역사관을 추종하는 학자가 있다면 진보라고 불릴 수 있을까? 한국은 조선총독부 역사관을 추종하는 이들이 진보라고 자칭할 수 있는 전 세계에서 유일한 국가다. 그 근원은 친일 청산에 실패한 한국 현대사에 있다. 한국 근현대사는 진보적 관점을 유지하는 척하면서 한국 고대사는 조선총독부의 역사관을 추종한다. 역사에 '관(觀)' 자를 붙일 수 있는 것은 관점이 일관 된다는 전제에서 가능하다. 그러나 이들은 따로국밥이다. 다시 말해 '그때그때 달라요'다.

『동북아역사지도』 편찬에 참가한 사람들은 대부분 대학교수들이 었다. 한국 대학이 왜 몰락할 수밖에 없는지를 잘 말해준다. 배성인 (『진보평론』 편집위원)은 해방 뒤에도 체제 순응적이며 자본 친화적인 방향 성이 한국 대학의 본질과 지배 이념이 되어왔다면서 이렇게 말한다.

> "즉 한국의 대학과 구성원들은 타자의 논리와 외부의 폭력 앞에 한 번도 주체적으로 서본 적이 없는 셈이다. 그렇다고 한국 학계에 독창적인 이론이 전혀 없는 것도 아니고 학술적 기여가 큰 논문들이 없는 것도 아니다. 다만 독창적이고 학술적으로 유의미한 연구 성과는 대부분 학계에서 인정받지 못했다. (중략) 이제 한국에서 지식은 그저 보상을 위한 도구로 전락했다. 제도적 지식 세계에 일단 편입되면 권력이나 자본과 무관한 의미 있는 연구를 진행하는 일은 거의 없다."
>
> – 「황해문화」 94호, 새얼문화재단, 2017, 42~43쪽

이런 비극의 뿌리에는 광복 후 실패한 친일 청산 문제가 있다. 조선총독부에 충성한 이들을 청산하는 대신 이들이 국사학계의 '태두'로 군림해 독립 혁명가들의 역사학을 말살한 것에 한국사의 비극이 있다. 따라서 이런 비극적인 구조를 비판하는 역사학자들은 자신의 연구를 더욱 엄정하게 검증하는 경향이 있다. 또한 학계에 적극적

인 비판과 토론을 요구한다. 사실 검증과 사료 비판을 철저하게 행하지 않고 정밀한 논증 방식을 취하지 않으면 설 땅이 없기 때문이다. 반면 강단사학자들은 조선총독부 시절의 일본인 학자들에게 기대거나 이병도에게 기대면 된다. 이병도의 영향력이 어느 정도인가라는 질문에 젊음을 배반한 안정준은 이렇게 답했다.

> "이병도 선생이 기초적인 연구를 다 해놨는데 거기서 기본적인 걸 따른다고 우리가 이병도 선생 학파가 되는 거고 식민사학자 되는 건가?"
>
> — 「경향신문」, 2016년 4월 11일

기초적인 연구는 이병도가 다 해놨다지만 이것도 사실이 아니다. 이병도의 연구란 그가 근무했던 조선총독부 직속 조선사편수회의 일본인 학자들이 연구, 아니 조작한 것을 추종한 것뿐이다. 그는 평생 제국주의 역사학의 틀을 벗어난 적이 없다. 그런 그의 학문을 따르면 이병도 학파이고, 식민사학자가 되는 것이다.

상식적으로 생각해보자. 이병도는 일본 제국주의 역사학자들로부터 학문을 익혔다. 그들의 추천으로 젊은 시절 조선사편수회에 들어가 해방 때까지 일제에 충성했다. 그는 광복 후 강단사학계의 태두로 군림하면서 일제의 황국사관을 대한민국의 국사로 만들었다.

반면 일제에 맞서 싸우다 죽음을 맞은 신채호는 역사를 잃으면 모든 것을 잃는다는 신념으로 역사 연구에 목숨을 걸었다. 그는 역사 현장을 답사하고, 1차 사료 등의 각종 문헌과 고고학, 인류학,

언어학, 사회학 등을 섭렵하며 한국사의 체계를 과학적으로 세워나 갔다. 신채호는 어조사 '의(矣)' 자 하나 어긋났다는 이유로 생계가 걸 린 「북경신문」에 기고를 그만하겠다는 의사를 밝힐 정도로 엄격한 역사학을 추구했다. 그가 중국의 여순(旅順) 감옥에서 옥고에 시달리 면서 국내 언론에 기고한 역사는 수많은 독자의 열렬한 지지를 받 았다. 대일 항쟁기 때만 해도 그랬다.

그러나 광복 후 신채호의 역사학은 한국 역사학계에 의해 처참 한 부관참시를 당했다. 국가 예산을 다루는 학자가 공개 학술대회 석상에서 "신채호는 세 자로 말하면 또라이, 네 자로 말하면 정신병 자"라고 단언한다. 그래도 아무도 공개적으로 항의하지 않는다. 그 나마 속으로 분개한 학자들에 의해 이런 사실이 알려졌다.

이런 현상은 20세기 식민지 해방사에서 유래가 없다. 1960년대와 1980년대 후반, 그리고 지금, 민중의 역동적인 역사가 펼쳐질 때마 다 강단사학계는 위기를 맞았다. 그때마다 강단사학계는 신채호의 역사학을 '국수주의', '편협한 민족주의', '관념주의'의 프레임으로 폄 훼하고 이병도의 역사학은 객관적이고 실증적인 역사학으로 치켜세 웠다. 여기에 보수 언론뿐 아니라 이른바 진보 언론까지 가세했다. 이 문제는 뒤에서 구체적으로 다루겠다. '젊은' 역사학자들은 자신 들의 자리 임용권을 쥐고 있는 자들에게 기꺼이 노예가 되어 완장 을 차고 기고만장해 한다. 언론에서 노골적으로 조선총독부의 침략 이론을 지지하며 낄낄댄다.

「경향신문」이 식민사학의 입 역할을 한 횟수는 세기도 힘들다. 노 태돈과 함께 『동북아역사지도』 편찬위원으로 활약한 한국고대사학회 회장 하일식(연세대학교 교수)과 한 인터뷰를 통해 "허황된 이야기가 너무나 많이 퍼져 그냥 두고 볼 수 없는 지경이 됐다."(『경향신문』, 2016년 3월 12일)는 근거 없는 주장을 일방적으로 보도했다.

「역사비평」에 「사이비 역사학과 역사 파시즘」을 기고한 나이는 '젊은' 학자 기경량은 동북아특위에 대해 "정치 권력을 가진 사람들은 역사에 관심을 가지되 전문적 분야는 학계에 맡기고 지원해주는 게 가장 좋다. 연구에 직접 개입하기 시작하면 거기서 문제가 발생한다."고 말했다.

전 세계 역사학계에서 자국을 식민지로 통치한 기관에서 만든 역사관을 계승하는 나라, 이 역사관이 21세기에도 하나뿐인 정설로 군림하는 나라는 대한민국밖에 없다.

역사에서 절대적인 진실은 없다. 모든 학문이 그렇듯 역사학은 겸손한 자세로 정직하고 개방적으로 연구하고 토론하는 과정에서 객관성을 확보한다. 역사적 진실을 파악하는 최선의 방법이 대중적인 토론이다. 지식은 개인의 것이 아니라 집단 전체와 오랜 세대에 걸친 동시대의 공유물이기 때문이다. 그러나 한국의 식민사학자들이나 나이만 '젊은' 역사학자들에게 대중은 소통의 대상이 아니라 교화의 대상이다. 그래서 이들은 이렇게 말한다.

"사이비 역사학은 수십 년에 걸친 지속적인 선전·선동으로
광범위한 대중화에 성공하였다."

– 젊은역사학자모임, 『한국 고대사와 사이비 역사학』, 28쪽

젊음을 내세우는 역사학자들의 오만한 엘리트주의

국가와 자본의 관리에 편입된 관제사학은 국가 기관의 지원을 받으며 생명을 부지해왔다. 대학의 연구자들은 국가의 승인을 받은 등재지에 획일적인 논문을 제출하느라 연구를 등한시하고 비판 정신을 스스로 거세했다. 인문 정신으로 고양된 집단지성은 역사학의 객체가 아닌 주체로 선 지 오래다. 선전과 선동으로, 그것도 사이비 학문으로 광범위한 대중화에 성공했다고 개탄하는 것은 이들의 학문 수준이 대중의 발아래 있다는 자기 고백에 불과하다.

"사이비 역사학이 대중에게 수용되는 양상을 보면 특이한 지점이 확인된다. 명백하게 파시즘을 기반으로 한 주의·주장임에도 보수 우파뿐 아니라 진보를 자칭하는 사람들조차 거부감 없이 받아들이는 경우가 많다는 점이다. 이는 사이비 역사학이 표면적으로 내세우는 것이 '민족주의'와 '반식민사학'이라는 점에 기인한다. 사이비 역사학자들은 역사학계의 주류를 친일파로 매도하고 그 대척점에 스스로를 위치시키며 대중성을 확보하는 전략을 취하고 있기 때문에, 실제로 친일파 청산에 문제의식을 가지고 있는 이들의 공감대를 이끌어내기 쉬운 것이다. 다른 한편으로 진보를 자칭하는 사람들조차 이러한 주장에 쉽게 동조할 만큼 한국인들의 사고 구조가 쇼비니즘에 취약하다는 뜻이기도 하다."

— 젊은역사학자모임, 『한국 고대사와 사이비 역사학』, 29쪽

기경량은 식민사학이 하나뿐인 정설인 한국 사학계에 대한 성찰과 비판은 전혀 없는 것은 물론 자신들의 원죄를 대중에게 전가한다. 조선총독부 역사관을 추종하는 식민사학이 객관적 파시즘이다. 이들이 21세기에도 추종해 마지않는 '대일본제국'은 1940년 9월 독일·이탈리아와 파시스트 동맹을 체결했다. 이런 파시스트가 만든 관학이 식민사관이고, 이를 추종하는 것이 현재의 강단사학계다. 이런 파시스트에 맞서 목숨 걸고 싸운 많은 이들은 역사학자들이었다. 대한민국 임시정부 제2대 대통령 박은식, 대한민국 임시정부 초대 국무령 이상룡, 신채호, 이시영 할 것 없이 모두가 역사학자들이었다. 역사학에서 독립운동의 논리가 나왔다. 이들은 모두 철저한 민주주의자들이었다. 21세기에도 '대일본제국'을 추종하는 식민사학자들이 이런 선열들의 역사학을 파시스트라고 매도한다. 그러면서 우매한 대중과 역시 우매한 진보 인사들이 이를 모른다고 호도한다. "한국인의 사고 구조가 쇼비니즘에 취약하다."는 말은 "한국인에게는 당쟁을 좋아하는 피가 흐른다."고 주장했던 일본인 식민사학자들의 사고 구조와 똑같은 것이다. 한국인의 사고 구조를 열등한 것으로 매도한다.

식민사학자들은 "친일파 청산에 문제의식을 가지고 있는 사람들의 사고 구조"를 정의 실현에 대한 당연한 희구로 보는 것이 아니라 "쇼비니즘에 취약"하기 때문이라고 매도한다. 친일파 청산에 대한 문제의식은 친일 당사자들이나 식민사학 카르텔에 있는 소수를 제외하고 평범한 대한민국 국민이라면 모두 갖고 있는 당연한 역사의식이다. 이를 쇼비니즘으로 폄하하고, 정의를 희구하는 한국인의 사고

구조를 비하하는 수법은 조선총독부가 써먹은 수법 그대로다.

자신들이 파시스트면서도 그 대척점에 있는 이들을 파시스트로 매도하는 것처럼 아무것이나 이것저것 끌어들여 공격하고 횡설수설하는 것은 이들의 바뀌지 않는 습성이다. 젊은 척하는 강진원(서울대학교 강사)은 이렇게 주장한다.

> "특히 일반 시민의 경우 식민주의 역사학을 부정하면서도 그러한 인식에 기초한 사고를 드러낼 때가 있다. 우선 만선사관이다. 어느 정도 역사에 관심을 지닌 시민이라면, 만선사관이 식민주의 역사학의 일종임은 알고 있다. 그러나 자신도 모르게 만선사관의 기본 틀, 즉 만주의 역사적 흐름이 한반도에 영향을 주었다는 만주 중심적 인식을 보이는 경우가 있다."
>
> – 젊은역사학자모임, 『한국 고대사와 사이비 역사학』, 47~48쪽

이들의 논리는 이런 것이다. 한국인은 일본 침략자들을 싫어한다. 일본 침략자들이 쌀밥을 먹는데 한국인은 왜 쌀밥을 먹느냐고 비판하는 것이다. 만선사관이 그런 류다. 한국사를 만주의 부속사로 보는 황국사관이 만선사관이다. 한국 고대사의 무대는 만주와 한반도와 일본 열도에 걸쳐 있었다. 비단 고대뿐 아니라 만주와 한반도는 서로 영향을 줄 때가 많다. 정묘호란과 병자호란 자체가 이를 말해준다. 후금(後金)은 조선을 먼저 복속하지 않고는 산해관(山海關)을 돌파해 중원(中原)으로 들어갈 수 없었다. 그래서 먼저 정묘호란과 병자호란을 일으킨 것이다. 만주와 한반도 역사는 밀접한 관련

이 있다. 이렇게 말하면 식민사학자들은 '잘 걸렸다'라면서 온갖 공격을 가한다. 신채호는 한국사의 주체성을 부정하고, 한국사가 만주의 부속사라는 이른바 '만선사관'의 주창자인 시라토리 구라키치(白鳥庫吉)에 대해 『조선상고사(朝鮮上古史)』에서 "명성이 가장 높은 시라토리 구라키치의 조선사 연구에 형식상의 참신성은 물론이고 내용상의 창의성도 없는 것은 무슨 까닭일까?"라고 일갈했다.

한국의 강단사학자들이 위대한 선생으로 칭송해 마지않는 시라토리 구라키치에 대해 신채호는 하급 학자로 취급했다. 실제로 일본인 식민사학자들은 조금만 연구해보면 '학자가 맞나' 싶을 정도로 수준이 형편없다. 이 사실은 2016년에 타계한 고(故) 최재석(전 고려대학교 명예교수)이 자신의 논문과 저서에서 누누이 밝혀놓은 객관적 사실이다. 그러니 식민사학자들은 최재석을 '없는 사람' 취급할 수밖에 없었다. 그러면서 앞뒤 다른 이야기를 횡설수설하는 이기백은 아직도 추앙받고 있다. 젊음의 가치를 모르는 장미애(가톨릭대학교 강사)의 주장이다.

"넓은 영토를 가진 국가가 위대한 국가이며, 그렇지 않으면 열등하다고 인식하는 것은 결국 식민사관의 함정에 빠지는 일이라는 지적은 이미 이기백에 의하여 이루어진 바 있다. 즉 우리 역사 속 국가들이 넓은 영토를 가졌다고 기술하는 것은 식민주의 사관을 극복하는 것이 아니라 식민주의 사관이 우리 역사의 타율성을 강조하는 기반이 된 지리적 결정론의 함정에 빠지는 것일 뿐임을 경고하고 있는 것이다. 이러한 역

사학계의 주장은 합리적 관점에서 이루어진 비판임에도 대중

에게 그다지 큰 반향을 일으키지 못했다. 오히려 사이비 역사

학 측에서 제시한 '영광된 우리 민족의 역사'가 대중에게는 훨

씬 더 자극적이면서 받아들이기 쉬운 것이었다."

– 젊은역사학자모임, 『한국 고대사와 사이비 역사학』, 76~77쪽

역사 해석은 이기백만 하는 것이 아니다. 이들이 이런 주장을 하
려면 먼저 밝혀야 할 사실이 있다. 한국 고대사의 강역이 대륙에 있
지 않았고, 반도에 있었다고 먼저 객관적으로 밝혀야 한다. 중국 사
료와 현재 중국의 하북성(河北省), 내몽골(內蒙古) 등지에서 출토되는 각
종 고고학 유물들은 한국 고대사의 강역이 한반도와 만주 전 대륙
에 걸쳐 있었다고 말하고 있다. 그런데 이런 사실을 서술하는 것은
일제 식민사학이 만든 '지리적 결정론'에 빠지는 것이란다. 그럼 '지
리적 결정론'에 빠지지 않기 위해서는 한국 고대사의 강역이 대륙부
터 한반도, 일본 열도에까지 걸쳐 있었다는 사실을 부인하고 식민
사학자들처럼 반도에 국한되어 있었다고 주장해야 하는가? 이들은
대중이 역사적 실체를 파악해가는 현 상황이 너무 불만이다. 안정
준은 이렇게 말했다.

"2010년 이래로 이른바 '역사평론가'를 자칭하는 저술가들이

아무렇게나 쏟아낸 거짓말들은 진보 언론인과 정치인, 인기

팟캐스트 진행자, 유명 학원 강사의 입을 통해 전파되어 기성

세대뿐 아니라 어린 학생들의 귀에까지 속속 스며들어갔다.

지난 한 세기 동안 한국 사회의 발전을 저해해온 저 '식민사
학'의 타파가 곧 우리에게 당면한 최대의 난제라는 식으로 학
계의 연구 성과들이 매도되었다. 가만히 있다가 졸지에 식민
사학의 종자(從者)가 되어버린 석·박사 과정 대학원생들이 반
발한 것은 당연한 일이었다."

– 젊은역사학자모임, 『한국 고대사와 사이비 역사학』, 8쪽

이들은 누가 역사에 대해서 말을 하거나 글을 쓰려면 자신들에
게 미리 허락을 받아야 한다는 파시즘적 사고에 물들어 있다. 우리
사회에는 많은 '평론가'가 있다. 정치평론가는 물론 경제, 시사, 음
악, 미술, 영화 등 각종 분야에서 '평론가'들이 활동한다. 요즘은 '음
식평론가'라고 할 수 있는 '맛 칼럼니스트'도 활약한다. 이들은 대부
분 전문적인 식견으로 대중과 소통하며 지평을 넓혀가고 있다. 그
렇지 못한 자는 도태되고 만다. 기경량, 안정준 등이 교수 자리를
얻으려고 홍위병으로 나서서 이덕일 등을 거칠게 공격하는 이유가
있다. 어떤 수단을 써서라도 일단 진입하는 데 성공하면 평생이 보
장되기 때문이다. 그 무대는 바로 한국 대학이다. 그러니 국제 경쟁
력이 바닥인 것이다.

그러나 지금 사회 각계에서 활약하는 이들은 모두 '자칭' 평론가
들이다. 이들이 누구에게 허락받고 '평론가'가 되었는가? 이들은 모
두 자기 분야에서 치열한 노력으로 살아남은 전문가들이다. 그런
데 이 '젊은' 파시스트들은 자신들 이외의 사람들이 하는 모든 말은
"아무렇게나 쏟아낸 거짓말"이라고 흉악한 말로 비판한다. "학계의

연구 성과"라니? 강단사학계가 조선총독부에서 교시한 역사관 말고 '연구 성과'라고 내세울 만한 것을 나는 아직 발견하지 못했다. "석·박사 과정 대학원생들"이 가만히 있다가 "졸지에 식민사학의 종자"가 된 것이 불만이면 식민사학과 다른 논문을 써서 발표하면 된다. 「역사비평」 2016년 봄호와 여름호에 '기획 특집'이란 그럴듯한 미명 아래 실린 글들 중에는 식민사학이 아닌 글이 한 편도 없었다.

2장
무서운 아이들의 한국사

_ 이주한

조선총독부의 식민사학을 보는 시각

2016년에 한국고대사학회는 「조선일보」와 공동 기획으로 「고대사의 진실을 찾아서」를 장기 연재했다. 그 내용은 한국고대사학회가 진행한 시민강좌를 요약해 게재하는 것이었다. 당시 「조선일보」는 「국사학계의 '무서운 아이들'」이라는 제목으로 이들에 대한 용비어천가를 불렀다.

> "최근 한국 역사학계에 잔잔한 파문(波紋)이 일었다. 학술 계간지 「역사비평」의 봄호와 여름호를 통해 한국사 연구자 6명이 재야사학계의 고대사 해석을 정면 비판하고 나선 것이다. (중략) 고대사와 현대사는 한국사의 두 지뢰밭이다. 그만큼 폭발

성 강한 쟁점이 깔려 있다. 고대사의 대표적 쟁점 가운데 하나가 '한사군의 위치'다. 기원전 108년 한무제(漢武帝)가 고조선을 멸망시킨 뒤 설치한 낙랑군, 진번군, 임둔군, 현도군이 한사군이다. 그중에서도 400년간 존속했던 낙랑군의 위치가 핵심 쟁점이다. 그동안 주류 역사학계는 낙랑군이 평양 일대에 있었다고 보았다. 그런데 재야사학계가 '낙랑군은 요하(遼河) 서쪽에 있었으며 한반도 북부설은 식민사학의 잔재'라고 공격하면서 논쟁이 촉발됐다. 이번 「역사비평」의 특집은 재야사학계의 비판에 대한 주류 역사학계의 응답으로 볼 수 있다."

— 「조선일보」, 2016년 7월 26일

「조선일보」에서 "국사학계의 무서운 아이들"이라고 칭찬한 '아이들'이 바로 생물학적 '젊음'을 방패로 삼아 늙수그레한 정신을 감추는 이들이다. 우리 사회의 지배 구조를 잘 모르는 사람들이 볼 때는 서로 마주보고 악수도 하지 않을 것 같은 「조선일보」와 「한겨레」, 「경향신문」, 그리고 「한국일보」가 일제히 조선총독부의 역사관을 추종하는 이들의 손을 들어주면서 치켜세우는 핵심 이유는 「조선일보」의 기사처럼 이들이 '주류 국사학계'의 홍위병으로 나섰기 때문이다. '젊음'을 가장한 위가야(성균관대학교 박사 과정 수료)가 쓴 「한사군 한반도설은 식민사학의 산물인가」는 조선총독부의 대표적 식민사학자인 시라토리 구라키치, 이나바 이와키치(稻葉岩吉), 이마니시 류(今西龍) 같은 인물들의 한사군 위치 비정(比定)에 대해 다음과 같이 칭송한다.

"이들은 한사군의 남방 경계에 대해서는 의견을 달리했지만, 적어도 그 영역이 한반도 북부 전역에 미치고 있었다는 것에 대해서는 일치된 견해를 보여주었다. 이들의 연구는 한정된 문헌에 대한 비판을 중심으로 진행되었으므로, 엄밀히 말하자면 추론의 영역을 벗어날 수 없는 것이었다. 하지만 당시 진행된 고적 조사를 통해 확인된 유적과 유물들이 문헌이 제공하는 부족한 정보를 보완할 수 있는 물적 증거를 제공했다."

– 젊은역사학자모임, 『한국 고대사와 사이비 역사학』, 123쪽

한사군의 위치를 한반도 북부로 본 일제 학자들에 대해 "한정된 문헌", "문헌이 제공하는 부족한 정보"라고 그 한계를 인정하고도 결론은 "물적 증거를 제공했다."는 것이다. 이들의 말은 한사군의 위치가 한반도 북부라고 말해주는 1차 사료는 없다는 말이다. 거꾸로 한사군의 위치가 하북성 등 만주 서쪽이라는 1차 사료는 많다. 그러자 일본인 식민사학자들은 '말 없는' 고고학으로 도망갔다. 1차 사료와 정반대지만 고고학 발굴 결과를 가지고 우겼다는 뜻이다. 그런데 이것을 '물적 증거'로 떠받치는 것이 나이만 '젊은' 역사학자들의 행태다. 조선총독부가 만든 역사상은 광복 후에도 국사편찬위원회의 교시가 되었다.

"고조선의 대동강 중심설은 일제 강점기를 통하여 일본인 학자와 우리 학자들에 의하여 체계화되었다. 일본인 학자들은

이를 식민 지배의 역사적 설명 도구로 활용하기도 하였는데,
특히 1930년대에 집중적으로 발굴된 평양 일대의 중국계 유
물과 유적을 결정적 증거로 활용하였다."

– 국사편찬위원회, 『한국사』 4, 탐구당, 1997, 75쪽

"식민 지배의 역사적 설명 도구로 활용"이라는 한마디를 끼워 넣
은 것은 자신들은 식민사학자가 아닌 것처럼 호도하기 위한 것이
고 결론은 이 고고학 자료들이 고조선 대동강 중심설의 "결정적 증
거"라는 이야기다. 조선총독부의 역사관 그대로다. 이 책이 나온 지
20년이 지난 지금도 마찬가지다. 이화여자대학교 교수 오영찬의 글
을 보자.

"낙랑군에 대한 본격적인 연구와 함께 구체적인 역사상이 정
립된 것은 일제 강점기 이후의 일인데, 여기에는 고고학 발굴
조사 자료들이 결정적인 역할을 하였다. 낙랑고분 발굴 조사
는 1909년 도쿄제국대학 건축학과 세키노 다다시(關野貞)에 의
해 개시되었다."

– 오영찬, 『낙랑군 연구』, 사계절, 2006, 16쪽

결론은 모두 조선총독부에서 국책 사업으로 수행한 고고학 발
굴에 기대는 것이다. 위가야는 「한사군 한반도설'은 식민사학의 산
물인가」에서 세키노 다다시가 일제 강점기에 한국에서의 고적 조사
를 주도했다면서 이렇게 말한다.

"세키노는 1910년부터 1915년까지 조선총독부 촉탁의 신분으로 조선 전역의 고적을 조사했다. 이 과정에서 대동강 일대의 토성리 토성 등을 비롯하여 그 지역이 과거 낙랑군의 중심지였음을 알려주는 유적들이 발굴되고 조사되었으며, 이후 1920년대 중후반에 이르기까지의 조사를 통해 확인된 유적과 유물들은 낙랑군의 중심지가 평양이었음을 확인해주는 핵심적인 증거로 인정받았다."

— 젊은역사학자모임, 『한국 고대사와 사이비 역사학』, 124쪽

세키노 다다시가 고고학으로 "낙랑군의 중심지가 평양이었음을 확인해주는 핵심적인 증거"를 제시했다는 것이다. 결론은 조선총독부는 옳고 세키노 다다시는 옳다는 것이다. 조선총독부 시절이나 지금이나 똑같다. 세키노는 1941년에 낸 『조선의 건축과 예술』에서 다음과 같은 역사관을 피력했다.

"이처럼 조선은 예로부터 중국 문화의 은혜를 입었고 역대로 그 침략을 받아서 항상 그에 복속하기에 이르렀다. 또한 때때로 일본의 공격을 받기도 했다. 어떻든 국가로서는 영토가 협소하고 인민이 적어 중국이나 일본에 대항하여 완전히 독립국을 형성할 실력이 없으므로 자연 사대주의와 퇴영 고식주의에 빠져 국민의 원기도 차츰 닳아 없어지기에 이르렀다."

— 이순자, 『일제 강점기 고적조사사업 연구』, 경인문화사, 2009, 99쪽 재인용

한국사는 예로부터 항상 중국의 영향과 복속 아래 있었고, 독립 국을 형성할 수 없었다고 한다. 전형적인 식민사관이다. 위가야의 주장을 조금 더 읽어보자.

> "일본인의 한사군 연구는 문헌 비판을 통해 실증하고, 고적 조사를 통해 확인된 고고 자료가 실증의 물적 근거를 제공 했다는 점에서 학문적 설득력을 가질 수 있었다. 하지만 그 들의 연구는 한사군의 성격을 식민지로 규정한 채 그 위치를 확인하는 데 그쳤다. 최근의 연구는 그들이 '표면적으로 드러 난 이민족 지배 현상을 곧바로 식민지로 규정한 것은 몰역사 적 해석'이며, '이러한 해석의 이면에는 우월의식과 차별의식이 내재되어 있으면서 제국주의의 역사적 침략을 돕는 이데올로 기인 식민주의가 전제되어 있다'고 지적한다."
>
> – 젊은역사학자모임, 『한국 고대사와 사이비 역사학』, 125쪽

이들의 뇌리 속에 조선총독부의 역사관이 얼마나 뿌리 깊게 박 혀 있는지 여실히 알 수 있다. 이들이 일본의 극우파를 추종하는 것은 상상을 초월할 정도다. 그런데 최근 문성재(우리역사연구재단 책임연구 원)는 이들이 숭상해 마지않는 세키노 다다시가 1910년대 북경의 유 리창가를 돌면서 중국 한대(漢代)의 유물들을 조직적으로 사들인 사 실들을 공개했다.

"(북경) 유리창가의 골동품 가게를 둘러보고, 조선총독부 박물

관을 위하여 한대의 발굴품을 300여 엔에 구입함."

다이쇼 7년(1918) 3월 22일

- 세키노 다다시, 『세키노 다다시 일기』, 중앙공론미술출판사, 2009.

세키노 다다시는 왜 북경에 있는 골동품가인 유리창가에서 한대 유물들을 사들여 조선총독부로 보냈을까? 세키노 다다시는 이 일기에서 낙랑 유물들도 마구 사들여 총독부에 보냈다고 썼다. 그런데 그 유물은 지금 어디에 있을까? 문성재는 당시 300엔은 지금으로 치면 1,500만 원 정도 되는 거금이라면서 의문을 제기했다.

> "당시 바야흐로 조선의 역사 연구와 고고 발굴에 열중하던 조선총독부가 무엇 때문에 북경에 떠도는 한대 유물들을 필요로 했던 것일까? 그것도 한두 푼도 아니고 자그마치 300엔(1,500만 원)까지 들여가며 말이다."
>
> - 문성재, 『한사군은 중국에 있었다』, 우리역사연구재단, 2016, 352쪽

문헌으로 식민사학을 확립한 인물이 쓰다 소키치(津田左右吉)와 이마니시 류 등이라면 고고학으로 식민사학을 확립한 인물이 세키노 다다시다. 이 돈은 세키노 다다시의 개인 돈이 아니라 조선총독부의 자금이다. 조선총독부는 왜 세키노 다다시에게 북경에서 한나라 유물들, 낙랑군 관련 유물들을 사오라고 돈을 주었을까? 세키노 다다시가 사서 보낸 한나라 유물들을 조선총독부는 어떻게 처리했을까? 세키노 다다시를 비롯해서 조선총독부 소속이거나 조선총독부

의 돈으로 이른바 '고적 조사'에 나섰던 일본인 학자들이 '신의 손'이라도 된 것처럼 가는 곳마다 한대 유물들을 발굴한 것은 이런 사실들과 아무런 관련이 없을까?

대일 항쟁기 당시 신채호와 정인보 등이 제기한 일제의 고고 자료 조작 의혹이 이후 사실로 밝혀진 것은 당연한 일이다. 조선총독부가 내세웠던 대표적인 낙랑군 고고 유물인 점제현신사비(秥蟬縣神祠碑)만 해도 터무니없는 증거 조작이었다. 조선사편수회의 이마니시 류는 평안남도 용강군에서 발견된 이 비가 낙랑군 점제현의 치소(治所)였음을 증명한다고 했고, 세키노 다다시가 이를 지지했다. 그러나 점제현신사비가 대충 다듬어졌고, 2,000년 전에 만들었다는 비의 기초에는 시멘트를 썼으며, 용강군 일대에서 나오는 화강석으로 만들어진 것도 아니라는 점 등이 북한의 연구 결과인 『조선고고연구』에서 드러났다. 그런데도 '젊은' 위가야는 아무런 1차 사료도 없는 일본인 식민사학자들의 주장이 "문헌 비판을 통해 실증"한 것이며 세키노 다다시 등의 유적, 유물 조작이 "고적 조사를 통해 확인된 고고 자료"로서 "학문적 설득력"을 갖는다고 천연스레 거짓말을 늘어놓았다. 그리고 젊음을 빙자한 젊은 역사학자들은 이른바 '최근의 연구'라는 것을 들고 나왔다. 과연 '최근의 연구'는 무엇일까?

사실은 사실대로 말해야 한다

'무서운 아이들'에 속한 안정준은 『한국 고대사와 사이비 역사학』

중 「오늘날의 낙랑군 연구」에서 다음과 같이 주장한다.

"2,000여 년 전에 설치된 일개 군현의 존재가 우리 사회에 이토록 첨예한 논란을 불러일으키는 원인은 무엇일까. 이는 낙랑군 문제가 일제 시기 이래 식민사관을 뒷받침하는 중요한 주제로 활용되었고, 지금도 여전히 이를 중국 왕조의 식민도시 또는 식민지(植民地) 성격으로 인식하는 대중이 적지 않기 때문일 것이다. 이런 상황에서 사이비 역사가들은 낙랑군의 위치를 한반도 일대로 비정하는 것 자체가 곧 과거 일제의 식민사관 논리에 동조하는 것이라는 지극히 단순한 논리로 학계를 몰아세우고 있다. 이처럼 학술을 가장한 비학술적 '선동'이 횡행하는 현실에서 가장 우선시되어야 할 것은 현재 이루어지고 있는 학계의 낙랑군 연구 현황과 그 문제 인식을 대중에게 정확하게 알리는 일이라고 생각한다. 사실 정치권과 대중에게는 연구자들이 낙랑군을 평양 일대에 비정한다는 사실 자체만 널리 알려져 있을 뿐, 이 군현의 성격을 어떻게 인식하고 있는지에 대해서는 거의 알려져 있지 않다. 즉 학자들이 해방 이후 전혀 다른 문제 인식을 통해 낙랑군 시기를 들여다보고, 새롭게 발굴된 자료를 통해 일제 '식민사관'의 논리를 극복하기 위한 치열한 노력을 기울였다는 사실은 거의 알려져 있지 않은 것이다."

– 젊은역사학자모임, 『한국고대사와 사이비역사학』, 167~168쪽

이들이 이른바 '최근의 연구'에서 주장하는 '이 군현의 성격'이란 무슨 말일까? "학자들이 해방 이후 전혀 다른 문제 인식을 통해 낙랑군 시기를 들여다보고, 새롭게 발굴된 자료를 통해 일제 '식민사관'의 논리를 극복하기 위한 치열한 노력을 기울였다는 사실"은 무엇을 뜻할까? 이미 세상이 바뀌었다는 데 강단사학자들의 고민이 있었다. 옛날에는 '중국 한나라의 식민지인 낙랑군이 평양에 있었다', '한사군이 우리를 지배한 것은 우리 민족에게 축복이었다'라고 주장하면 끝이었다. 역사학자이자 독립 혁명가들이었던 이들은 신채호처럼 옥사하거나 안재홍과 정인보처럼 납북되었다. 해방 후 다시 조선사편수회 출신들이 친일 정권, 독재 정권의 비호를 받아가며 역사학계를 완전히 장악했으니 조선총독부 논리를 100퍼센트 반복해도 아무 이상이 없었다. 이기백의 『한국사신론』을 보자.

> "한의 군현이 그들의 식민 정책을 수행한 중심지는 낙랑군이었다. 그 낙랑군에는 군태수 이하의 관리와 상인 등 한인이와 살면서 일종의 식민도시를 건설하고 있었다."
>
> — 이기백, 『한국사신론』, 일조각, 2001, 37쪽

『한국사신론』은 "식민정책을 수행한 중심지는 낙랑군", "제작 과정과 사용자로 보면 고조선인과는 아무런 관련이 없는 한인(漢人)에 의한 문화", "호화로운 식민도시" 등 한사군을 식민지로 규정하면서 그 결과 한국사가 발전했다고 주장했다. 고대사판 뉴라이트와 현대사판 뉴라이트는 사고 구조가 같다. 고대사판 식민지 근대화론

은 현대사판 식민지 근대화론과 논리 구조가 같다. 그런데 안정준은 무엇을 가지고 "일제 '식민사관'의 논리를 극복하기 위한 치열한 노력을 기울"인 '최근의 연구'라고 주장하는 것일까? 이들이 내세우는 '최근의 연구' 결과를 보자. 안정준은 「오늘날의 낙랑군 연구」에서 이렇게 주장했다.

> "그런데 낙랑군의 지배층이 조영했을 (평안도와 황해도 지역의) 이 무덤들에서 놀라운 유물들이 나오기 시작했다. 고조선계 토착민의 대표적인 문화인 세형 동검(한국식 동검)이 발견되었던 것이다. 토착민의 전유물들이 낙랑군의 지배층의 무덤 내에서 다수 출토되었다는 것은 무엇을 의미하는가. 이는 곧 고조선 때부터 이 지역에 오랫동안 살아온 토착민이 낙랑군에서도 줄곧 지배층이었음을 의미하는 것이다."
>
> – 「역사비평」 114호, 274쪽

이들이 제시하는 '최근의 연구'란 평안도와 황해도 지역의 무덤에서 고조선 때부터 이 지역에 살았던 토착민들의 유물이 나오기 때문에 낙랑군은 중국계 지배층들이 다스리던 사회가 아니라는 것이다. 먼저 평안도와 황해도에서 한국식 동검 등이 출토되는 것은 이지역은 한사군이 다스리던 지역이 아니라는 사실을 뜻한다. 한사군은 한반도 북부가 아니라 지금의 요서(遼西) 지역에 있었다는 윤내현 등의 오랜 주장이 고고학적으로도 입증되었음을 뜻한다. 그러나 이들은 한사군은 북한 지역에 있었다는 고정관념 속에서 모든 유물을 해석한다. 그러다가 강단사학계는 기발한 착상을 한다. 이들의 논리를 대일 항쟁기로 옮기면 이렇게 된다. 대일 항쟁기에 조성된 거대한 무덤을 발굴했다. 놀랍게도 이 무덤들은 이완용과 송병준처럼 나라를 팔아먹은 대가로 일제에서 작위를 받고 막대한 은사금을 받은, 외형은 한국인의 무덤이었다. 이때 식민사학자들은 '아! 일제 강점기는 일본인이 지배한 사회가 아니었구나. 한국인이 계속해서 지배한 사회였구나. 그 시대는 식민지가 아니라 한국인이 독립적으로 나라를 운영한 시기였구나!'라는 큰 깨달음을 얻는다.

'무서운 아이들'은 이것이 '최근의 연구'라고 설명했다. 이는 전 세계 식민지 역사를 새로 쓰고, 노벨상에 유머상이라도 만들어서 전 세계에 널리 알려야 할 놀라운 학설이다. 그러나 그 논리의 허접함을 고교 논술에 비교하자면 고교생에게 미안하고, 초등학생을 볼 면목이 없을 정도다. 안정준의 글을 더 보자.

> "요컨대 고조선이 멸망한 이후 그 지역 토착 세력들은 흩어지거나 사라진 것이 아니었다. 중국 왕조는 다수의 토착민 사회가 온존한 옛 고조선 지역에서 이들의 협력과 도움 없이는 군현의 장기적인 운영이 불가능하였다. 이로 인해 낙랑군의 주요 지배층 가운데 상당수는 토착민으로 구성되었으며 (중략) 고고 자료를 기반으로 한 한국 학계의 연구로 인해 낙랑군이 중국인에 의해 운영된 사회라는 오랜 통념은 깨졌다."
>
> ― 「역사비평」 114호, 276쪽

이른바 한국 강단사학계의 '최근의 연구 결과'에 따르면 인류 역사상 식민지는 한 번도 존재한 적이 없었다. 식민지 본국이 일부 매국노를 중용해서 다스리는 사회는 식민지가 아니라는 것이다. 대일 항쟁기 일본에서 건너온 소수의 침략자가 상당수의 한국인을 등용해서 지배했기 때문에 대일 항쟁기는 식민지 시기가 아니란 주장과 같다. 이런 발상을 초등학생도 할 수 있을지 하는 의문이 생기지 않을 수 없다. 이에 대해 노무현 정부에서 행정자치부 장관을 역임한 '미래로 가는 바른역사협의회' 상임 대표 허성관은 다음과 같이 날카롭게 질타했다.

> "무슨 뜻인지 이해하기 어려운 표현이다. 아마도 낙랑군을 중국 식민지로 보는 것은 문제가 있다는 표현일 것이다. 이 표현을 일제 강점기 조선에 적용하면, '조선총독부 지배층은 일본인이고, 피지배층은 조선인이며, 총독부에 조선인 하급 관리도 있었고, 친일파들은 여전히 조선의 지배층이었기 때문에 당시 조선을 일제 식민지로 보기 어렵다'는 논리와 같다. 섬뜩한 주장이다. 식민지 근대화론보다 더 조선총독부 통치를 합리화하는 관점이다."
>
> — 「코리아 히스토리 타임스」, 2016년 7월 22일

그야말로 식민지 근대화론보다 더 조선총독부의 통치를 합리화하는 무서운 주장이 아닐 수 없다. 그래서 '무서운 아이들'이다. 19세기 말 3억 명의 인도인을 지배한 영국인의 숫자는 15만 명 정도였

는데, 그중 6만 명이 군인이었다. 그중에서도 핵심은 불과 1,000명에 불과한 인도행정청(India Civil Service) 관리들이었다. 굳이 마르크스의 말을 빌리지 않더라도 인류 사회에는 늘 상부 구조와 하부 구조가 존재한다. 상부 구조를 장악한 소수가 하부 구조를 지배하는 것이다. 대일 항쟁기 때 조선총독부를 지배한 것은 소수의 일본인이지만 이들은 군대, 경찰, 검찰, 법원, 행정 기관 등 상부 구조를 장악하고 일부 친일파를 등용해 대다수 조선인을 지배했다. 상부 구조의 중요한 기능 중의 하나가 이데올로기를 장악하는 것인데, 조선총독부 직속의 조선사편수회가 이를 담당했다. 여기에는 이병도와 신석호 같은 한국인이 근무했다. 그런데 이들은 식민지시대에 일부 한국인이 등용되었으니 대일 항쟁기는 식민지시대가 아니라고 주장하는 것과 같은 허접한 논리로 낙랑군이 식민지가 아니었다고 주장한다. 이것이 '최근의 연구 결과'라는 것인데, 과연 누가 이런 발상과 논리를 펴기 시작한 것일까? 2006년에 발간된 오영찬의 『낙랑군 연구』에 그 답이 있다.

　　오영찬은 이 책의 서론에서 연구자 대부분이 일제 식민사학의 영향으로 낙랑군과 대방군(帶方郡)을 한인의 지배 아래에 있는 중국의 식민지로 파악하거나 존재 자체를 아예 부정하는 이분법적 태도를 취해 본격적인 연구가 은연중에 기피되는 경향이 있었다고 주장했다. 그러면서 위만조선의 시기와 낙랑군 설치 이후인 서기전 1세기 서북한 지역의 묘제(墓制)를 분석해 지배 세력의 성격을 밝히는 데 주력했다고 한다. 그는 어떤 결론에 이르렀을까?

"한 제국은 낙랑군을 설치하면서 고조선 상부의 지배 구조를 해체한 후 하부에서 재지(在支) 지배 세력의 지역적 기반을 용인한 위에 군현 지배를 관철하는 편제 방식을 취했다. 군현 지배 초기에 일시적으로 보였던 난맥상은 재지 지배 세력을 읍군, 삼로나 속리직을 통해 군현 지배에 참여시킴으로써 극복될 수 있었다."

– 오영찬, 『낙랑군 연구』, 243쪽

이어 오영찬은 한 제국의 낙랑군 내 재지 지배 세력에는 한계 주민과 고조선계 주민이 있었는데, 한계 주민 중에는 낙랑군 설치 이후에 유입된 신래 한인과 낙랑군 설치 이전인 고조선 시기에 이주하여 정착한 토착 한인이 있었는데, 이들이 군현과 밀접한 유착 관계를 유지하면서 낙랑군 내에 세력을 부식하였다고 주장했다. 그럼 이런 주장은 어떻게 나올 수 있었을까? 그가 이와 같은 논리를 전개하며 주를 단 것들은 거의 전적으로 자신의 지도 교수인 노태돈과 선배인 '고조선 박사 1호' 송호정(한국교원대학교 교수)의 주장들이었다. 오영찬의 『낙랑군 연구』는 노태돈이 지도한 박사 학위 논문을 책으로 낸 것이다.

강단사학계는 1980년대 이후 고조선과 관련한 문헌 연구와 고고학 자료가 공개되면서 고조선의 강역과 한사군의 위치 문제를 한사군의 성격 문제로 전환해 물타기에 나섰다. 박근혜 정부에서 2015년 이후 국정 역사 교과서를 실무적으로 총괄한 김정배가 국사편찬위원회에서 발간한 『한국사』에 쓴 글이다.

"위만조선 지역에 설치된 한의 군현은 고조선과 주변 세력에 대한 통제와 한의 직접적 지배를 위한 것이었으나, 이 같은 의도는 토착 사회의 반발과 공격에 의해 좌절되었다. 그리고 한사군의 성격도 중국계 유이민의 자치 세력 또는 중계 무역의 중심지 같은 존재였다고 할 수 있으며, 그것도 후한대에는 고구려의 압박으로 더 이상 기능을 수행할 수 없는 상태로 전락되어 결국 소멸되었다. 따라서 낙랑군 등의 존재는 한의 직접적 지배라는 정치적 의미보다는 문화 중계지로서의 성격을 갖고 있었다고 이해하는 것이 옳으리라 생각된다."

– 국사편찬위원회, 「한국사」 4, 5쪽

김정배는 한사군이 식민 통치 기관으로 설치되었으나 실제로는 문화 중계지라고 한다. 그 근거는 무엇일까? 없다. "문화 중계지로서의 성격을 갖고 있었다고 이해하는 게 옳을 것이라는 생각"이 근거일 뿐이다. 한사군은 문화를 중계했다는 것이 일제 반도사관의 핵심이다. 일제 식민사학자들의 주장을 그대로 따라 중국의 선진 문명이 한사군을 통해 한국에 보급됐고, 이것이 일본으로 흘러갔다는 논리다. 임나일본부설을 완성한 악질적인 식민사학자인 스에마쓰 야스카즈(末松保和)는 1949년에 출간한 『임나흥망사(任那興亡史)』에서 "일본이 중국의 문화를 수입할 때 임나와 낙랑은 일본과 중국의 중계지 역할을 했다."고 주장했다. 그는 또 "일본은 한국으로부터 문화를 수입한 것이 아니라 단지 한국을 경유하여 중국문화를 수입했다."고 강변했다.

한사군의 성격 문제는 여러모로 쓰임새가 있다. 한사군의 위치 문제를 희석하고, 한사군이 식민 통치 기관은 아니라면서 식민사학을 비판하는 외양을 취하기에 좋다. 또한 위치 문제와 달리 마음껏 자유롭게 이론을 생산할 수 있다. 모든 것에는 다양한 성격이 있다. 위치는 명확해야 하지만 성격은 보는 관점에 따라 얼마든지 다르게 주장할 수 있다. 한국이 아프리카에 있다고 하지 않지만 한국의 성격에 대해서는 다각도로 말할 수 있다. 한사군의 성격은 1차 사료나 고고학 자료가 아니라 필요에 따라 그럴듯하게 펼치면 된다. 한사군과 임나일본부설과 관련한 강단사학계의 핵심 전략이 바로 이것이다.

강단사학계가 한사군의 성격이나 임나일본부의 성격을 여러 가지로 변주하면서 논하는 이유가 바로 이 때문이다. 이런 혹세무민하는 방법도 조선총독부에서 구가한 방식 그대로다. 그러나 역사는 언제나 특정한 공간에서 이루어진다. 한사군의 위치와 임나의 위치는 한사군과 임나의 성격을 1차적으로 규정한다.

과연 '최근의 연구'는 어떻게 전개되고 있을까? 2008년에 개정판을 낸 서울대학교 출판부의 『한국사 특강』을 보자.

> "기원전 108년 왕검성(王儉城)이 함락된 후 고조선 지역에는 한
> 나라의 군현이 설치되었다. 한 군현의 지배 아래에서 고조선
> 인은 차별을 받았고 중국계인은 군현 내의 주요 거점에 세워
> 진 토성에 주로 거주하며 지배 족속으로 군림했다. 고조선
> 사회의 기존의 상급 조직은 해체되었고, 읍락 단위로 군현 조

직에 예속되었다. 사회적으로도 8조 범금(犯禁)이 60여 조로 갑자기 늘어났다고 하는 데에서 보듯이, 고조선 사회의 중심 지역에서는 급격한 변화가 일어났다. 법령의 갑작스런 증가는 고조선인이 선진 중국 문물을 수용함에 따라 일어나는 자기 사회의 변화에 부응하기 위한 조처로서 생겨난 현상은 아니었다. 이는 한 단계 앞선 중국의 문물과 제도가 상대적으로 소박한 사회 구조와 문화를 지녔던 고조선 사회에 무력 침공을 통해 일방적으로 강요됨에 따라 생겨난 산물이다."

– 한국사특강편찬위원회, 『한국사 특강』, 서울대학교 출판부, 2008, 17~18쪽

이 글은 노태돈이 썼다. 한 군현의 지배 아래 중국계인들은 지배 족속으로 군림했고, 고조선의 급격한 변화는 무력 침공을 통해 일방적으로 강요되었다고 한다. 한사군은 졸지에 '고조선인이 선진 중국 문물을 수용'한 축복받은 지역이 되었다. 일제의 식민 지배가 축복이었다는 근현대사 뉴라이트와 중국의 식민 지배가 축복이었다는 '무서운 아이들' 같은 고대사 뉴라이트는 모두 조선총독부가 낳은 일란성 쌍둥이다. 노태돈은 서울대학교 국사학과를 정년 퇴임한 후 2014년에 펴낸 『한국 고대사』에서 한의 법령에 따라 주민들은 호적에 등재하도록 강요되었으며 토착 세력 집단은 해체되거나 재편성되었다며 다음과 같이 주장했다.

"한 제국의 동방을 향한 전진 기지인 낙랑군의 문화는 그 고분 출토 유물이 전하듯 우수하고 화려한 면을 지녔다. 한반

도의 남부와 일본 열도의 여러 소국은 낙랑과의 교역을 통해 한의 문물을 수입해갔으며, 아울러 낙랑군은 교역을 통해 여러 소국에 통제력과 영향력을 뻗쳤다."

- 노태돈, 『한국 고대사』, 경세원, 2014, 52~53쪽

노태돈은 『한국 고대사』에서 "낙랑군은 한 제국의 동방을 향한 전진 기지였다. 역사의 주체가 한국이 아니라 중국이다. 그는 낙랑군을 통해 고급 한문문화가 수용되고, 토착민들이 구습에서 벗어나고 화려한 문화를 누리게 되었다."고 설명했다. 노태돈의 논리는 한반도 북부에 있던 낙랑군의 '우수하고 화려한' 문화가 한반도 남부와 일본 열도의 소국에 전수되었으며, 낙랑군은 이런 여러 소국을 사실상 지배했다는 것이다. 이런 내용을 말해주는 1차 사료가 있을까? 없다. 한사군이 고조선을 점령한 것은 축복이었다는 조선총독부 교리의 반복에 불과하다. 한국교원대학교 역사교육과가 지은 또다른 '최근의 연구' 『아틀라스 한국사』를 보자.

"한나라는 고조선 땅에 '군'이라는 식민지, 즉 한 군현을 만들었다. 군 밑에는 현을 두고 한인 군태수와 현령을 보내 식민통치를 하였다."

- 한국교원대학교 역사교육과, 『아틀라스 한국사』, 사계절, 2010, 25쪽

윗글은 송호정이 썼다. 『아틀라스 한국사』는 교원들을 양성하는 한국교원대학교에서 지은 책으로 학생들이 보는 베스트셀러다. 한

국 학생들은 전 세계에서 가장 불쌍한 학생들이다. 해방된 지 72년이 넘었지만 아직도 중국의 식민 지배, 일제의 식민 지배를 축복이라고 주장하는 내용들을 '역사학 교수들이 쓴 것이니까 사실이겠지'라고 믿으며 외워야 한다.

낙랑국이 낙랑군으로 둔갑한 사연

2016년 강단사학계에서 사이비 역사학계에 대응하겠다며 나선 시민강좌에서 김병준(서울대학교 교수)은 한사군에 대해서 다음과 같이 말했다.

> "한사군이란 한나라가 고조선의 땅에 설치한 낙랑, 현도, 임둔, 진번의 사군을 말한다. 한나라는 군현이라는 행정 조직을 통해 이 지역에 대한 지배를 관철하려고 했다."
>
> – 한국고대사학회, 『우리 시대의 한국 고대사』 1, 주류성, 2017, 134쪽

> "군현제란 군주가 직접 임명한 지방관이 군현에 파견되어 중앙의 명령을 수행하는 중앙 집권 체제다. 군주로부터 분봉받은 영역을 제후가 통치하는 봉건제가 간접 지배 방식인 것과는 다른 개념이다. 한무제 이후의 군현제는 예외 없이 전 영역에 걸쳐 시행되었다. 한무제는 북쪽으로는 흉노를 내쫓고, 남쪽으로는 남월(南越)을 멸망시켰으며, 서쪽으로는 서남이

(西南夷)를 정복하고, 동쪽으로는 고조선을 멸망시킨 뒤 모든 지역에 군현을 설치했다. 이렇게 말과 풍습이 크게 다른 광대한 지역을 일률적으로 지배하기 위해서 전국적으로 동일한 제도와 율령을 적용하였고 모든 행정은 문서에 의해 처리되었다. 그리고 이러한 통치의 기초 작업은 지배와 수취의 대상인 호구(戶口)를 파악하는 것에서 시작되었다."

– 한국고대사학회, 『우리 시대의 한국 고대사』 1, 135쪽

고조선을 멸망하게 한 한무제에 대한 숭배심이 물씬 풍기는 글이다. 그런데 김병준이 나중에 '호구'를 끼워 넣은 것은 의도가 있다. 이른바 '낙랑목간'을 띄우려는 것이다. '무서운 아이들'인 안정준은 「오늘날의 낙랑군 연구」에서 이렇게 말한다.

"또한 낙랑군과 대방군에 대한 고고 자료의 발굴은 일제 시기에 끝난 것이 아니었다. 일제 시기에 발굴한 낙랑 지역 고분의 수는 70여 기에 불과한 반면, 해방 이후 북한에서 발굴한 낙랑 고분의 수는 1990년대 중반까지 무려 3,000여 기에 달한다. 현재 우리가 아는 낙랑군 관련 유적의 대다수는 일제 시기가 아닌 해방 이후에 발굴되었다 해도 과언이 아니며, 학계에서 가장 주목하는 낙랑 관련 유적과 유물들 역시 주로 이 시기에 새롭게 발견되었다는 사실을 간과해선 안 된다. 해방 이후 발굴된 관련 유물로는 1990년 7월에 평양 정백동 364호분에서 나온 부장품인 '초원 4년 호구부 목독'이 가장

널리 알려져 있다."

— 「역사비평」 114호, 267쪽

식민사학을 하는 사람들은 나이가 젊고 늙고를 떠나서 거짓말을 밥 먹듯이 한다. 윗글은 마치 북한이 해방 후 3,000여 기에 달하는 고고 발굴로 평양 일대를 낙랑군 지역으로 확정한 것처럼 설명하고 있다. 새빨간 거짓말이다. 북한 학계의 설명을 들어보자.

"일제 어용사가들의 견해에 의하면 기원전 108년에 한무제가 고조선을 정복하고 설치한 락랑군이 무려 420여 년 동안이나 평양 일대에 존재하면서 식민지 통치를 실시하였다는 것이다. 더욱이 어처구니없는 것은 한나라 락랑군의 설치와 더불어 '원시 상태'에 있는 조선 민족이 문명시대에 들어서게 되었으며 이때부터 조선의 력사가 시작되었다고 주장한 것이었다. 이것은 력사적 사실과 맞지 않는 부당한 궤변이다. 그것은 해방 후 우리 고고학자들에 의하여 발굴된 평양 일대의 락랑무덤 자료들이 잘 말해준다."

— 사회과학원, 「평양 일대 락랑무덤에 대한 연구」, 중심, 2001, 10쪽

북한의 발표는 낙랑군이 평양 일대에 있었다는 것이 거짓이며, 이는 해방 후 발굴 결과가 말해준다는 것이다. 이것이 안정준에 의해 북한에서 발굴한 3,000여 기에 달하는 고고 발굴 덕분에 평양이 낙랑군임이 입증되었다는 것으로 조작되었다. 북한 학계의 이야기

를 더 들어보자.

> "해방 전에 일제 어용사가들은 조선 강점 전 기간에 걸쳐 평양 일대에서 근 100기에 달하는 락랑무덤을 파헤쳤지만 해방 후 우리 고고학자들은 평양 일대에서 일제 어용사가들이 파본 것의 30배에 달하는 근 3,000기에 달하는 락랑무덤을 발굴 정리하였다. 우리 고고학자들이 발굴 정리한 락랑무덤 자료들은 그것이 한식 유적 유물이 아니라 고조선문화의 전통을 계승한 락랑국의 유적과 유물이라는 것을 실증해준다. 락랑국은 고조선의 마지막 왕조였던 만조선이 무너진 후에 평양 일대의 고조선 유민들이 세운 나라였다."
>
> – 사회과학원, 『평양 일대 락랑무덤에 대한 연구』, 중심, 2001, 10~11쪽

해방 후 북한의 고고학자들은 평양 일대에서 조선총독부가 파본 것의 30배에 달하는 약 3,000기의 낙랑무덤을 발굴 정리해 이것이 한의 낙랑군이 아니라 고조선을 계승한 낙랑국의 유적 유물임을 실증했다고 밝혔다. 그런데 안정준은 이를 거꾸로 바꿔서 북한에서 발굴한 결과 '낙랑군=평양설'을 입증한 것처럼 사실을 조작했다. 그 결과 일제가 주장한 '낙랑군=평양설'이 확증된 것처럼 완전히 거짓말을 했다. 젊은 나이에 사기 치는 것부터 배웠으니 무서운 아이들은 무서운 아이들이다.

최근 조선총독부 역사관 수호의 전사로 나선 「한겨레21」 편집장 길윤형은 이렇게 서술했다.

"지금까지 북한 지역에서 진행된 고고학 발굴 결과 평안도와 황해도 일대에 2,600여 기의 낙랑고분이 확인됩니다. 옛 사서의 기록과 이 성과를 근거로 한국의 고대사학자들은 대부분 낙랑군의 위치를 평양 인근으로 비정합니다. 이것이 '일군의 학자'들 눈에는 견디기 힘든 '식민사학'의 잔재로 비친 것이지요."

— 「한겨레 21」, 2017년 6월 26일

일본 특파원 출신의 길윤형이 왜 느닷없이 조선총독부 역사관 수호의 전사로 나섰는지는 분명하지 않다. 그러나 학자고 언론인이고 조선총독부 사관에 빠지면 팩트 조작을 아무렇지도 않게 한다. 북한에서는 수많은 발굴 결과 조선총독부에서 만든 '낙랑군=평양설'은 일제의 조작이라고 발표했는데, 안정준과 길윤형은 팩트를 거꾸로 조작해 독자들에게 사기 친다.

북한의 주장은 중국 한나라의 유적과 유물이 아니라 고조선 유민들이 세운 '낙랑국'의 유적과 유물이라는 것이다. 낙랑'국'과 낙랑'군'은 전혀 다르다. 그런데 식민사학자들은 북한에서 낙랑'국'이라고 말하면 낙랑'군'이라고 조작해서 서술하고, 이를 추종하는 언론이 나쁜 보도를 한다.

그간 강단사학자들은 북한의 발표는 이처럼 거꾸로 설명하거나 무조건 믿지 못하겠다고 부인하는 것으로 일관했다. 그러다가 평양 정백동 364호분에서 나왔다는 부장품인 '초원 4년 호구부 목독'이 나오자 이야기가 달라졌다.

오영찬은 2016년에 진행된 시민강좌에서 '고고학으로 본 낙랑군'이라는 제목의 강의를 했고 그 내용을 책에 실었다.

"20세기에 들어 일제는 제국대학 학자들을 중심으로 식민지 조사의 일환으로 '고적 조사'라는 미명 아래 고고학 조사를 실시하였다. 1909년부터 평양 일대에서 평양 석암동 고분을 비롯한 다수의 낙랑군 관련 자료들을 조사하였는데, 일제 강점기에 70여 기가 넘은 낙랑고분들을 발굴하였다. 아울러 고고학 조사 과정에서 낙랑군의 평양 존재를 입증해주는 다수의 명문 자료들도 확인되었다. 이러한 고고학 자료와 명문 자료들은 낙랑군의 위치 문제와 아울러 식민주의 역사관 정립에 결정적인 근거가 되었다."

— 한국고대사학회, 『우리 시대의 한국 고대사』 1, 114쪽

모두 평양이 '낙랑군'이라는 전제 조건에서 쓴 글이다. 오영찬은 이어 조선총독부의 이마니시 류가 낙랑군 유물을 연이어 발견함으로써 "낙랑군의 평양 존재는 의심의 여지가 없게 되었다."고 주장한다. 이 강의는 이렇게 결론을 맺는다.

"1990년대까지 북한은 평양 일대에서 2,600여 기의 무덤을 추가로 발굴하였다. 북한 학자들은 이 무덤들을 마한의 유적으로 해석하다가 최근에는 고조선의 후국(侯國)이었던 낙랑국의 유적이라고 보고 있다. 그러나 평양 일대의 무덤들은 낙랑군

유적이 분명하다. 특히 1990년대 초 정백동 364호분에서 나온 기원전 45년 낙랑군의 현별(縣別) 인구 통계를 정리한 목간은 낙랑군이 한반도에 있었다는 확실한 증거다. 고고학 100여 년의 조사와 연구 성과에 따르면 낙랑군이 평양에 존재했음을 의심할 어떠한 근거도 없다."

– 한국고대사학회, 『우리 시대의 한국 고대사』 1, 130쪽

강단사학계는 북한 학계가 수십 년간 연구한 결과의 팩트를 조작해 반대로 서술하고, 또한 사료 비판을 거치지도 않은 낙랑목간을 확실한 증거라고 주장한다. 모든 학문은 끝없이 의심하고 새롭게 연구하는 것이다. "고고학 100여 년의 조사와 연구 성과에 따르면 낙랑군이 평양에 존재했음을 의심할 어떠한 근거도 없다."라는 사고는 학문적 자세와 거리가 멀다. 근거가 취약할 때 막연히 단정하고 과도한 확신을 내세운다. 실제 사정은 어떨까?

1993년 평양시 낙랑구역 정백동에서 목판 3개가 발견되었다. 정식 명칭은 '낙랑군 초원 4년 현별 호구부'다. 북한에서 이 목간을 발굴했다고 발표하자 한국 식민사학계는 그간 북한 역사학계에 대한 무조건적인 불신 풍토를 일제히 바꾸어 '주사파'로 전향했다. 평양에서 낙랑군 산하 여러 현의 인구수를 적은 호구부가 발견되었으니 낙랑군이 평양에 있었다는 것이 사실로 입증되었다는 것이다.

그런데 이들은 이마니시 류가 하루 만에 발견했다는 점제현신사비를 무조건 사실로 전제하고 논리를 전개한 행태를 다시 반복한 것이다. 먼저 목간은 휴대해 이동할 수 있는 물건으로 목간의 출토

지로 위치 비정의 기준을 삼으면 세계 역사학과 고고학의 고대 위치 비정은 모두 뒤틀리게 된다. 일본과 미국에 조선시대 행정 문서들이 있는데, 이를 갖고 조선이 일본이나 미국에 있었다고 하지 않는다. 고구려에 수많은 낙랑인이 포로로 잡혀왔고, 고구려로 망명한 중국인도 많다. 그들을 통해 이동했을 가능성은 얼마든지 있다. 또한 정백동 364호분에서 나온 유물과 그에 대한 정보가 다 공개된 것도 아니고, 목간에 대한 북한 학계의 사료 비판이 공개된 것도 아니며, 국내 고고학계는 사료 비판을 하지도 않았다. 낙랑군이 평양 일대에 있었다는 조선총독부의 확정에 맞춘 일방적인 단정일 뿐이다. 중국의 고대언어 전문가로 남경대학교(南京大學校)에서 박사 학위를 받은 문성재는 낙랑목간에 대해 이렇게 문제를 제기한다.

> "국가 기록의 속성상 절대로 개인 무덤에서 나올 수 없고 나와서도 안 되는 유물인 것이다. (중략) 선진·양한 시대의 출토 문헌들을 통틀어 이처럼 개인 무덤에서 공문서가 발견된 사례는 없는 것으로 알고 있다."
>
> — 문성재, 『한사군은 중국에 있었다』, 327쪽

중국에서는 지금도 수많은 유적이 발굴된다. 그런데 그렇게 많이 발굴했어도 개인 무덤에서 공문서가 발견된 사례는 없었다. 그러면 당연히 먼저 의심해봐야 하는데, 한국 강단사학계는 그렇게 하지 않는다. 문성재는 이렇게 말한다.

"더욱이 1990년대 이후로 중국에서 굵직굵직한 고고학 발굴들이 이어지면서 고조선과 한사군이 중국에 존재했을 가능성이 오히려 더 높아졌다. 이런 판국에 '한사군 재한반도설'을 뒷받침해줄 만큼 유력한 증거물이 평양에서 출토되어 주었으니 얼마나 기쁘고 고마웠겠는가? (중략) (그렇다 보니) 실증사학 연구의 ABC라고 할 유물 진위 검증조차 아예 제쳐놓고 그저 이를 기정사실로 단정하고 미화하기에만 바빴던 것이 아닐까 싶다."

– 문성재, 『한사군은 중국에 있었다』, 329쪽

강단사학계는 실증이란 말은 입에 달고 살면서도 자신들에게 유리하다 싶은 자료가 "실증사학 연구의 ABC라고 할 유물 진위 검증조차 제쳐놓는" 것이 습성이 되었다. 그리고 무조건 자신들에게 유리한 쪽으로만 해석한다.

2015년 국회에서 '한 군현 및 패수(浿水) 위치 비정에 관한 토론회'가 열렸다. 이때 낙랑목간을 무조건 기정사실로 단정해놓고 하위 논리를 펴는 윤용구가 참석했다. 윤용구는 "낙랑목간에 의하면 낙랑군은 지금의 멸악산맥 북쪽에서 평안도, 함경도까지 포함된다."는 식으로 발언했다. 그래서 이덕일이 낙랑목간에 멸악산맥과 평안도, 함경도라는 말이 나오냐고 물었더니 "안 나온다."고 대답했다. 그러면서 대방군의 위치를 볼 때 그렇게 추정된다고 말을 조금 바꿨다. 이덕일이 "당신들은 낙랑군의 위치를 비정할 때는 대방군이 황해도에 있었다고 기정사실화해서 그 북쪽에 있던 낙랑군은 평안도에 있었다고 주장하고, 대방군의 위치를 비정할 때는 낙랑군이 평안도에 있었으니 그 남쪽에 있던 대방군은 황해도에 있었다고 비정하는데, 이런 방식이 어떻게 학문이 될 수 있겠는가?"라고 비판했다.

강단사학계는 학문적 검증을 하지 않는다. 낙랑군의 위치를 비정할 때는 대방군의 위치를 기준으로 하고, 대방군의 위치를 비정할 때는 낙랑군의 위치를 기준으로 한다. 매사 이런 식이다. 낙랑목간에 대해서 알고 있는 이덕일이 없었다면 그 자리에 있던 사람들은 낙랑목간에 "낙랑군은 멸악산맥 북쪽에 있다."라는 글자가 쓰여 있는 줄 알았을 것이다.

문성재는 더 근본적인 문제를 제기한다. 이른바 낙랑목간은 '낙랑군 초원 4년 현별 호구부'다. 낙랑군에 소속된 각 현별로 인구수를 적은 문서라는 것이다. 그러나 이런 용례는 19세기 이전에는 중국과 한국을 통틀어 볼 수 없다는 것이다. 한국이나 중국은 각현(各縣), 제현(諸縣), 속현(屬縣)이라는 용어를 썼지, 현별이라는 용어는 쓰지 않았다는 것이다. 그러면서 그 이유를 이렇게 설명하고 있다.

> "여기에는 다 그럴 만한 이유가 있다. '별'은 근대 일본에서 중국과 우리나라로 수출된 일본식 표현법이기 때문이다."
>
> — 문성재, 『한사군은 중국에 있었다』, 330쪽

이렇게 놓고 보면 이른바 낙랑목간이라는 것은 조선총독부에서 무덤 속에 넣어두고 어느 순간 발굴한 것처럼 써먹으려고 하다가 잊어버렸든지, 그 전에 일제가 망하는 바람에 써먹지 못한 것으로 추정할 수 있다. 비단 낙랑목간뿐 아니라 강단사학자들이 평양을 낙랑군으로 만들려는 노력은 가히 눈물겹다. 그러나 그 논리가 허술한 것은 공통점이다. 논리가 허술한 것은 이들이 공통적으로 공부를 하지 않기 때문이다. 오영찬의 다음 글을 보자.

> "고조선의 마지막 단계인 위만조선 시기의 중심지는 어디인가? 위만조선 단계가 되면 『사기(史記)』 「조선열전(朝鮮列傳)」을 통하여 정치 체제 등 앞 시기에 비해 상대적으로 훨씬 많은 정보를 접할 수 있다. 그러나 문헌에서 위만조선의 실체는 명료하게 기술되어 있지만 고고학적으로는 여전히 불분명한 점이 많다. 즉 위만조선의 국가적 실체를 증명해줄 만한 기원전 2세기대의 고고학적 증거들을 충분히 찾지 못하고 있는 형편이다. 기원전 1세기대 이후 평양 일대 낙랑군 관련 유적으로 통하여 위만조선의 실체를 역으로 추정하는 것이 일반적이다."
>
> — 한국고대사학회, 『한국 고대사 연구의 새 동향』, 서경문화사, 2007, 187쪽

역시 앞뒤가 맞지 않는다. "문헌에서 위만조선의 실체는 명료하게 기술되어 있지만 고고학적으로는 여전히 불분명한 점이 많다."라는 말 자체가 잘못이다. 문헌, 즉 『사기』 「조선열전」에 위만조선의 실체가 명료하게 기술되어 있다면 굳이 고고학에 기댈 필요가 없다. 그렇지 못하기 때문에 고고학에 기대는 것이다. 오영찬은 낙랑군이 설치된 서기전 2세기대의 고고학적 증거들을 충분히 찾지 "못하고

있는 형편"이라고 시인했다. 낙랑군이 있지 않았던 곳에서 고고학적 유물을 찾으려니 나올 까닭이 없는 것이다. 그러면서 "기원전 1세기대 이후 평양 일대 낙랑군 관련 유적으로 통하여 위만조선의 실체를 역으로 추정"하자고 주장한다. 이쯤 되면 학문이 아니라 로또 뽑기로 가자는 것이다. 결국 조선총독부에서 의도적으로 왜곡한 발굴 결과 외에는 없으니 그 결과를 가지고 "위만조선의 실체를 역으로 추정"하자는 것이다. 이미 역사학의 범주에서 크게 벗어난 것이다. 오영찬은 박사 학위 논문을 손봐서 단행본으로 출간한 『낙랑군 연구』에서도 위만조선에 대해 "정황상으로는 발달된 철기 문화를 영위한 것으로 추정되지만, 아쉽게도 아직까지 서북한 지역에서는 앞서 문헌에서 보여주는 위만조선의 실체를 웅변할 만한 대규모 유적이 도사된 예는 없다."며 슬쩍 강단사학계의 빈약한 실상을 적어놓았다. 이런 오영찬이 결론만큼은 확신에 차 있다.

> "위만조선이 멸망할 당시 수도는 왕검성임이 분명하며, 그 자리에 낙랑군 조선현이 설치되었으므로, 평양 일대에서 발굴 조사된 낙랑군 관련 유적으로 통해 볼 때, '왕검성=낙랑군 조선현=평양'이 자연스럽게 인정된다는 것이다. 바로 이러한 입론이 평양설이나 이동설의 근간이 되는 것이다."
>
> — 한국고대사학회, 『한국 고대사 연구의 새 동향』, 188쪽

강단사학계는 1차 사료도 보지 않고, 연구 결과인 2차 사료도 식민사학자들 것만 본다. 오영찬은 '왕검성=낙랑군', '조선현=평양'이 자

연스럽게 인정된다."고 주장했다. 과연 그런가. 한사군의 위치에 대한 가장 기본적인 1차 사료는 『한서』「지리지」다. 『한서』「지리지」는 왕검성, 즉 위만조선의 도읍지 자리에 세운 것은 요동군 험독현이고, 기자조선의 도읍지 자리에 세운 것은 낙랑군 조선현이라고 기술하고 있다. 소속 군 자체가 다르다. 그러나 강단사학자들에게는 사료가 필요 없다. 자기들 머릿속에서 내린 결론을 가지고 사료를 이리저리 꿰맞추기 때문이다. 『한서』「지리지」에 낙랑군 조선현과 요동군 험독현으로 각각 그 소속의 군 자체가 다른 것을 같은 곳으로 비정하는 수준을 가지고 박사 학위도 따고, 대학교수도 되는 나라가 대한민국이다. 더하기 빼기도 못하는 사람이 수학 박사 학위를 따고 수학 교수가 되는 격이다.

이들이 존경하는 태두 이병도가 "고고학은 문헌사학의 보조 학문"이라고 말했는데도 이들은 문헌사학에서 군 자체가 다르다고 기록한 것을 같다고 우기는 것이다. 몰랐으면 박사 학위 취득은커녕 학부의 리포트를 낼 수준도 안 되는 것이고, 알았다면 사기다. "고고학 100여 년의 조사와 연구 성과에 따르면 낙랑군이 평양에 존재했음을 의심할 어떠한 근거도 없다."는 "낙랑군이 평양에 존재했음을 인정할 어떠한 근거도 없다."라고 말하면 사실에 부합한다.

이처럼 식민사학이란 학문 자체가 사기다. 자신들의 학문에 자신이 없으니 자신과 다른 견해를 "학문이 아니다.", "국수주의다.", "선전이고 선동이다.", "사이비 역사학자다."라고 비판한다. 학문적 토대가 취약하다보니 토론 가능성을 애초에 차단하는 방식이다. 대중적 토론이 주류 편향을 극복하고 역사의 객관성을 확보하는 가장 유력한 방법이라는 말은 우리 사회에서 정확하게 부합한다.

「역사비평」을 기획하고 편집하는 역사문제연구소는 1993년에 『인물로 보는 친일파 역사』를 출간했다. 친일파 10명을 비판하는 책이다. '영원히 씻을 수 없는 매국노의 오명'이란 제목으로 이완용과 송병준을 다루었고, '친일을 애국으로 착각한 지식인들'이란 제목으로 이광수와 최남선을 다루었다. '비행기를 헌납한 친일기업인들'이란 제목으로 박흥식과 문명기를 다루었으며, '여성명사들의 친일행각'이란 제목으로 김활란과 모윤숙을 다루었고, '일제를 위해 붓을 잡은 화가들'이란 제목으로 김은호와 심형구를 다루었다. 모두 친일파가 맞다. 여기에 '여성명사'도 들어가고 '기업인'도 들어가고, 심지어 '화가'들도 들어갔는데, 왜 역사학자들은 빠졌는가 하는 의문이 든다. '식민사학자들의 친일 행각'이란 제목으로 이병도와 신석호를 다루었어야 하지 않을까?

『인물로 보는 친일파 역사』의 해당 항목을 쓴 저자들은 그간 친일파 문제를 비판한 각 분야의 학자이니 다섯 분류의 친일파 10명을 비판할 자격이 있다. 문학평론가 임헌영은 이광수와 최남선을 비판할 자격이 있고, 미술평론가 윤범모는 김은호와 심형구를 비판할 자격이 있다. 그러나 모름지기 역사학자들이라면 먼저 이병도와 신석호를 비판하고 다른 분야의 친일파를 비판했어야 했다. 그러나 그렇게 했다가는 학계에서 매장된다. 이 문제도 역시 진보와 보수의 구분이 없다. 식민사학 수호의 첨병으로 「조선일보」뿐 아니라 「한겨레」와 「경향신문」이 손을 맞잡고 나서는 구조는 새삼스러운 것이 아니다.

세계를 바라보는 관점은 일이관지해야 한다. 2개의 자를 가지고 건강부회하지 말아야 한다. 여성 혐오주의가 나쁘면 남성 혐오주의도 나쁜 것이다. 여성이나 남성은 모두 같은 인간이기 때문이다. 이완용과 송병준이 친일파라면 이병도와 신석호도 친일파인 것이다. 신채호는 미국에 한국의 위임 통치를 청원한 이승만에 대해서 이완용보다 더 나쁘다고 말했다. 이완용은 있는 나라를 팔아먹었지만 이승만은 나라를 되찾기도 전에 팔아먹었다는 이유다. 같은 논리를 이병도에게도 적용할 수 있다. 이완용은 있는 국토를 팔아먹었지만 이병도는 순국선열들과 애국지사들의 목숨으로 되찾은 나라의 역사를 다시 팔아먹었다. 한국 근현대사에서 친일파의 재득세를 강하게 비판해야 한다면 조선 후기 나라를 일제에 팔아먹은 노론에 대해서도 비판해야 하고 조선총독부가 만든 고대사관을 옹호하는 식민사학계의 행태에 대해서도 비판해야 한다. 진보를 자처한 「역사비평」 또는 「한겨레」와 「경향신문」, 중도를 표방하는 「한국일보」가 다른 분야의 친일파는 비판하면서도 유독 역사 분야의 친일파를 비판하려고 하면 죽이자고 나서는 행태로는 더 이상 미래가 없다는 말이다.

「조선일보」는 2016년에 한국고대사학회가 진행한 시민강좌를 「고대사의 진실을 찾아서」라는 제목으로 장기 연재했다. 이들의 강의 내용에 대해서는 역사 전문 인터넷 언론인 「코리아 히스토리 타임스」에서 「조선일보」와는 전혀 다른 관점에서 자세하게 보도했으니 참조하길 바란다. 그런데 한국고대사학회가 그리는 한국 고대사 상(像)대로 하면 "한국은 중국의 일부였다."는 중국 국가주석 시진핑의 망언이 사실이 된다. 그러면 「조선일보」는 시진핑의 망언이 역사적 사실을 정확하게 설명한 것이라고 해설 보도해야 한다. 「한겨레」와 「경향신문」과 「한국일보」도 마찬가지다. 시진핑의 발언은 역사적 사실이라고 '젊은', '늙은' 역사학자들의 말을 따서 후속 보도해야 할 것 아닌가? 이들이 그간 떠받들었던 '국사학계의 무서운 아이들'과 한국고대사학회가 진행한 시민강좌, 그리고 동북아역사재단이 주축이 되어 만든 『동북아역사지도』에 따르면 경기도까지 중국사의 강역이었고, 한반도 남부에는 4세기까지도 신라, 백제, 가야는 존재하지 않는 대신 임나일본부는 한반도 남부에 사실상 존재했고, 독도는 일본 것이다.

"이것이 나라냐?"는 말은 촛불 집회 때 나온 것으로 알지만 식민사학 문제에 천착한 식자들 사이에서는 훨씬 이전부터 "이것이 나라냐?"는 말과 함께 "이것이 언론이냐?"는 말이 자연스러웠다. 아마도 개인이 다중과 소통할 수 있는 SNS 세상이 아니었다면 식민사학과 맞선 이들은 식민사학과 결탁한 악질적인 언론 카르텔에 의해 살해당하고 말았을 것이다. 그러나 이제는 세상이 달라졌다. 각성한 개인이 언론을 상대로 자신의 견해를 펼칠 수 있는 세상이 된 것이다. 식민사학, 그리고 식민사학과 한 몸인 악질 언론 카르텔이 이제는 쉽게 힘을 쓸 수 없는 세상이 된 것이다. 세상은 미래를 향하는데, 이들은 아직 과거에 살고 있다.

「한국일보」 인터뷰 기사 「도종환 후보자님 '위대한 상고사'는 안 됩니다」에서 '무서운 아이들'은 『동북아역사지도』 사업에 대해 이렇게 말했다.

한국일보	"지도 사업에서 논란이 됐던 낙랑군 위치 문제는 어떻게 보나."
안정준	"낙랑군이 평양에 있다는 건 우리뿐 아니라 제대로 된 학자는 모두 동의한다. 100년 전에 이미 논증이 다 끝났다. 바뀔 가능성이 거의 없다고 보면 된다."
김재원	"100년 전이라 하니까 자꾸 '친일사학' 소리 듣는다. 하하."
기경량	"그러면 200년 전 조선 실학자들이 논증을 끝냈다 라고 하자."

– 「한국일보」, 2017년 6월 4일

섬뜩하다. 조선총독부가 낙랑군 연구를 100년 전에 이미 논증해 바뀔 가능성이 거의 없다고 한다. 친일사학이라는 말을 들으니 200년 전에 조선 실학자들이 끝냈다고 하자고 한다. 사석도 아닌 언론의 지면 인터뷰에서도 거침없이 교만과 독선을 발산한다. 이런 섬뜩한 교만을 이기동의 주장에서도 살펴볼 수 있다.

"고조선의 강역 문제는 고조선의 건국 연대와 국가적 성격 문제와도 직결되는 매우 중요한 것인데 여기에서도 역사학계와 재야사가들 사이에 커다란 의견 차이를 보이고 있습니다. 저희 학계에서는 고조선의 변경은 잘 알 수 없습니다만, 그 핵심부는 대동강 유역이고 수도인 왕검성은 평양이라고 생각합니다. 그런데 1920년대부터 신채호 선생 등 몇 분이 고조선을 요하 부근으로 생각하셨습니다. (중략) 하지만 국사의 체계대로 한다면, 고조선을 멸망하게 한 한무제는 고조선의 핵심 지역에 군 4개가 설치했다고 되어 있습니다. 그러므로 재야사가들의 주장대로 한다면 낙랑군을 포함하는 한사군도 난하 유역에 설치되었어야 합니다. 그러나 적어도 저희 학계가 끝까지 고집하는 것 중의 하나는, 고조선이 멸망하는 기원전 108년 당시의 고조선의 수도인 왕검성을 분명히 평양 북쪽 대동강가로 보고 있습니다. 이것은 저희들이 처음 주장하는 것이 아니고 17, 18세기의 정약용 같은 실학자들이 주장한 것입니다. 그런데 20세기에 들어와서 일본 사람들도 그렇게 얘기한 것이고 현재 우리 학계의 견해도 이와 비슷합니다. 그러므로 20세기 이후의 연구사만 보면 한국 학자들이 일본 학자들의 주장을 되풀이하는 것처럼 보입니다. 따라서 저희가 한마디 확실하게 말씀드리고 싶은 것은 현재 우리 학계의 통설이 일제의 식민사학을 계승한 것은 아니라는 것입니다. 기왕의 실학자들의 지명고증학을 정리한 것에 불과합니다."

– 한배달역사문화강좌, 『시원문화를 찾아서』, 한배달, 1995, 116쪽

이기동의 발언에서 보듯 이는 말이 되지 않는다. 역사학의 기본은 1차 사료를 중시하지, 1차 사료를 해석한 2차와 3차 사료를 우선하지 않는다. 고조선과 한사군의 강역을 당대와 가까운 시기에 기록한 1차 사료가 아니라 실학자들의 지명고증학을 정리해온 것에 불과하다는 논리는 강단사학계가 역사학을 포기했다는 고백일 뿐

이다. 강단사학계의 치부를 조상 탓으로 돌리는 행태다. 조선시대 유학자들이 한사군과 관련해 중국의 1차 사료를 제대로 비교 분석하지 못한 한계가 있었다. 러시아의 역사학자 U. M. 부틴은 "중국에 대한 사대주의에 젖어 있던 한국의 봉건적인 역사가들이 한국에서의 국가, 즉 고조선의 출현을 중국 이주민들의 활동에서 찾고 있다."고 비판한 바 있다. 단군조선이 아니라 기자조선을 중시한 조선시대 유학자들의 주장은 1차 사료가 아니라 하나의 해석일 뿐이다. 조선시대에도 한사군이 요동(遼東)에 있었다고 비정한 유학자들이 있었는데 그것들은 도외시하고 자신의 입맛에 맞는 견해만 편취한 후 결론이 다 난 것처럼 호도해서는 안 된다. 이익은 요동에 한사군이 있었다고 했다. 김경선은 북경에 사신으로 다녀오면서 "오호라! 후세 사람들이 땅의 경계를 자세히 알지 못하고 한사군의 땅을 망령되게 파악해서 모두 압록강 안에 국한해 억지로 사실에 끌어 맞춰서 구구하게 분배했다."고 썼다. 박지원은 중국을 오가면서 쓴 『열하일기(熱河日記)』 「도강록(渡江錄)」에서 패수와 평양이 여러 곳에 있는데, 고조선의 패수는 요동에서 찾아야 한다고 했다.

안정준은 「경향신문」에 기고한 「'맹목적 민족 역사관'은 진보가 아니다」라는 글에서 전 국회위원 도종환이 동북아특위에서 주도적으로 활동하면서 역사학 분야에 부정적인 영향력을 행사한 전력 때문에 역사학자들이 우려한다면서 다음과 같이 말했다.

"낙랑군의 위치가 한반도의 서북부였다는 설은 오랜 기간에 걸쳐 검증된 역사학계의 통설이다. 통설에 따랐다는 이유로 사업이 무산되어버린 것이다. 동북아특위의 이러한 '막무가내' 식 활동은 동북아역사재단뿐 아니라 학계의 연구 성과를 대중화하려 했던 연구자들의 활동에도 결과적으로 엄청난 피해를 입혔다."

– 「경향신문」, 2017년 6월 6일

일제 고등경찰의 행태를 빼닮은 안정준은 『동북아역사지도』 등이 1차 문헌 사료와 고고학 자료 등의 근거가 전혀 없는 조선총독부의 일방적 주장을 수십억 원에 이르는 국민 세금으로 제작했다는 점, 독도를 우리 역사의 강역에서 일관되게 삭제했다는 점, 각 분야 전문가의 막바지 평가에서 형편없는 점수(100점 만점에 14점)를 받았다는 점 등을 숨기고, '통설에 따랐다는 이유로 사업이 무산되었다'고 건강부회했다. 그러면서 안정준은 동북아특위에서 활동한 국회의원이 사과나 유감을 표명하지 않고 역사학자들이 가지고 있는 전문성에 대한 불신을 조장하고 있다고 주장했다. 동북아특위의 활동 등이 민주주의의 가치를 훼손하고, 학문의 중립성과 독립성을 무너뜨리는 행위에 불과하다고 입에 거품을 물었다. 그러면서 장관직에 지명된 후보자 도종환에게 본인이 견지해온 역사관에 대해 다시 한 번 돌아보라고 충고했다. 마치 조선총독부가 독립 혁명가들을 단죄하는 판결문 같다. 백척간두에 선 강단사학계가 언론을 통해 마지막 몸부림을 치고 있는 형국이다. 우당장학회 이사장 이종찬이 동북아역사재단 등 강단사학계의 사업과 행태에 대해 한 발언을 살펴보자.

"지금 중국은 북에서는 동북공정을 만들고, 남에서는 남중국
해를 차지하기 위해 인공섬을 만드는 그런 한족들의 팽창 정
책이 작용하는 한 동북아의 '평화의 집'은 실현되지 않습니다.
일본도 마찬가지입니다. 엄연한 한국이 실효적 지배를 하고
있는 독도에 대한 영유권 주장이라든가, 중국과의 영토 분쟁
이 계속되면 이것도 궁극적으로 동북아 불안의 씨앗이 됩니
다. 이런 국가 사관이 우리를 넘보고 있는데 임나일본부 주
장에 대하여 우리가 발끈한다고 그게 잘못이란 말입니까? 최
근 경희대학교 안 모 연구교수는 이런 우리 국민의 자위적 감
정을 '대륙 지향의 민족사관'이라 단정하고 일제 강점기 '황국
사관과 흡사하다'고 역공했습니다. 그렇다면 중국의 동북공정
이나 일본의 우익사관을 그대로 받아들이자는 소리입니까?
결국 이분의 궤변은 반제 독립 투쟁에서 목숨을 바친 분들의
염원에 대하여 침을 뱉는 격이 되었습니다."

— 이종찬, 동북아역사재단이 주최한 2016년 상고사 토론회 모두 발언에서

교설을 달고 사는 안정준의 주장은 중국의 동북공정이나 일본의
극우사관을 그대로 받아들이자는 소리다. 그는 2017년 현충일에
「경향신문」 지면을 빌려 반제 독립 투쟁에서 목숨을 바친 분들의 염
원에 더러운 침을 또 뱉었다. 「일제 강점기 고적조사사업 연구」로 박
사 학위를 받은 이순자의 글을 보자.

"일제가 한국을 식민지화하는 과정에서 우선시한 것 가운데

하나는 이를 정당화하는 이데올로기를 만들어내는 것이었다. 일본은 이 이데올로기를 역사적인 배경 속에서 찾고자 노력하였고 그 일환으로 고적조사사업을 실시하였다. 일제의 고적조사사업은 크게 2가지 측면에서 중시되었다. 하나는 식민 통치의 정당성을 부여하기 위한 논리로서 만든 식민사관을 고고학적으로 증명하기 위한 것이었다. 특히 일찍부터 조선의 역사가 타율적으로 진행되었음을 증명하기 위해 평양 일대를 중심으로 낙랑군 관련 유적의 발굴과 '진구황후 삼한 정벌'과 '임나일본부의 조선 지배'를 증명하기 위한 신라와 가야 지역의 유적 발굴 조사는 그들의 고적 조사의 의도를 여실히 드러내는 사업이었다."

– 이순자, 『일제 강점기 고적조사사업 연구』, 3쪽

일제는 식민지 지배를 정당화하기 위해 고적 조사를 실시했고, 낙랑군과 임나일본부 관련 유적 발굴에 총력을 기울였다. 그러나 일제의 발표 결과만 있었고, 그것을 반증하는 사례가 계속 증가한 반면, 아직까지 그들의 주장을 뒷받침하는 고고학 유물과 유적은 없다. 그런데도 "조선총독부는 우리 곁에 영원하시다."만 되뇌는 식민사학자들은 오늘도 '왕검성=낙랑군', '조선현=평양'만 되뇌며 살아가고 있다. 자신의 머리만 수풀에 처박으면 포수가 자신을 찾지 못하리라고 생각하는 꿩처럼 말이다.

3장
사법부가 밝혀낸 임나일본부설의 실체

_ 이주한

가야사는 판도라의 상자

2017년 6월 1일 문재인 대통령이 청와대에서 수석 보좌관 회의를 주재하며 영호남 공동 '가야사 복원' 사업을 주문하자 강단사학계는 벌집을 쑤신 듯 반발하고 나섰다. 왜 그럴까? 강단사학계는 가야가 '임나'라고 보기 때문이다. 이 사실은 한국사의 전체 맥락과 체계를 결정짓는 한국사의 최대 관건이요, 핵심 골간이다. 19세기 이래 일본 제국주의 역사학자들이 이른바 근대 역사학이라는 미명 아래 최초로 정립한 이론이 임나일본부설이다. 가야가 임나라는 주장은 이들이 창안한 '임나일본부설'에서 시작되었다.

임나일본부설은 서기 4~6세기에 일본의 야마토왜(大和倭)가 한반도의 남부를 지배 또는 경영했다는 설이다. 이 터무니없는 설은 19

세기 일본에서 정한론이 불길처럼 일면서 내세운 한국 침략 이론이다. 임나일본부설은 황국사관에 입각한 정한론의 근간이다. 1868년 메이지 정부가 들어선 후 일본이 한국을 침략하면서 내세운 명분은 만세일계(萬世一系) 천황제를 위한 정한론이었다. 임나일본부설을 완성한 스에마쓰 야스카즈가 『임나흥망사』에서 "일본의 한반도 영유(임나)는 그 자체만으로도 일본의 자랑이며, 구한말의 일본에 의한 한국 병합은 고대의 복현(復現)이다. 이는 앞으로 영원히 일본이 한국에 대한 예속을 주장할 수 있는 정신을 인도해준다."라고 주장했다.

고대에 일본이 한반도를 지배했다, 한반도는 일본의 고유 영토다, 우리의 옛 땅을 회복하자, 이것이 영원히 일본이 한국을 지배할 수 있는 정신으로 인도해준다. 이것이 임나일본부설의 요체다.

임나일본부설은 720년에 편찬된 일본의 고대 사서 『일본서기(日本書紀)』에 기록된 허구적인 조작 기사를 토대로 구로이타 가쓰미(黑板勝美), 쓰다 소키치, 이케우치 히로시(池内宏), 이마니시 류, 스에마쓰 야스카즈 등 당대 일제를 대표하는 역사학자들이 총동원되어 황국사관에 입각해 구축한 침략 이데올로기다. 스에마쓰 야스카즈는 이를 1933년에 정리하고, 패전 후인 1949년에 『임나흥망사』로 집대성하였다. 이들 제국주의 역사학자들은 일본 열도에서 전개된 일들을 한반도의 남부에서 있었던 것으로 왜곡하거나 조작해 고대에 일본이 한반도 남부를 지배 또는 경영했다는 논리를 창안했다. 그들은 『일본서기』에 나오는 지명 임나를 한반도에 있었던 가야라고 주창했다. 하지만 임나와 한반도의 가야는 전혀 별개의 대상이다. 임나가 가야라는 근거는 『일본서기』뿐 아니라 중국과 한국의 고대 문헌 사료에 전혀 없다. 고고학 자료도 일체 없다. 조선총독부는 임나일본부설을 내세울 유적과 유물을 발굴하기 위해 참빗으로 훑듯 한반도 곳곳을 샅샅이 뒤졌지만 아무것도 발견하지 못했다. 물론 검은 백조를 발견한 것처럼 학문의 세계에 절대적인 사실과 진리는 없다. 그럼에도 나는 앞으로도 임나가 가야라는 설을 입증할 1차 문헌 사료나 고고학 자료는 결코 나오지 않을 것이라고 확신한다. 전 신라대학교 교수인 고고학자 안춘배는 2016년에 있었던 학술대회에서 발표한 논문을 통해 임나가 가야라고 본 임나일본부설의 맹점을 정리하며 다음과 같이 결론을 맺었다.

> "이와 같이 일본 측에 의해서 정리된 고고 자료만으로도 임나일본부설의 성립은 어려운 실정이고, 현재까지의 자료로 볼 때 임나일본부설이란 일고의 가치도 없음을 한·일 양국의 고고학자들은 모두 인식하고 있을 것이다. 결국 현 단계에서 임나일본부설이란 과거의 군국주의 일본에 대한 일본인들의 향수 속 심정적으로 자리 잡고 있는 것이라고 하겠다. 특히 근래 김현구처럼 한국 내 일부 학자들이 가야를 임나와 동일시하는 것은 임나일본부설의 변종이라는 것은 물론 고고학적으로 일고의 가치도 없는 허무맹랑한 주장이라고 하지 않을 수 없다."
>
> — 안춘배, 「고고학상에서 본 임나일본부」, 『재상륙한 임나일본부설』,
> 역사관련단체연합학술대회 자료집, 2016, 79쪽

강단사학계는 임나일본부설에 대한 정리가 사실상 끝났다고 주장한다. 그리고 광복 후 강단사학계의 노력으로 식민사학을 거의 극복했다고 내세운다. 역시 거짓말이다. 사실과 전혀 다른 말이다. 안춘배는 "특히 근래 김현구처럼 한국 내 일부 학자들이 가야를 임나와 동일시하는 것"이라고 점잖게 표현했지만, 김현구는 임나일본부설과 관련해 강단사학계를 대표하는 역사학자 중 1명일 뿐이고, 사실 강단사학계의 거의 모든 역사학자가 김현구와 대동소이한 견해를 밝히고 있다고 보면 된다.

조선총독부 이래 강단사학계가 100여 년간 견지해온 4가지 절대적인 명제가 있다.

첫째, 『삼국유사』, 『제왕운기』, 『동국통감』 등에 단군왕검이 서기전 24세기 무렵에 고조선을 건국했다는 기록은 실재한 역사가 아니라 허구적인 신화를 전하는 것이다. 신화가 역사와 별개인 것은 아니다. 그러나 단군신화는 오랜 역사를 통해 만들어진 '전통으로서의 역사성'에 있는 것이지 실재한 사실로서의 역사성과는 무관하다. 국가의 성립은 청동기시대에 돌입해야만 가능한데, 우리 역사는 서기전 10세기 전후 무렵에서야 청동기시대에 들어섰다.

둘째, 서기전 194년 중국 연나라에서 온 위만(衛滿)이 고조선의 준왕(準王)을 내쫓고 위만조선(서기전 194~서기전 108)을 건국한 후 중국의 선진 문물이 유입되면서 한국은 고대 국가로 성장할 기회를 얻었다.

셋째, 위만조선은 한나라에 의해 80여 년 만에 망하고, 한나라가 서기전 108년에 세운 한사군에 의해 화려한 중국의 문물이 본격적으로 들어오면서 마침내 한국은 고대 국가로 발전하게 되었다. 한사군의 중심인 낙랑군은 평양을 중심으로 한 한반도 서북부에 있었다.

넷째, 『삼국사기』 초기 기록은 조작되었다.

강단사학계는 이 명제들이 조선총독부가 실시한 고등 사료 비판과 고고학 검증을 통해 입증되었다고 주장한다. 이 4가지 확고부동한 정설을 강단사학계는 금과옥조로 여긴다.

그런데 이 4가지 명제는 별개가 아닌 하나의 명제에서 비롯한 1가지 주제의 4가지 범주다. 이 범주들은 바로 마지막에 있는 『삼국사기』 초기 기록 불신론'에 얽매인 명제들이다. 삼국 초기의 역사도 사실이 아니라고 보는데, 삼국 이전의 고조선 역사를 사실로 볼 수 없는 것이다. 『삼국사기』 초기 기록 불신론은 일본 최고의 근대 역사학자로 추앙받는 쓰다 소키치가 고안한 이론이다. 그는 이병도의 스승이기도 하다.

쓰다 소키치가 이 이론을 만든 이유는 임나가 가야라는 전제에서 출발하는 임나일본부설에 있다. 임나가 가야라는 사실은 『삼국사기』에 전혀 기록되어 있지 않다. 『삼국유사』도 마찬가지다. 게다가 『삼국사기』와 『삼국유사』에 의하면 고구려, 백제, 신라, 가야는 서기전 1세기 무렵에서 서기 1세기 무렵에 고대 국가로 성장했다. 그런데 서기 7세기에 들어서야 고대 국가로 성장하기 시작한 일본이 서기 4~6세기에 가야를 지배하거나 경영하고, 한반도 남부에 강력한 영향력을 행사했다는 것은 애초에 성립할 수가 없는 것이다. 이것이 『삼국사기』 불신론이 나온 배경이고, 임나일본부설의 다른 이름이 바로 『삼국사기』 불신론이다. 그런데 『삼국사기』 초기 기록을 불신하는 근거를 쓰다 소키치는 물론 일본 제국주의 학자들은 전혀 제시하지 못했다. 그저 못 믿으니까 못 믿는다는 것이 유일한 근거였다. 강단사학계가 목숨을 걸고 사수하는 탑 시크릿이 바로 이것이다. 조선총독부의 정설에 기대지 않고 가야사를 제대로 연구하면 '있었던 사실 그대로'의 한국사에 접근할 수 있고, 지금까지의 한국사와는 완전히 다른 한국사의 체계와 내용을 만나게 된다. 가야사에 대한 학문적인 연구는 한국사의 문을 여는 마스터 키요, 판도라의 상자다. 그러나 강단사학계는 광복 후 루비콘강을 수없이 건너왔다. 그래서 판도라의 상자가 열리면 자신들이 끝장난다는 불안에 떨고 있다.

그래서 강단사학계는 임나일본부설을 비판하는 척하면서 이 마스터 키를 움켜쥐고 있다. 임나일본부설은 사료 근거가 전혀 없기 때문에 고대에 일본이 한국을 지배했다는 주장을 겉으로 내세우는 학자는 일본에서도 거의 없다고 보면 된다. 임나일본부설은 교역기관설, 외교기관설, 사신관설 등 다양한 변주로 지탱되고 있다. 이러한 논리도 일제의 황국사관을 기초한 구로이타 가쓰미가 예전에 다 정리한 내용이다. 한사군이 사실은 식민 통치 기관이 아니었다면서 한사군의 위치 문제를 성격 문제로 돌리는 고도의 술수와 똑같은 수법에 불과한 속임수다. 한사군 문제와 마찬가지로 "임나가 한반도의 가야인가?" 하는 것이 임나일본부설을 파헤치는 가장 중요한 질문이다. 이를 사료에 따라 정직하게 학문적으로 연구하면 다양하게 변장한 임나일본부설은 실체를 감출 수가 없을 것이다.

본격적으로 임나일본부설을 검토하기에 앞서 먼저 한일고대사 연구의 최고 권위자인 최재석을 소개한다.

1926년에 태어난 최재석은 한국사회사와 고대한일관계사 연구에 일생을 바쳤고, 1959년부터 2012년까지 53년간 연평균 6편 총 324편의 연구 논문을 발표했으며, 이를 바탕으로 25권의 저서를 출간했다. 논문 내용의 깊이는 말할 것도 없고, 그 분량도 기록적이다. 일본 역사학계에서도 이 정도의 논문을 발표한 사람은 없는 것으로 알고 있다.

1980년대에 고대사회사 연구의 선행 작업으로 일본인들이 연구한 한국의 고대사를 본격적으로 연구하기 시작한 최재석은 충격적인 사실을 발견했다. 한국의 고대사회사를 연구하기 시작한 사람도 그 연구를 지속한 사람도 모두 일본인이며 한국인은 단 한 사람도 없다는 것이었다. 더욱 놀라운 것은 일본 학계가 "『삼국사기』 초기 기록은 조작"이라고 말하는데, 그에 따른 근거가 아무것도 없고, 한국의 강단사학계가 이를 그대로 따르고 있다는 점이었다. 최재석은 고대한일관계사 연구에 집중한 관련 사료와 논문들을 모두 분석했다. 마침내 일본 학자들이 『일본서기』의 조작 기사를 은폐하기 위해 그 반대의 주장을 해왔다는 점을 밝히고 과학적 방법으로 이를 치밀하게 논증했다.

최재석이 1985년에 발표한 논문 「삼국사기 초기 기록은 과연 조작된 것인가」는 한국과 일본 두 강단사학계의 심장부에 꽂은 비수였다. 최재석은 이병도, 이기백, 이기동 등 강단사학자들이 일본 학자들의 주장을 그대로 받아들여 『삼국사기』 초기 기록이 조작됐다고 주장하는 것을 비판했다. 그는 쓰다 소키치, 이마니시 류, 이케

우치 히로시, 스에마쓰 야스카즈 등 일본인 학자 30명의 주장을 먼저 정밀하게 비판하고, 그들의 이론을 그대로 수입하는 강단사학계의 이론도 체계적으로 분석했다. 그리고 적극적 비판과 토론을 제기했다. 그러나 강단사학계는 그를 유령으로 취급하고 침묵으로 일관했다. "비판해달라. 근거를 제시하라. 한마디 정도의 논평은 있어야 하는 것 아닌가." 등 그가 강단사학계에 던진 요구는 1985년 이래 그가 유명을 달리한 2016년 가을까지 30년이 넘도록 받아들여지지 않았다. 한국사 사실(史實) 연구는 그에게 파란만장한 고난의 길이었다. 강단사학자들은 학문적인 답변을 거부하고 그에게 인간적 모욕을 가하거나 학계에 없는 존재처럼 무시하고 매장했다.

2017년 6월 6일 국회의원 도종환은 「한겨레」 인터뷰에서 "일본이 임나일본부설에서 임나를 가야라고 주장했는데, 일본의 연구비 지원으로 이 주장을 쓴 국내 역사학자들의 논문이 많다. 여기에 대응해야 한다."고 했다. 그는 "관련 자료들을 찾아냈다."면서 "가야사에 대해 일본 쪽 주장이 일리 있다는 국내 학자들이 있어서 쟁점이 생긴 상황인데, 학문적 논쟁은 계속해나가면 된다. 일본 쪽 주장들을 면밀하게 살펴보고 우리 주장을 확실하게 하는 역사 연구가 필요하다."고 주장했다.

사법부의 강단사학자 비판

촛불혁명이 세차게 일던 2016년 11월 3일 서울서부지방법원에서 의미 있는 재판이 있었다. 강단사학계의 정설을 비판한 한가람역사문화연구소장 이덕일이 출판물에 의한 명예훼손죄로 기소되어 1심에서 실형(징역 6개월에 집행유예 2년)을 받았는데, 이날 항소심은 무죄를 선고했다. 이 재판은 한국 강단사학계의 현실을 적나라하게 보여주었다.

> "국가 권력, 특히 사법권이 신중한 고려 없이 학자들 사이의 학문적 비판과 논쟁에 과도하게 개입하여 그중 어느 일방을 무분별하게 형사 처벌할 경우, 비판적 소수자들의 적극적 문제 제기를 위축하고 주류의 지배적인 논리만을 보호함으로써 자유로운 토론을 통해 학문과 사상이 발전할 수 있는 기회를 봉쇄하는 결과를 초래할 수 있다. 이러한 관점에서 학문과 사상의 영역에 대한 국가 형벌권의 행사는 가급적 자제되어야 하고, 출판물에 대한 명예훼손죄의 비방의 목적 또한 최대한 제한적으로 해석함이 마땅하다."
>
> ― 지영난·손원락·이종훈, 「항소심 판결문」(서울서부지방법원 형사1부)

재판부는 학문적 비판과 논쟁에 국가, 특히 사법부가 과도하게 개입하면 비판적 소수자의 적극적 문제 제기를 위축한다고 지적했다. 사법부가 학문에 개입하면 주류의 지배적인 논리만 보호해 자유로운 토론을 통한 학문과 사상의 발전을 봉쇄한다고 비판했다. 토론과 논쟁을 회피하고 학문과 사상의 영역을 국가 형벌권으로 가져간 사람은 『임나일본부설은 허구인가』의 저자 김현구(고려대학교 명예

^{교수})다. 이덕일은 『우리 안의 식민사관』에서 대표적인 임나일본부설 이론가인 김현구의 견해를 사료에 의거해 그 논점과 맥락을 구체적으로 비판했고, 이 때문에 1심에서 실형을 받았다. 사법부가 1심에서 학문적으로 토론해야 하는 사안에 대해 실형, 그것도 징역형을 선고한 것은 유례없는 일이었다. 강단사학계는 언론과 강좌, 책 등을 통해 역사학계의 주장을 제대로 이해하지 못하는 사이비 역사학자가 학계의 내용을 의도적으로 왜곡한다고 대대적인 공세를 취했다. 젊음을 저버린 역사학자들이 당시에 한 인터뷰를 보자.

위가야 "김현구 선생은 사실 누구보다 강한 임나일본부설 비판자다. 비판자들 중에서도 제일 세다. 김현구 선생이 일본 식민주의에 영합했다는 건 말이 안 된다. 재판을 맡은 판사가 판결문에서 그렇게 얘기한 것처럼 김현구 선생의 책 읽은 사람은 누구나 이 사람 논지가 식민사관이 아니란 걸 알 수 있다."

기경량 "학문적 토론에도 '신의성실의 원칙'이 필요하다고 생각한다. 상대 주장은 일단 있는 그대로 받아들인 다음 그 내용에 논리적 문제가 있을 때 지적하고 비판해야 한다. 그런데 상대 의견을 최대한 왜곡하고, 자신에게 유리하게 비틀어놓고, 그것에 대해 공격을 하는데, 학문적으로 서로 토론하면 되지 않느냐는 말은 성립하기 힘들다."

– 「경향신문」, 2016년 4월 11일

이들은 누구보다 강한 임나일본부설 비판자인 김현구를 이덕일이 논지를 비틀어놓고 공격했기 때문에 학문적 토론 대상이 아니라고 주장했다. 김현구의 책을 읽은 사람은 누구나 그가 식민사관이 아니란 걸 알 수 있다고 말했다. 「'식민사학'이라는 주홍 글씨, 어디까지 타당한가」라는 기사도 살펴보자.

"역사학계는 50여 권의 단행본을 출간하며 막강한 대중적 영향력을 행사해온 재야사학계의 대표 선수 이덕일 소장의 무차별적 '식민사학자 몰이'가 한계를 넘어 폭주한 사건으로 지난달 5일 최종 선고가 내려진 '이덕일―김현구' 소송을 꼽는다. 이 소장은 2014년에 출간한 『우리 안의 식민사관』에서 김현구 고려대학교 명예교수를 18쪽에 걸쳐 집중적으로 성토했다. 이 소장은 책에서 '김현구는 와세다대학에서 박사 학위를 받았는데, 최근 『임나일본부설은 허구인가』라는 책에서 임나일본부가 실제로 한반도 남부를 지배했다고 쓴 인물'이라고 말했다. 그러나 1970~1980년대 민족문학론의 본산이자 진보 노선을 유지해온 창비에서 출간된 『임나일본부설은 허구인가』 어디에도 '임나일본부가 실제로 한반도 남부를 지배했다'는 문장은 없다. 그런 해석이 가능한 대목도 없으며, 논리 구조상으로도 그렇다. 『임나일본부설은 허구인가』는 일본 학자들의 임나일본부설의 근거인 『일본서기』의 기록을 집요하게 논파하면서 임나일본부설이 허구라고 주장하는 책이다."

– 「경향신문」, 2016년 3월 11일

「한겨레」, 「경향신문」, 「조선일보」 등을 비롯한 거의 모든 신문이 최소한의 사실을 확인하지 않고 젊음을 무기로 내세운 학자들의 일방적인 주장을 그대로 다뤘다.

2016년 2월 5일에 있었던 이덕일의 1심 선고는 '재판이 아니라 개판'의 결과였다는 것은 이 재판을 방청한 모든 사람이 인정하고 분개하는 바다. 오죽했으면 서부지법 판사 나상훈이 형사소송법도 어겼다고 2심 판결문에까지 나와 있을 정도였다. 그래서 2심에서는 무죄로 뒤집혔고, 대법원은 무죄를 확정 판결했다. 그러자 1심 판결에 환호했던 식민사학 카르텔 언론들은 2심과 대법원의 최종 무죄 판결에 대해서는 일제히 입을 닫았고 단 한 줄도 보도하지 않았다.

「역사비평」 2016년 여름호에 실린 「한국 고대사와 사이비 역사학 비판 ②」를 보자.

"최근 임나일본부설의 허구를 비판해온 한 연구자를 '식민사학자'라 규정한 사이비 역사가가 명예훼손 혐의로 법원에서 유죄를 선고받았다. (중략) 사이비 역사가의 주장을 보면, 김현구의 『임나일본부설은 허구인가』는 '임나일본부'가 실제로 한반도 남부를 지배했다는 주장을 담고 있으며, 이는 식민사관을 좇는 국내 학계의 문제라고 하였다. 그가 언급한 김현구 연구의 문제점을 정리하면 다음과 같다. ① 한반도 남부에는 실제로 임나일본부가 있었다. ② 그런데 임나일본부는 일본의 야마토 정권이 지배하는 것이 아니라 백제가 지배했다. ③ 백제를 지배하는 것은 일본의 야마토 정권이다. 그는 김현구가 임나일본부설을 정립한 스에마쓰 야스카즈의 견해를 그대로 좇아 야마토 정권이 한반도 남부를 지배했다는 임나일본부설이 사실이라고 주장하였다고 강하게 비난하였던 것이다."

– 「역사비평」 115호, 역사비평사, 2016, 232~233쪽

이 글을 쓴 신가영(연세대학교 사학과 박사 과정)은 김현구의 '임나일본부설' 연구가 왜의 한반도 남부 지배를 비판했지 왜의 지배를 인정하는 서술은 그 어디에도 없다고 주장했다. 이덕일의 주장은 사실과 무관한 터무니없는 주장이라고 비난했다. 과연 그럴까? 2심 재판부는 김현구가 스에마쓰 야스카즈의 학설에 따랐고, 철저한 사료 비판이 필요한 『일본서기』 기사만 근거했다고 판결했다. 재판부는 "이덕일의 주장이 대체로 진실에 부합한다."면서 이렇게 덧붙였다.

"피고인은 아무런 근거 없이 김현구를 음해한 것이 아니라 김현구의 책에 나오는 내용을 그대로 인용하면서 그 책의 함의에 대한 자신의 평가와 의견을 밝힌 것이다. 피고인의 그와 같은 평가가 정당한지 여부는 독자들이 스스로 김현구의 책과의 비교, 검증을 통해 판단할 수 있는 것이다."

– 지영난·손원락·이종훈, 「항소심 판결문」(서울서부지방법원 형사부)

재판부는 이덕일이 정당하게 의견을 표현한 것이며 그가 근거한 사실들은 김현구의 주장에 따른 것이라고 판단했다. 이덕일의 견해는 학문과 사상, 표현과 양심의 자유에 해당하는 것으로서 그에 대

한 평가는 독자들이 스스로 하는 것이라고 판결했다. 광복 후 70여 년간 한국의 강단사학계가 숨겨온 '임나일본부설의 실체'가 사법부의 합리적인 재판 과정을 통해 드러난 것이다. 또한 재판부는 토론과 논쟁을 회피하고 인신공격에 집중하는 김현구의 비상식적이고 비학문적인 행태에도 일침을 가했다. 또한 김현구가 "스에마쓰 야스카즈의 학설을 그대로 따르고 이를 수용하는 듯한 태도를 보였다." 라고 판시하고, 이덕일이 이 책을 쓴 이유는 "공공의 이익을 위한 목적이었다."고 인정했다. 식민사학 카르텔에서 벗어난 2심 판결문과 대법원의 확정 판결문이 나오자 이덕일 음해에 앞장섰던 언론들은 침묵으로 담합했다.

김현구가 임나일본부설을 비판하는 척하면서 구체적인 각론에서는 결국 스에마쓰 야스카즈의 견해를 추종하고 있다고 재판부는 인정했다. 김현구는 임나가 한반도 남부를 지배했고, 이 임나를 백제가 지배했으며, 야마도 정권이 백제를 지배했다는 논리를 전개함으로써 스에마쓰 야스카즈의 임나일본부설을 추종했다. 이덕일이 자신의 주장을 왜곡해 허위 사실을 적시했다는 김현구의 주장을 재판부는 받아들이지 않았다. 김현구는 『임나일본부설은 허구인가』에서 임나일본부설을 ① 주체(일본), ② 기간(200년), ③ 지역(한반도 남부 임나가야), ④ 행위(경영), ⑤ 인정 근거(『일본서기』)로 구성했다. 이는 스에마쓰 야스카즈가 주장한 내용과 같다. 다만 김현구는 이중 주체만 일본이 아니라 백제라고 주장했다.

임나일본부설의 핵심은 임나의 위치 비정이다. 임나가 한반도의 가야라는 주장이 임나일본부설의 핵심 전제다. 모든 사건은 특정한 공간에서 일어난다. 어디서 벌어진 일인지 모르고 사건의 실체에 접근하는 것은 불가능하다. 김현구는 『임나일본부설은 허구인가』에서 지명 비정에 대해 "특별한 경우가 아니면 지명 비정은 스에마쓰 야스카즈의 학설을 따랐다."라고 말했다. 그는 목라근자, 목만치 등 목 씨 일족이 임나를 경영했는데 이들이 야마토왜의 명령을 받거나 야마토왜에서 파견한 신분으로 임나를 경영했다는 식의 논리를 구사했다. 결국 임나를 지배한 주체는 백제가 아니라 야마토왜인 것이다. 그는 스에마쓰 야스카즈의 이론을 그대로 받아들였을 뿐 아니라 스에마쓰 야스카즈보다 더 나아가 백제가 야마토왜의 식민지인 것처럼 곳곳에서 서술했다. 김현구는 백제가 왕녀와 왕자들을 야마토왜에 인질로 보내 천황을 섬겼다고 주장했다. 『삼국사기』와 『삼국유사』에 전혀 나오지 않는 사실들이다.

김현구는 1심 재판에서 『일본서기』의 백제 기사가 『삼국사기』, 『삼국유사』와 다르지 않느냐는 이덕일의 질문에 자신은 "『삼국사기』, 『삼국유사』는 모른다."고 답했다. 『일본서기』는 왜곡과 조작이 심해 일본의 일부 학자들도 『삼국사기』 등과 비교하며 사료 비판을 하는데도 『일본서기』의 허구적 기사에만 의존한 것이다. 임나일본부설의 근거로 활용한 『일본서기』 기사는 조작과 윤색, 모순과 과장이 많다. 이 기사들을 어떤 관점에서 사료 비판을 하는가에 따라 사실과 허구가 구분된다. 김현구가 주장한 대로 서기 4세기에서 서기 6세기까지 200여 년간 경상도부터 전라도까지 '임나=가야'가 존재했다면 『삼국사기』 「백제본기(百濟本紀)」에 '임나'가 기록되지 않을 수가 없다. 『삼국사기』 「강수열전(强首列傳)」에 "신은 본래 임나가량 사람입니다

(臣本任那加良人)."라는 말이 한 번 나온다.

임나가량 사람이라고 했을 때 자신의 출신을 말하는 것인지, 조상들의 출신을 말하는 것인지 또 어느 때의 임나를 말하는 것인지 알 수 없고 임나의 위치가 어디를 말하는 것인지도 알 수 없다. 식민사학에 젖은 이들은 『삼국사기』에 딱 한 번 모호하게 나오는 임나에 목을 맨다. 그러나 고대사 연구가 황순종이 『임나일본부는 없었다』에서 지적한 대로 임나가 200여 년간 한반도 남부를 지배했다면 『삼국사기』「본기」에 무수히 기록되어야 하는 것이 상식이다. 『일본서기』〈스진(崇神) 65년〉조 기사는 임나가 쓰쿠시(筑紫)에서 2,000여 리의 위치에 있고, 북쪽은 바다이고, 신라의 서남쪽에 있다고 기록했다. 그 위치를 최재석은 대마도(對馬島)로 비정한다. 최재석은 『일본서기』가 기록한 임나의 위치를 다음과 같이 논증했다.

> "임나의 위치에 관한 정확한 정보는 『일본서기』〈스진 65년〉조가 전해준다. 그런데도 역사 왜곡자들은 모두 이 기사를 전적으로 무시한 채 허구의 주장만 되풀이하고 있다. 그 기사 원문 내용은 다음과 같다.

> "任那者 去筑紫國二千餘里 北阻海以在鷄林之西南."
> — 『일본서기』〈스진 65년〉조

위의 기사를 우리말로 풀이하면 다음과 같이 될 것이다. 즉 '임나'는 기타큐슈(北九州)에서 2,000여 리 떨어져 있으며, 북쪽은 바다로 막혀 있고, 계림(鷄林:신라)의 서남쪽에 있었다고 해석될 것이다. 그런데 이 기사는 다음 세 부분으로 나누어진다.

① 임나는 기타큐슈에서 2,000여 리 떨어져 있다.
② 북쪽은 바다로 막혀 있다.
③ 임나는 신라의 서남쪽에 있다.

중국의 『삼국지(三國志)』 「왜인전(倭人傳)」에 구야(狗邪)에서 대마도까지 1,000여 리, 그곳에서 일기국(一支國:이키시마)까지 1,000여 리, 다시 말다국(末盧國:기타큐슈)까지 1,000여 리라 하였으니, 결국 기타큐슈에서 2,000여 리 떨어져 있는 임나는 대마도임을 알 수 있다. 이렇게 볼 때 위의 첫 부분은 대마도임을 나타낸다. 위의 둘째 부분인 '북쪽은 바다로 막혀 있다'는 내용은 임나가 한반도에 위치할 수 없음을 나타낸다. 다음 셋째 부분인 '임나는 신라의 서남쪽에 있다'는 내용은 좀 모호한 것으로도 볼 수 있으나 그 당시의 방향 감각이나 지리적 지식으로 보아 대마도가 신라의 남쪽이 아니라 서남쪽에 있다고 해도 첫째 내용이나 둘째 내용을 결정적으로 바꿀 조건은 되지 못한다고 생각한다. 이렇게 볼 때 위의 「일본서기」 <스진 65년>조 기사는 임나가 대마도임을 가리킨다고 보아야 할 것이다."

– 최재석, 『고대한일관계사 연구 비판』, 경인문화사, 2010, 240~241쪽

고대사 연구가 황순종도 『임나일본부는 없었다』에서 명쾌하게 밝혔듯이 임나는 한반도에 없었다. 『일본서기』도 위와 같이 기록했다. 당시 한국과 일본의 역사적·정치적 상황도 이 기록과 부합한다. 『일본서기』를 어떤 입장과 관점에서 보는가에 따라 실체적 진실이 다가오는 것이다. 1980년대에 한국 고대사의 연구를 획기적으로 끌어올린 윤내현(단국대학교 명예교수)의 견해를 보자.

> "고대에서 한국과 일본의 사회 발전 수준의 차이로 볼 때 일본이 한국 남부를 지배했다는 논리는 성립될 수 없다. 한국에서는 서기전 25세기 무렵에 이미 청동기시대가 시작되었고, 서기전 24세기에는 한반도와 만주 전역을 영토로 하는 고조선이라는 국가가 출현했다. 그러나 왜열도에는 서기전 3세기 무렵부터 서기 3세기 무렵까지의 야요이문화(彌生文化) 시기에 이르러서야 비로소 한국에서 청동기문화와 철기문화가 전달되었고, 6세기 무렵에 이르러서야 기나이(畿內)의 야마토(大和) 세력이 주변 세력들을 겨우 통합하기 시작했다.
>
> 이와 같이 한국보다 사회 발전이 매우 더디고 뒤떨어졌던 왜열도의 세력이 자신들의 국가도 제대로 갖지 못한 상황인 4세기 무렵에 한반도 남부에 임나일본부를 설치하고 그 지역을 지배했다는 것은 있을 수 없는 일이다."
>
> – 윤내현, 『한국 열국사 연구』, 만권당, 2016, 552∼553쪽

큰 시야로 역사를 넓게 통찰하는 눈이 중요하다. 산맥을 봐야 산

의 흐름이 보인다. 윗글은 고대 한국과 일본의 장구한 역사와 국가 형성 과정의 맥락을 우선 짚는 방식이다. 이것이 과학적인 분석 방법이다. 김석형, 최재석, 윤내현, 이덕일 등 『삼국사기』 초기 기록 불신론을 지속적으로 비판해온 대표적인 역사학자들의 공통점은 문헌과 고고학 자료를 과학적으로 연구한다는 점이다. 기존의 견해를 전체적으로 분석해 그 주장의 근거를 논증하고, 사료에 따라 역사를 복원한다. 역사학의 기본에 철저한 것이다. 한국과 일본의 강단사학자들은 스에마쓰 야스카즈가 완성한 임나일본부설의 근간을 여전히 유지하면서도 겉으로는 비판하는 척한다.

임나일본부설과 관련해 1960년대에 김석형, 1980년대에 최재석과 윤내현, 그리고 2000년대에 이덕일 등 역사학의 기본적 방법론에 철저한 역사학자들의 체계적인 연구가 나왔고, 수많은 대중이 그 내용을 알고 있다. 그럼에도 강단사학계는 김석형의 연구를 국수주의로 치부하고, 최재석의 연구를 유령으로 취급한다. 강단의 중진 학자인 윤내현을 재야사학자로, 이덕일을 사이비 역사학자로 몰아 학문적 토론과 소통을 거부하고 그들에게 가혹한 인신공격을 해왔다. 윤내현의 주장을 마저 보자.

"그런데 『일본서기』에는 한반도의 가야가 멸망한 뒤에도 임나가 존재했던 것으로 기록되어 있다. 한반도의 가야는 서기 562년에 멸망하였는데, 왜는 서기 575년에 임나와 신라, 백제에 사신을 보냈고 서기 600년 임나와 신라가 전쟁을 할 때 임나를 도왔으며, 그해에 임나와 신라에 사신을 보냈고 임나

와 신라도 왜에 사신을 보내 조공했으며, 서기 623년에는 임
나와 신라 사신이 함께 왜에 왔고 서기 638년에는 임나와 백
제와 신라의 사신이 함께 왜에 조공했으며, 서기 646년에는
고구려와 백제와 신라가 왜에 사신을 보내 조공했는데 백제
의 사신은 임나의 사신을 겸했으며, 서기 646년에는 임나와
고구려와 백제 그리고 신라가 함께 왜에 사신을 보내 조공했
다는 등의 기록이 그것이다. 이러한 기록들은 『일본서기』에
등장하는 임나는 한반도 남부에 있었던 가야가 아니었음을
분명하게 해준다. 그러므로 『일본서기』에 임나일본부가 있었
던 것으로 기록된 임나는 왜열도나 대마도에서 찾아야 할 것
이다. 여기서 먼저 생각해야 할 것은 『일본서기』의 내용을 보
는 기본 시각이다. 『삼국사기』와 『삼국유사』 등의 한국의 역사
서들은 한국에서 있었던 사실들을 위주로 기록하였고, 『사기』
와 『한서』 등의 중국 역사서들은 중국에서 있었던 사실들을
위주로 기록하였으며, 『일본서기』와 『고사기(古事記)』 등의 일본
역사서들은 왜열도에서 있었던 사실을 위주로 기록했을 것이
라는 점을 먼저 생각해야 할 것이다. 다른 나라나 다른 지역
과 관계된 기록이 있기는 하겠지만 그것은 부수적일 것이다.
이렇게 본다면 『일본서기』에 보이는 임나 관계 기사도 기본적
으로는 왜열도 안에서의 사실을 위주로 하여 기술하였다고
보아야 할 것이다. 그러므로 『일본서기』의 임나와 백제와 신
라 그리고 고구려 관계 기사 가운데는 한반도나 대마도와 관
계된 것도 섞여 있겠지만 그 주류는 왜열도 안에 있었던 임

나와 백제와 신라 그리고 고구려에 관한 기사라고 보아야 할 것이다. 지난날 임나일본부가 한반도에 있었다고 본 견해의 근본적인 잘못은 『일본서기』에 등장하는 임나(가야)를 모두 한반도에 있는 가야로 보았다는 점이다. 『일본서기』에 등장하는 중국은 대륙의 중국이 아니라 왜열도 안의 중국으로 보면서 임나와 고구려와 백제 그리고 신라는 왜열도가 아닌 한반도에 있었던 나라로 해석한 것은 모순이 아닐 수 없다."

– 윤내현, 『한국 열국사 연구』, 574~576쪽

『일본서기』에 따르면 한반도의 가야가 멸망한 뒤에도 임나가 존재한다. 한국의 사서는 한국에서 있었던 사실을, 중국의 사서는 중국에서 있었던 사실을, 일본의 사서는 일본에서 있었던 사실을 중심으로 다룬다. 역사와 사회를 보는 당연한 상식이다.

중요한 것은 역사관과 입장과 자세

임나일본부설을 체계화한 일본 제국주의 역사학자들의 이론은 이미 1960년대에 북한 학자 김석형의 연구로 붕괴되었다. 당시 북한 학계를 대표하는 역사학자였던 김석형의 연구에 의하면 삼국의 주민들이 지속적으로 일본 열도로 이주해 소국을 세우고, 고국과 연계를 맺었다. 이 소국들은 5세기 말~6세기 초에 한반도에 있는 백제, 가야, 신라의 지배를 받았다. 그리고 『일본서기』의 임나일본부 기사는 한반도 내의 가야 지역과 무관하다고 밝혔다. 김석형은 임나일본부설의 근간을 해체했다.

이후 임나일본부설은 1980년대에 최재석에 의한 종합적 사료 비판으로 완전히 무너졌다. 최재석의 연구는 김석형의 연구를 객관적 사실로 확인하는 것이었다. 북한 역사학계는 임나일본부설을 다음과 같이 평가했다.

> "문제는 『일본서기』 조선 관계 기사를 포함한 임나(가야) 관계 기사를 어떤 자세로 어떻게 대하는가 하는 관점과 입장에 달려 있다. 『일본서기』 임나 관계 기사를 대하는 우리의 입장과 일본 학계의 입장은 근본적으로 다르다."
>
> - 조희승, 『가야사연구』, 사회과학출판사, 1994, 580~581쪽

북한 학계는 『일본서기』를 일본 학계의 입장에서 보면 안 된다고 했다. 그러나 이를 한국 학계에 적용하면 "『일본서기』 임나 관계 기사를 대하는 우리의 입장과 일본 학계의 입장은 근본적으로 같다."라고 해야 할 것이다. 임나일본부설을 다루는 주요 관건은 결국 역사관과 입장, 자세의 문제인 것이다.

앞서 말했듯 일제는 정한론에 의거해 『일본서기』에 나오는 지명인 '임나'를 아무런 근거 없이 한반도의 가야라고 주장했다. 이를 강단사학계가 따랐다. 조선총독부 직속 조선사편수회의 악질 식민사학자 스에마쓰 야스카즈를 그대로 추종한 김현구는 거꾸로 임나일본부설에 가장 비판적인 역사학자로 평가받으며 한일역사공동연구위

원회 위원과 동북아역사재단 이사를 맡아왔다. 김현구의 글을 읽어
보자.

> "1985년 춘천 H대학교 주최로 「동양 고대 문헌의 신빙성」이라
> 는 제목의 심포지엄이 개최되었다. 일본 문헌에 대한 발표를
> 맡은 나는 '일본 최고 사서인『일본서기』는 그 명칭조차 분명
> 하지 않고 그 내용에도 문제가 많지만 중요한 역사적 사실도
> 담고 있는 만큼 그 내용을 믿을 수 없다고만 할 것이 아니라
> 그 내용을 하나하나 객관적으로 검토하여 날조된 것은 버리
> 고 역사적 사실은 받아들여야 한다'는 요지로 발표했다. 그런
> 데 이튿날 유력 일간지들이 내 의도와는 반대로 「김현구 교
> 수,『일본서기』허구설 주장」이라는 제목으로 전날의 심포지엄
> 을 대대적으로 소개했다."
>
> – 김현구, 『임나일본부설은 허구인가』, 창비, 2010, 32쪽

임나일본부라는 명칭은 문제지만『일본서기』에 역사적 사실이 있
는 만큼 객관적으로 받아들일 것은 받아들이자고 한다. 모든 사서
에 해당하는 상식적인 말이다. 이 같은 주장은 겉말이 아니라 맥락
읽기가 필요하다.『일본서기』에는 사실을 기록한 기사가 있다.『일본
서기』에는 한국 고대사를 알 수 있는 풍부한 기사들이 있다. 문제
는 '어느 것이 사실인가?'라는 점이다. '김현구 교수,『일본서기』허구
설 주장'은 자신의 의도와 반대라고 김현구는 말했다. '김현구 교수,
『일본서기』사실설 주장'이 그의 의도였던 것이다. 그가 쓴 책 제목

부터가 임나일본부설이 허구가 아니라는 뜻의 『임나일본부설은 허구인가』다.

> 『임나일본부설은 허구인가』는 고려대학교에서 교양 과목으로 강의한 '임나일본부와 고대한일 관계'의 내용을 대중이 이해하기 쉽게 쓴 책이다. '고대에 일본이 임나(가야)를 중심으로 한반도 남부를 200여 년간 지배했다'는 임나일본부설은 그 내용이 일본 역사 교과서에 수록되면서 한국 사람은 그 내용은 물론이거니와 중요성도 잘 모르는 듯하다. 강의 서두에 학생들에게 일본 학자들이 임나일본부설의 근거로 제시하는 자료들을 소개하면 대개 다음과 같은 반응이 나온다. "고등학교 국사 시간에 임나일본부설이 정확히 무엇인지, 그것이 왜 허구인지에 대해서는 전혀 설명도 없이 '일본이 독도가 일본 땅이란 주장과 같은 맥락으로 억지를 부리는 것이다'라든지 '임나일본부설은 일본인들이 지어낸 이야기다'라고만 배웠다. 그런데 '일본 학자들의 주장이 논리적이고 설득력이 있다는 점에서 놀랐다' 혹은 '그들이 제시하는 자료를 보고 나도 모르게 어쩌면 그들의 주장이 진짜일지 모르겠다는 생각이 들었으며 임나일본부 문제가 과거의 문제가 아니라 현재와 미래의 문제라는 것을 깨달았다'는 것이다."
>
> － 김현구, 『임나일본부설은 허구인가』, 5~6쪽

김현구의 강의를 들은 학생들은 임나일본부설을 허구로 알다가 일본 학자들의 주장이 논리적이고 설득력이 있다고 놀란다. 일본인이 지어낸 이야기로 알고 있다가 그들의 주장이 진짜일지 모르겠다고 생각한다. 그러나 학생들이 원래 가진 생각이 올바른 사실이었다. 임나일본부설은 한국을 침략하기 위해 일제가 만든 설이다. 김현구는 한국 사람이 임나일본부설의 내용과 중요성을 모르고 있다고 말한다. 실상은 그와 반대다. 일제의 속성을 잘 알고 있는 한국의 대다수 국민은 본능으로 임나일본부설의 본질을 통찰하고 있다. 독도 문제와 같은 선상에서 보는 것이다. 김현구를 강력한 임나일본부설 비판자로 유지하는 최후의 보루는 역시 언론이다. 김현구의 인터뷰 기사를 살펴보자.

한국일보 "아직도 김 명예교수를 식민사학자라 생각하는 이들이 있다. 자신의 연구를 소개해달라."

김현구 "간단하게 말하면 이렇다. 광개토대왕비, 『삼국사기』 「강수열전」, 고려시대의 진경대사비 등 여러 문헌과 비석 자료 등에서 '임나'의 존재는 확인된다. 관건은 이 임나를 지배한 세력이 왜(倭)였느냐다. 『일본서기』 같은 일본 측 사료들만 깊이 있게 들여다봐도 그 주장은 유지될 수 없다는 게 나의 연구 결과다. 임나는 여러 가야 가운데 하나로 봐야 한다."

한국일보 "우리 학계에 임나일본부설을 지지하는 이가 있는가."

김현구 "없다. 임나가 여러 가야 중 하나라는 건 우리 학계

가 거의 100% 합의한 사항이라 보면 된다. 다만 임
나가 고령가야인가, 김해가야인가를 두고는 학자에
따라 시각 차이가 있다."

한국일보 "왜 이런 문제가 반복해서 제기된다고 보는가."

김현구 "잘 모르겠으면 모르겠다 하면 될 일인데, 이덕일
같은 사람의 주장을 아무 생각 없이 받아들인 결
과다. 도 후보자의 발언은 거의 박근혜 대통령이
광복절 경축사에다 『환단고기』를 인용한 수준인 것
같다."

한국일보 "김 명예교수가 임나일본부 연구를 시작한 것 자체
가 임나일본부설을 격파하기 위해서다."

– 「한국일보」, 2017년 6월 8일

우리 학계에는 임나일본부설을 지지하는 이가 없다고 한다. "임
나가 여러 가야 중 하나라는 건 우리 학계가 거의 100% 합의한 사
항이라"고 하는데 '우리'가 누구고 어떻게 합의했는지 김현구는 밝혀
야 한다. 『일본서기』 같은 일본 측 사료에 임나가 한반도의 가야라
고 기록했는지도 정확히 밝혀야 한다. 「한국일보」 기자 조태성이 쓴
이 기사는 다음과 같이 주장한다.

"그가 쌓은 연구 결과는 한·일 역사 분쟁의 해결을 위해
2002년 만들어진 '한일역사공동위원회' 토론 자리에서 한국
측 입장을 대변하는 근거로 활용됐다. 그 성과를 널리 알리

기 위해 쓰인 책이 2010년 『임나일본부설은 허구인가』다. 20년간 식민사학을 반박했더니 한순간에 식민사학자라 매도당할 처지에 놓인 셈이다."

- 「한국일보」, 2017년 6월 8일

김현구의 연구 결과가 한일역사공동위원회에서 한국 측 입장을 대변한 근거로 활용되었다는데 그것이 무엇인지 계속 살펴보자.

"이런 점에서 임나일본부설에 대한 올바른 인식 없이 한·일 간에 미래의 협력을 이야기한다는 것이 얼마나 공허한 구호인가를 알 수 있다. 역사는 미래를 비추는 거울이기 때문이다. 임나일본부설은 언제나 현재의 문제요, 따라서 미래의 문제다. 한·일 분쟁의 영원한 불씨요, 원천이기도 하다."

- 김현구, 『임나일본부설은 허구인가』, 7쪽

임나일본부설이 "한·일 분쟁의 영원한 불씨요, 원천"이라는 김현구의 주장이야말로 공허한 구호다. 임나일본부설은 아무런 근거가 없는 황국사관 이데올로기다. 강단사학계가 이를 그대로 수용하고 지지하는 것이 "한·일 분쟁의 영원한 불씨요, 원천"이다.

임나일본부설의 전체적인 맥락은 김현구의 저작에서 쉽게 파악된다. 그가 일본 학자들의 다수설을 지속적으로 따르기 때문이다. 그와 함께 한일역사공동위원회에서 활동한 대표적인 가야사 연구자 김태식(홍익대학교 교수)이 1970년대 이후의 임나일본부설 변천사를 정리하면서 한 말을 보자.

"첫째로, 왜군이 한반도 남부에 군사 침략을 하여 임나를 지배했다는 가설을 아직까지 포기하지 않은 일본 학자들이 상당수 있는데, 이들은 한결같이 그 군사 지배의 시기와 폭을 축소하는 방향으로 연구를 진전하고 있다. (중략) 둘째로, 학자 대부분이 임나 문제를 일본의 야마토왜와 가야 지역 사이의 직접적인 문제로 이해하지 않고 그 중간에 백제의 역할을 중시하는 시각을 보이고 있다. 즉 5세기 후반에는 왜가 임나를 직접 지배했으나 6세기 전반에는 백제를 사이에 끼고 간접 지배했다든가(山尾幸久), 또는 아예 임나일본부를 백제의 가야 직할령 통치 기관으로 보면서 다만 백제가 왜로부터 왜인 용병을 받아 그곳을 통치하되 왜계 백제 관료가 이를 지휘했다든가(金鉉球), 531년 이후 가야는 실질적으로 백제의 조종을 받고 있었으며, 당시 백제는 왜군 파견을 구하여 받아들였으니 그들은 왜국에게 종속적 동맹 관계에 있었다고 봐야 한다는 견해(鈴木英夫)가 나오기도 했다."
　　－ 역사비평편집위원회, 『한국 전근대사의 주요 쟁점』, 역사비평사, 2002, 88쪽

　조선총독부가 만든 『삼국사기』 초기 기록 불신론의 철저한 신봉자인 김태식은 "학자 대부분이 임나 문제를 일본의 야마토왜와 가야 지역 사이의 직접적인 문제로 이해하지 않고 그 중간에 백제의 역할을 중시하는 시각을 보이고 있다."라고 말했다. 북한 김석형의

분국설이 나온 후 더 이상 야마토왜가 한반도 남부에 진출해 임나를 지배했다는 설을 그대로 유지하기는 어려워졌다. 그래서 식민사학자들이 만들어낸 묘수가 중간에 백제를 끼워 넣는 것이다. 이덕일이 『우리 안의 식민사관』에서 김현구의 속내를 간파하고 비판한 대로 임나는 백제가 지배했지만 그 백제는 야마토왜가 지배했다는 삼단 논법으로 전환되었다. 중간에 백제를 끼워 넣은 것은 더욱 악화된 임나일본부설이다. 위가야의 말마따나 '세긴 센' 임나일본부설이다. 졸지에 백제까지 야마토왜의 식민지가 되었으니 말이다.

임나일본부설은 허구가 아닌가?

「한겨레」는 김현구가 임나일본부설 자체를 부정한 학자인 것처럼 보도했다. 그러나 김현구는 자신의 책에서 이렇게 주장했다.

> "그런데 스에마쓰 학설의 핵심은 야마토 정권이 한반도 남부를 200여 년간 지배했다는 데 있지 '임나일본부'라는 기구의 존재나 성격에 있는 것이 아니다. 그런데도 한국에서는 마치 문제의 핵심이 임나일본부라는 기구의 성격에 있는 양 그 성격을 둘러싸고, 야마토 정권의 한반도를 지배하기 위해 설치한 '현지 기관'이라는 스에마쓰의 설에 대해 '상관설(무역대표부)', '외교협의체설', '사신설' 등으로 논란이 거듭되고 있다. 그러나 이는 본말이 전도된 것이라고 할 수 있다. 스에마쓰가 야마토

정권의 한반도 남부경영을 전제로 '임나일본부'를 한반도 남부를 지배하기 위해 설치한 기관이라고 결론지은 만큼 그 실체는 야마토 정권이 정말 한반도 남부를 지배했는가 아닌가에 따라서 달라질 수밖에 없다. 따라서 한국 학계에서 사용하고 있는 '임나일본부설'이라는 용어보다는 한반도 남부 지배라는 본질을 담고 있는 일본 학계의 이른바 '남선경영론'이 더 타당하지 않을까 생각한다. 그러나 '남선경영론'은 '남조선경영론'을 줄인 말로 현재 한국에서 사용하는 용어와는 거리가 멀다. 따라서 '남선경영론'을 현재 한국에서 사용되는 용어로 바꾼다면 '한반도 남부경영론' 정도가 타당하다고 생각한다."

– 김현구, 『임나일본부설은 허구인가』, 21~22쪽

김현구는 여기저기 다니면서 자신은 임나일본부설 자체를 부정했다고 변명하고 다닌다. 그러나 그의 실제 생각은 "한국 학계에서 사용하는 '임나일본부설'이라는 용어보다는 한반도 남부 지배라는 본질을 담은 일본 학계의 이른바 '남선경영론'이 더 타당하다."는 것이다. 그런데 남조선은 북한에서 쓰는 용어이기 때문에 '한반도 남부경영론'이라고 쓰겠다는 것이다. 김현구의 핵심은 '한반도 남부경영론'이다. 첫째, 임나는 한반도 남부에 있었다. 둘째, 백제가 임나를 지배했다. 셋째, 일본이 백제를 지배했다. 고로 일본이 한반도 남부를 경영했다. 임나일본부설보다 명확하게 한반도라는 전제를 명시했다. '남선경영론'은 일본 학계의 누가 주창한 개념일까? 놀라울 것도 없다. 바로 스에마쓰 야스카즈다. 강단사학계의 스에마쓰 야스카즈의 산은 이렇게 높다. 최재석의 표현대로 말하자면 불사신이 되었다. 역사학자 김용섭(연세대학교 명예교수)의 자서전『역사의 오솔길을 가면서』에 따르면 해방 후에도 스에마쓰 야스카즈는 한국을 제집처럼 들락거리면서 서울대학교 국사학과 교수들을 지도했다. 어찌불사신이 되지 않을 수 있겠는가? 우당장학회 이사장 이종찬이 한말이다.

> "강단사학자들의 주장은 국민의 역사 인식과 한참 떨어져 있는 것이 사실입니다. 제가 실감한 사실을 공개합니다. 저는 4년 전부터 작은 시민강좌를 진행해왔습니다. 일본 아베의 우경화 정치를 소개하고자 고려대학교 김 모 명예교수를 강연의 연사로 초청했습니다. 이분이 강연 도중 하필이면 임나일본부에 대하여 언급했습니다. 청중이 술렁거리더니 강연도 제대로 진행하지 못하고 중단되었습니다. 중도에 퇴장하는 김 교수를 향하여 어느 중년의 아주머니 한 분이 문을 가로막고 "그걸 강의라고 했어." 소리를 빽 질렀습니다. 그 순간 나는 우리 국민의 높은 역사 인식을 직감할 수 있었습니다."
>
> — 이종찬, 동북아역사재단이 주최한 2016년 상고사 토론회 모두 발언에서

여기서 '김 교수'는 김현구를 지칭한다. 이제 강단사학계가 지지하는 임나일본부설의 실체가 대중 속에 드러나기 시작한 것이다. 임나일본부설과 관련한 또 다른 논자인 주보돈(경북대학교 교수)이 펴낸『임나일본부설, 다시 되살아나는 망령』을 보자.

"패전 이후 새로이 임나일본부설의 체계화에 가장 앞장선 인물은 1935년부터 1945년 패망할 때까지 10년 동안 경성제국대학 교수를 역임한 바 있던 한국 고대사 전공자 스에마쓰 야스카즈였다. 그는 원래 신라사를 주된 연구 분야로 하였으며 철저하게 문헌 고증을 추구하는 역사가로 손꼽힌다. 그런 그가 1949년 『임나흥망사』란 단행본을 간행한 것이다. 이 저서는 해방 이후 임나일본부설을 건재하게 하는 데 크게 기여한 중심적 연구였다고 평가된다. 사실 이 책은 그리 짧은 시간에 쓰인 것은 아니었다. 1933년 이와나미 강좌(岩波講座)의 『일본역사』 제1편 가운데 「일한관계(日韓關係)」란 제목으로 쓴 자신의 글에서 이미 기본적인 틀은 잡혀져 있었다. 저자 자신이 밝힌 바에 의하면 그 뒤 1944년 경성제국대학에서 병약하여 전장에 끌려가지 못한 몇몇 학생을 대상으로 진행한 임나 관련 강의를 통하여 골격은 상당히 구체화되었다. 전쟁이 한창 치열해진 시점에서 굳이 강의 주제로서 임나의 흥망사를 선정한 것은 의미심장하다는 느낌이 든다."

– 주보돈, 『임나일본부설, 다시 되살아나는 망령』, 역락, 2012, 96~97쪽

스에마쓰 야스카즈는 이렇게 한국의 역사학계에서 원래 신라사를 주된 연구 분야로 하고 철저하게 문헌 고증을 추구하는 역사가로 손꼽히고 있다. 임나일본부설을 되살리는 망령이 누구인지 물을 것도 없다. 주보돈이 책 이름을 『임나일본부설, 다시 되살아나는 망령』이라고 붙였다고 해서 그가 진짜 임나일본부설을 비판한 학자로

보면 속게 된다. 「코리아 히스토리 타임스」에 따르면 주보돈은 식민 사학자들이 총동원되어 한성백제박물관에서 진행한 강좌에 나서서 단군을 부인하고, 『삼국사기』 초기 기록 불신론을 추종하고, 『동북아역사지도』에서 독도를 뺀 이유에 대한 질문에는 침묵했다. 주보돈은 스에마쓰 야스카즈에 대해 "임나일본부설의 체계화에 가장 앞장선 인물", "경성제국대학 교수를 역임한 바 있던 한국 고대사 전공자", "철저하게 문헌 고증을 추구하는 역사가"로 칭송했다. 김현구와 대동소이하다.

멀쩡한 한국의 역사학자가 고대에 일본이 한국을 경영했다고 대놓고 주장할 수는 없다. 그럼 김현구는 어떻게 할까?

> "한국에서는 임나일본부설의 본질을 제대로 이해할 필요가 있다. 당시 한반도 남부에서 활약한 왜의 성격을 분명히 하지 않는 한 언제든 변형된 한반도 남부경영론이 등장할 수 있기 때문이다."
>
> — 김현구, 「임나일본부설은 허구인가」, 23쪽

한반도 남부에서 활약한 왜의 성격을 분명히 하자고 한다. 그것도 변형된 한반도 남부경영론을 경계하기 위해서. 그것은 무엇일까?

> "백제는 4세기 후반에는 임나에 백제 백성을 이주시키고, 5세기 전반부터는 군대를 주둔시켰다. 그리고 6세기 전반에는 지방 장관까지 배치했다. 백제는 임나 지역에 배치한 지방 장

관이나 이주시킨 백성들, 그리고 주둔시키고 있던 군대를 관리할 기구가 불가피했을 것이다. 그 기구가 바로 '임나○○부'가 아니었을까. 당시 적지 않은 야마토 정권 호족의 자제들이 백제에 와서 관료로 일하고 있었다. 그때 백제는 남방에서는 가야 지역을 둘러싸고 신라와 각축을 벌이고 있었지만 북방에서는 신라와 손잡고 고구려에 대항하고 있었다. 따라서 백제는 가야 지역에서 신라와의 직접적인 충돌을 피하기 위해 당시 백제의 관료로 일하고 있던 야마토 정권 호족 자제들 중 일부를 임나 지역에 배치했다."

– 김현구, 『임나일본부설은 허구인가』, 94쪽

백제가 4세기 후반에 임나에 백제 백성을 이주시키고, 5세기 전반부터는 군대를 주둔시켰다고 한다. 이상한 일이다. 만약 그렇다면 임나는 임나가 아니라 백제 땅인 것이다. 백제가 임나를 정복했으면 그곳은 백제 영토다. 그러나 김현구의 『임나일본부설은 허구인가』에 나오는 지도들은 백제와 임나의 영역에는 변함이 없다. 왜 그럴까? 뒤에 답이 있다. "당시 적지 않은 야마토 정권 호족의 자제들이 백제에 와서 관료로 일하고 있었다.", "야마토 정권 호족 자제들 중 일부를 임나에 배치했다." 결국 임나를 경영한 것은 야마토 정권이다. 그래서 임나는 백제에 정복당하고도 전라도와 충청도, 경상도 일대를 강역으로 유지하고 있었다. 야마토 정권이 백제를 통해 임나(가야)를 통치한 것이다. 그러나 당시에 일본은 통일국가를 이루고 있지도 못했다. 『한서』「지리지」는 서기 전후 시기에 왜가 100

여 국으로 나뉘어 있다고 했고, 『삼국지』 「왜인전」은 3세기 중엽 왜가 30국이라 했고, 『송서(宋書)』에는 5세기 말 왜 5왕의 한 인물이 중국 황제에게 보낸 편지에서 자기 부조 때에 왜가 200여 국이 있다고 기록되어 있다. 일본 문헌에도 6세기 이전에 왜가 통일되었다는 기록은 없다. 각 지역의 토호 세력들이 지역을 할거하고 있었다. 반면 당시 고구려, 백제, 신라는 융성기를 누리고 있었다. 김석형은 한 강연에서 다음과 같이 답했다.

> **질문**   "선생님은 6세기에 일본이 소국 관계에 있었고 또한 6세기 이후 통일국가, 즉 야마토 정권이 있었다고 하셨는데 이들 사이의 권력 관계를 어떻게 생각하십니까?"
>
> **답변**   "통일국가가 6세기에 출현하였다고 한 것이 아니라 그 전제가 6세기에 마련되어서 사실 통일국가가 7세기 초에 출현하였다고 생각합니다. 그 역사적 전제는 지방국들의 철저한 쇠퇴라고 생각합니다. 즉 6~7세기 동안 중앙에서 관리를 파견하여 통일국가가 출현하였다고 생각합니다."
>
>   — 한민족학회, 『한민족』 제3집, 교문사, 114쪽

김석형은 일본에 통일국가가 출현한 시기를 7세기 초로 봤다. 최재석은 "일본 열도의 원주민들이 일본 국가를 세웠다는 기록이나 연구를 본 적이 있는가?"라고 묻는다. 그는 백제가 멸망한 이후 일

본 열도가 독립적인 국가 형성 과정으로 나아갔다고 주장한다. 이덕일의 글이다.

> "이처럼 김현구는 임나를 실제로 지배한 것은 야마토 정권이 아니라 백제라는 안전판을 하나 만들어놓았다. 그리고 임나가 실제 한반도 남부를 지배했다고 설명했다. 어떻게 보면 임나를 지배한 것이 백제라는 사실을 밝혀낸 역작처럼 보일 수도 있다. 그러나 이 책은 이런 교묘한 장치에도 불구하고 본질은 변하지 않고 있다. 식민사학자들의 현란한 말에 속지 말고 항상 '결론은?'이라고 물어야 한다고 이미 말했다."
>
> — 이덕일, 『우리 안의 식민사관』, 만권당, 2014, 339쪽

김현구의 핵심 속내를 깊숙이 찌른 비판이다. 김현구는 『우리 안의 식민사관』 출간 직후 이 책에 대해 출판 정지 가처분 신청을 하고 저자를 명예훼손으로 형사고발을 했으나 패소했다. 그리고 사법부는 이덕일의 주장이 진실에 부합하다는 것과 학문적 문제는 토론으로 해결하라는 판결을 내렸다. 판결문은 강단사학계의 속성과 풍토를 예리하게 지적했다.

> "김현구는 고려대학교 역사교육과 교수, 동북아역사재단 이사 등을 역임한 사람으로서 이 사건에서 문제가 되고 있는 책뿐 아니라 『김현구 교수의 일본 이야기』, 『백제는 일본의 기원인가?』 등의 대중적인 책도 발간한 바 있다. 특히 김현구가 이

사를 역임한 바 있는 동북아역사재단은 교육부 산하 기관으로서 2008년부터 총 47억 원의 국가 예산을 투입하여 진행된 『동북아역사지도』 편찬 사업 등 동북아시아의 역사와 관련한 주요한 국책 사업을 수행하고 있는 공적인 단체다. 이처럼 김현구는 우리나라의 역사학계에 상당한 영향력을 행사하는 지위에 있을 뿐 아니라 역사와 관련된 국책 사업에도 중요한 역할을 담당하였고, 대중적인 역사서를 통해 일반인에게도 적지 않은 파급력을 미치고 있는 사람으로서 폭넓은 비판과 견제가 허용되어야 하는 공적인 인물에 해당한다고 보아야 한다."

— 지영난·손원락·이종훈, 「항소심 판결문」(서울서부지방법원 형사1)

젊은 역사학자들은 국가 기관인 동북아역사재단 사업에 대한 문제 제기 자체를 문제 삼았다. 학문은 학자들에게 맡겨야 한다고 주장했다. 이런 반헌법적·반학문적 태도가 어떤 것인지 스스로 성찰할 상황도 못 되는 것 같다. 그러나 판결문은 국책 사업을 담당하고 대중에게 영향을 미치는 학자는 폭넓은 비판과 견제가 허용되어야 한다고 봤다. 민주공화국에서 지극히 당연한 판결이다.

강단사학계가 광복 후 70여 년간 은폐해온 임나일본부설의 실체를 사법부는 몇 주간의 분석으로 밝혀냈다. 이해관계를 벗어나 사실 관계를 구체적으로 검증하면서 논리적으로 접근하면 임나일본부설의 실체가 쉽게 드러나게 되어 있다. 이 과정에서 놓치지 말아야 할 대목이 있다.

동북아역사재단 이사와 한일역사공동위원으로 활약한 김현구
는 2014년에 이덕일을 '출판물에 의한 명예훼손' 혐의로 고소했는데,
2015년에 불기소 처분이 내려졌다. 김현구는 절대 타협하지 않고 서
울고등검찰청에 상고했고, 동북아역사재단에 파견 근무했던 임무영
부장검사가 이덕일을 직접 기소 명령을 내려 2016년 2월 5일 판사
나상훈에 의해 실형이 선고되었다. 임무영은 문재인 정부가 들어선
후 서울중앙지검장이 된 특검팀장 윤석렬이 박근혜 정부 초기에 국
정원장 원세훈을 대선 불법개입 혐의로 기소하려고 하자 검찰 내부
통신망에 격렬하게 비난하는 글을 올렸던 인물이다. 그 임무영이
서부지검의 무혐의 결정을 뒤집고 이례적으로 이덕일을 직접 기소했
다. 부산의 한 건설업자가 수십 명의 검사들과 돈과 여자로 얽히고
설킨 내막을 폭로한 『검사와 스폰서』라는 책을 보면 임무영이 어떤
인물인지 잘 나온다. 끼리끼리라는 말이 잘 어울리는 한 쌍이다.

임나일본부설이 죽어도 죽지 않는 이유

일본 제국주의 역사학자 쓰다 소키치는 『조선역사지리(朝鮮歷史地理)』

에서 "(한반도) 남쪽의 그 일각에 지위를 점유하던 것은 우리나라(倭國)였다. 변진의 한 나라인 가라(加羅)는 우리 보호국이었고 임나일본부가 그 땅에 설치되어 있었다."고 했다. 강단사학계는 임나일본부설을 비판하는 외연을 취하나 사실상 쓰다 소키치의 견해를 추종하고 있다. 한일역사공동위원회에서 활약한 김태식이 2016년 시민강좌에서 한 말이다.

> "한국 고대사 학계에서 일반적으로 인정하는 고대 국가 성립 시기는 어떠할까? 고구려는 1세기 후반 태조왕, 백제는 3세기 후반 고이왕, 신라는 4세기 후반 내물왕 때 고대 국가로 성립되었다고 보는 것이 일반적이다."
>
> – 한국고대사학회, 『우리 시대의 한국 고대사』 2, 주류성, 2017, 156쪽

『삼국사기』는 고구려가 서기전 37년, 백제는 서기전 18년, 신라가 서기전 57년에 건국했다고 기록했다. 『삼국유사』는 가야가 서기 42년에 건국했다고 서술했다.

그러나 한국의 강단사학자들은 이를 인정하지 않는다. 일본인 스승들이 『삼국사기』 불신론'이란 지침을 내려주셨기 때문이다. 그래서 국정이든 검인정이든 고구려는 6대 태조왕(53~146년), 백제는 8대 고이왕(234~286년), 신라는 17대 내물왕(356~402년) 때 사실상 건국되었다고 주장한다. 삼국의 건국을 모두 늦췄는데 백제는 300년, 신라는 400년 이상을 늦게 서술했다. 그것도 '체제를 정비했다', '토대를 형성했다' 등으로 모호하게 서술하면서 국가 형성을 더 늦춰서 신라

의 경우 6세기에 이르러서야 국가 체제를 정비한 것으로 설명했다. 역사 교과서는 동명성왕과 혁거세왕, 온조왕, 김수로왕, 그리고 사국 초기의 역사를 다루지 않았다. 이런 내용을 뒷받침하는 사료가 있을까? 물론 없다.

고구려, 백제, 신라, 가야 사국이 『삼국사기』와 『삼국유사』의 기록대로 최소한 서기전 1세기 무렵과 서기 1세기에 고대 국가를 건국했다면 야마토왜가 4~6세기에 한반도 남부를 지배하거나 경영할 수가 없다. 또 사국은 서기전 24세기 무렵에 건국한 고조선에서 나왔다. 우리 역사 최초의 국가인 고조선은 대륙과 해양에서 중국과 패권을 다퉜다. 김현구는 고구려, 백제, 신라가 모두 야마토왜에 군사 지원을 간청했다고 자신의 책 여러 곳에서 썼다. 그러나 일본은 6세기 이전의 제철 유적이 없다. 철기를 제작할 줄 몰랐다는 이야기다. 철기 제작 기술이 없어도 군사 강국이 될 수 있다고 김현구는 주장하고, 초등학생도 할 수 없는 이런 주장에 대해 젊은 역사학자는 가장 센 인물이라고 치켜세운다.

임나일본부설은 1차 문헌 사료는 물론이고 그 어떤 고고학 유물과 유적도 없다. 하지만 역사 교과서와 거의 대부분의 한국사 책들은 임나일본부설을 유지하고 있다. 일제의 어용사가들이 임나일본부설을 위해 창안한 허구적인 『삼국사기』 초기 기록 불신론'을 그대로 따르기 때문이다. 겉으로는 임나일본부설을 비판하면서 실제로는 그것을 다른 방식으로 유지하는 것이다. 임나일본부설에 따라 한국사의 실체적 진실들이 연이어 왜곡되었다. 고조선의 건국이 실재한 역사가 아닌 만들어진 신화, 즉 '만들어진 전통'이라는 실체 없는 역사성으로 전락한 것도 1차 사료와 고고학 자료에 의한 것이 아니라 삼국이 서기 3~4세기 무렵까지 국가로 성립되지 않았다는 임나일본부설과 관련이 깊다. 송호정이 무심코 흘린 강단사학계의 실상을 살펴보자.

> "고조선사가 하나의 일괄된 입장으로 정리되지 못하는 것은 한국 고대사의 발전 단계에 대한 기본적인 시각 차이에서 기인할 것이다. 대개 삼국 초기부터 고대 국가 성립을 주장하는 논자들은 고조선도 일찍부터 발전된 국가였다고 보고 있다. 반면 삼국 초기는 아직 부가 중심이 되어 중앙 집권적 고대 국가를 수립하지 못했다고 보는 논자들은 고조선을 삼국 초기 단계와 비슷한 초기 국가 단계로 이해한다. 이러한 인식 차이가 고조선사의 해석에도 그대로 적용된 것이다."
>
> – 송호정, 『단군, 만들어진 신화』, 산처럼, 2002, 155쪽

고조선의 역사가 하나의 일관된 입장으로 정리되지 못한 이유가 임나일본부설에 있다는 고백이다. 서기전 24세기 무렵 고조선의 건국이 실재한 역사가 아닌 것은 1차 사료와 고고학 자료에 대한 연구 결과에서 나온 것이 아니라 삼국이 서기 3~4세기 무렵까지 국가로 성립되지 않았다는 선입견 때문이었다. 역사관의 차이가 역사적 사실을 규정하는 것이다.

이와 같은 강단사학계의 은밀한 치부는 국사편찬위원회가 발간한 『한국사』에 김정배가 쓴 글에서도 확인된다.

"1970년대 이후 한국 고대사 분야에서 본격적으로 거론되기 시작한 국가 기원 및 형성과 관련된 논의는 정치 발전 단계론에 대한 서양 인류학계의 성과가 소개·수용되고, 종래 불신되었던『삼국사기』초기 기록에 대한 신빙성이 새롭게 축적된 고고학적 성과에 의해 제고되면서 나타나게 되었다. 그 결과 우리나라에서 최초로 성립된 국가를 고조선 사회에서 구하게 되었다."

— 국사편찬위원회, 『한국사』 4, 1〜2쪽

서양 인류학계의 성과가 소개·수용되면서 한국의 국가 기원 및 형성과 관련된 논의가 있었다는 발언도 일본과 중국, 서구의 이론에 기대는 강단사학계의 형편없는 수준을 드러내는 것이다. 더욱 결정적인 것은 "종래 불신되었던『삼국사기』초기 기록에 대한 신빙성이 새롭게 축적된 고고학적 성과에 의해 제고"되면서 고조선에 대한 연구가 이루어졌다는 주장에 있다. 『삼국사기』초기 기록을 보는 관점, 즉 임나일본부설이 고조선의 실체를 바라보는 프레임이었다는 점이다. 강단사학계의 고조선 연구는 1차 사료와 고고학 자료에 따라 이루어지지 않았다. 임나일본부설에 입각해 고조선 역사에 대한 귀납적·학문적 연구를 방기한 것이다.

2016년 한국고대사학회가 주최한 시민강좌에서 조인성(경희대학교 교수)이 한 말이다.

"식민주의 사학에서는 왜가 4세기 중엽에 가야 지역을 정벌해

'임나일본부'라는 통치 기관을 설치하고 6세기 중엽까지 한반
도 남부를 경영했다고 주장하였다. 이것이 '임나일본부설'이거
니와 우리 학계는 이를 인정한 적이 없다. 각종 한국사 개설
서나 중고등학교 교과서에서는 아예 '임나일본부설'을 소개하
지 않는 경우가 많다. 인정하지 않는 설을 굳이 적을 필요가
없는 까닭이다. 소개하더라도 '임나일본부설'의 허구성을 비판
하고, '임나일본부'의 실체를 알리려고 하였다."

– 한국고대사학회, 『우리 시대의 한국 고대사』 1, 41쪽

　조인성에게 묻자. 『삼국사기』 초기 기록은 가짜인가? 진짜인가?
물론 조인성은 가짜라고 생각한다. 그럼 다시 묻자. 『삼국사기』 초
기 기록이 가짜임을 입증하는 다른 사료가 있나? 물론 없다. 『삼국
사기』 불신론과 임나일본부설은 동전의 양면이다. 강단사학계의 임
나일본부설과 관련한 이론들은 거의 다 김현구의 견해와 대동소이
하다. 손바닥으로 하늘을 가리는 격인데, 강단사학계는 이를 교묘
하게 은폐하고 있다. 사법부는 김현구가 학문적 토론을 회피하고,
학문적 문제를 국가 기관에 끌고 와 학문과 표현의 자유를 위축하
려 했다고 엄중히 경고했다. 임나일본부설이 존립하는 최후의 보루
가 바로 강단사학계다. 그러나 강단사학계가 스스로 이러한 적폐를
해소할 가능성은 없다.

4장
신채호를 죽여야 강단사학계가 산다

_ 이주한

모두 '민족사학자'인가?

'무서운 아이들' 중 1명인 권순홍(성균관대학교 박사 과정 수료)은 「민족
주의 역사학의 표상, 신채호 다시 생각하기」라는 글을 썼는데 무
엇을 다시 생각한다는 것일까? 이 글은 에릭 홉스봄(Eric John Ernest
Hobsbawm)의 다음과 같은 말로 무척 늙수그레하게 시작한다.

> "선동적 역사와 이데올로기적 역사는 자기를 정당화하는 신
> 화가 되는 경향을 지닌다. 근대 민족과 민족주의의 역사가 입
> 증해주는 것처럼, 이것보다 위험한 눈가리개는 없다."
>
> – 젊은역사학자모임, 『한국 고대사와 사이비 역사학』, 245쪽.
>
> 에릭 홉스봄, 『역사론』, 민음사, 1997, 재인용

누군가 선동적 역사와 이데올로기적 역사로 자기를 정당화하고 민족과 민족주의의 역사처럼 위험한 눈가리개를 씌우고 있다는 주장이다. 이는 강단사학계의 식민사학을 비판하는 민족사학자를 말하는 것이다.

> "'강단' 역사학계가 친일 학자인 이병도를 추종하듯이, 우리 민족주의 역사학자들은 신채호의 역사학을 계승한다는 것이 그들의 논리인데, 이는 과거에 지각된 대상을 기억에 의해 재생한 것이 아니라 주관에 의해 조합한 것이므로 상징보다는 '상상 표상'에 가깝다."
>
> — 젊음역사학자모임, 『한국 고대사와 사이비 역사학』, 255~256쪽

권순홍은 『한국 고대사와 사이비 역사학』에서 해방 이후 한국 고대사학계의 연구 성과들이야말로 민족주의적이라는 평가를 받을 수 있고, '강단' 역사학계는 4·19혁명을 계기로 한 민족주의의 고양이라는 시대적 분위기 속에서 1960년대와 1970년대의 대부분을 민족사의 부활 작업에 바쳤다고 주장한다. 나아가 식민주의 역사 서술의 영향을 배제하기 위해 모두 민족주의자가 될 수밖에 없었다고 한다.

> "결론적으로 그들이 식민주의 역사학이라고 비난하고 있는 '강단' 역사학계야말로 신채호가 정립한 민족주의 역사학을 오늘날까지 이어온 셈이다. 그것이 민족을 역사의 주체로 설

정한 역사 서술임은 두말할 나위 없다."

— 젊은역사학자모임, 『한국 고대사와 사이비 역사학』, 261쪽

진정 무서운 아이들이다. 어린 나이에 곡학아세부터 배웠다. 흑을 백이라고 해야 내 밥벌이가 보장된다는 강단사학계의 논리를 일찍이 체득했다. 한사군 한반도설을 신채호가 주창했나, 이병도가 주창했나? 『삼국사기』 불신론을 신채호가 주창했나, 이병도가 주창했나? 신채호는 김부식이 고구려의 1,000년 역사를 700년으로 깎아내린 것을 비판했고 이병도는 김부식이 삼국의 역사를 끌어올렸다고 비판했다.

권순홍에 따르면, 조선총독부의 일본인 역사학자들도 한국의 민족사학자다. 민족주의 역사학자가 아닌 사람은 없는 셈이다. 중국의 동북공정을 추진하는 사람들, 아베를 비롯한 일본의 극우파 역사학자들 모두 한국의 민족주의자들이다. 신채호는 1908년에 발표한 「독사신론(讀史新論)」에서 "민족을 버리면 역사가 없을 것이며, 역사를 버리면 민족의 그 국가에 대한 관념이 크지 않을 것이니, 아아, 역사가의 책임이 그 또한 무거운 것"이라고 했는데, 민족을 버리고 역사를 버린 이들이 과연 민족사학자인지 하나하나 살펴보자.

1980년대 위기 대처에 나선 강단사학계

강단사학계는 1987년 『한국사 시민강좌』를 창간하며 특집으로 '식

민주의 사관 비판과 '민족주의사학' 등을 다뤘다. 이기백은 『한국사
시민강좌』 간행사에서 다음과 같이 취지를 밝혔다.

> "그러나 역사학자들이 연구실에서 연구에 몰두하는 동안 세
> 상에서는 한국 사학의 문제를 둘러싸고 무척 시끄러운 논란이
> 벌어지고 있다. 어떤 사람은 민족을 위한다는 구실 밑에, 어
> 떤 사람은 현실을 위한다는 명분 아래, 한국사를 자기들에게
> 유리하도록 이용하고 있는 것이다. 그 결과 한국 사학은 마치
> 제단 위에 놓인 희생물과 같이 되어가고 있는 실정이다."
>
> – 『한국사 시민강좌』 1집, 3쪽

역사학자들이 연구실에서 연구에 몰두해왔고, 또 그러기를 염원
하나 무척 시끄러운 논란이 벌어져 대중에게 나선다는 것이다. 한
국사의 타당한 논쟁을 제단 위에 놓인 희생물이 된 것 같다고 주장
했다.

양병우(서울대학교 교수)는 「민족주의사학의 제 유형」에서 신채호를 비
판했다. 신채호의 역사학은 사료 비판과 해석에서 불편부당하지 못
하고 역사 이외에 딴 목적이 무의식중에 작용했다는 것이다.

> "때로 그 눈은 '조선 역사상 일천년래 제일대사건'에서처럼 민
> 족 고유의 것을 찾아 과거로 거슬러 올라가려는 국수주의적
> 경향을 띠기까지 하였다. 그와는 달리 미슐레나 게르비누스
> 나 드로이젠의 눈은 차라리 현재 또는 미래를 향하고 있었다

고 할 것이다."

– 『한국사 시민강좌』 1집, 146쪽

　서구의 역사학자들이 현재 또는 미래를 향한 반면, 신채호는 과
거로 거슬러 올라가는 국수주의 경향이 있었다는 것이다. 민족 고
유의 것을 찾아 과거를 연구하는 것을 국수주의 경향으로 평가했
다. 민족 고유의 것을 찾으면 안 된다는 논리다. 조국의 독립과 민
중의 해방을 위해 역사 연구에 매진한 신채호에게 현재와 미래가
없다고 하는 것은 일제의 침략과 지배를 받아들이라는 주장과 같
다. 길현모(한림대학교 교수)도 「민족주의사학의 문제」에서 같은 주장을
했다.

　　"민족주의에 대한 고찰에 있어서 먼저 생각해야 할 점은 그것
　　이 현대 사학의 주류 속에 자치할 수 있는 여지를 이미 상실
　　하고 있다는 사실이다. 어떤 의미에서는 그것은 19세기 사학
　　의 유물이며, 오늘날의 선진사학계에 있어서는 민족주의적인
　　역사 서술을 펴내는 역사가는 찾아볼 수 없게 된 것이다."

– 『한국사 시민강좌』 1집, 152쪽

　민족주의는 19세기 사학의 유물이고 선진사학계에서는 사라졌다
고 한다. 서구 중심의 시각도 문제지만 사실에 부합한 주장도 아니
다. 길현모가 선진사학계라고 말한 강대국들은 언제나 자국의 역사
를 중심으로 역사를 서술해왔고 현재도 그렇다. 민족과 민족주의를

획일적으로 정의해서는 안 된다. 민족과 국가는 고정불변의 실체가 아니다. 인류의 모든 민족과 국가는 역사를 겪으며 자신만의 고유한 정체성을 만들어왔다. 인류가 끊임없이 변화해왔듯 민족과 민족주의는 역동적인 개념이다. 인류 공동체 평화를 위해 누가 어떤 민족주의와 국가를 만드는가가 중요하다. 구체적인 현실을 덮고 구현할 수 있는 이상은 없다.

베네딕트 앤더슨(Benedict Anderson)의 "민족은 상상의 공동체다."라는 말은 사회적인 실재가 역사적·문화적으로 만들어진다는 의미지 역사적 실재 없이 허구적으로 만들어졌다는 뜻이 아니다. 인류 공동체는 하나의 음으로 통합되는 것이 아니라 다양한 민족이 내는 다양한 음이 조화를 이루는 것이다.

한국의 민족주의는 19세기에 제국주의에 저항하면서 형성되어 일제에 맞서 싸우는 구심이었고, 광복 후에는 민족 통일과 민주주의 실현의 이념 역할을 해왔다. 그런데 길현모는 일제에 저항한 민족주의가 "극단한 배타적 선민주의와 복고적 국수주의, 그리고 보수적 군국주의"를 기조로 한 독일 민족주의와 흡사한 성격이라면서 다음과 같이 말했다.

> "이와 같은 맥락에서 볼 때에 우리의 민족주의가 일관해서 고수해온 여러 전통, 말하자면 민족신화론과 고유문화론, 피와 언어의 순수성에 대한 숭상, 국수주의와 배외사상, 역사의 시화(詩化)와 조상 숭배 등의 여러 경향은, 문화와 역사의 과거의 영광에 의지할 수밖에 없던 민족주의 고취의 일반적인 방

식 이외의 것이 아니었다. 그리고 그것은 당시의 상황으로서
는 불가피한 것이기도 하였다."

– 『한국사 시민강좌』 1집, 59쪽

일제에 항거한 한국 민족주의의 역사적 성격을 폄훼하는 주장이
다. 대일 항쟁기뿐 아니라 광복 후 이승만 정권 시절에도 민족주의
는 불온 사상이었고, 4·19혁명으로 분출된 민중의 민족 통일과 민
주주의 욕구는 1961년 5·16쿠데타로 등장한 박정희 정권 시절 내
내 탄압받았다. 광복 72년이 지난 지금은 조선총독부의 역사관, 즉
일본의 극우파 민족주의인 황국사관을 추종하는 한국의 강단사학
계와 언론 카르텔에 의해 탄압받고 있다.

한편 이기백은 1961년 4·19혁명으로 식민사관에 대한 비판이 활
발히 일던 때 신채호와 최남선을 중심으로 민족주의를 평가한다면
서 다음과 같이 말했다.

"우선 그들의 민족 관념이 지나치게 고유성을 강조하고 있다
는 데에 문제가 있다. 단재의 경우가 특히 심하여서 거의 민
족을 세계로부터 고립시키고 있다. 단재가 역사를 아(我)와 비
아(非我)의 투쟁사로 본 것을 혹은 세계사적인 넓은 입장에 서
있는 것으로 생각한다면 이것은 잘못일 것이다. 같은 민족사
관의 소유자였지만, 랑케는 그의 '강국론(强國論)'에서 민족과
민족과의 조화—마치 교향악과 같은 조화—를 이루는 면을
생각하였지만, 단재에서는 이러한 면을 찾을 수가 없다. 그에

게는 오직 민족과 민족과의 투쟁이 있을 뿐이었다. 더구나 민족과 민족 사이에 개재하는 같은 인류로서의 공통성에 대해서 생각이 미치지 못하였다. 그러므로 세계성을 띤 사상이나 종교에 대한 인식이 있을 수 없었다. 급박한 민족적 위기에 처한 시대에 생을 누린 그에게 이러한 너그러운 태도를 요구하는 것이 오히려 무리일는지 모른다. 이에 비하면 육당은 훨씬 넓은 입장에 서 있는 것 같다. 그는 커다란 문화권 속의 한국을 인식하고 있는 것이다."

– 이기백, 『민족과 역사』, 21쪽

신채호는 민족의 고유성을 강조해서 민족을 세계로부터 고립시키고 있다고 한다. 신채호는 『조선상고사』에서 "역사는 아와 비아의 투쟁이 시간적으로 전개되고 공간적으로 펼쳐지는 심적 활동 상태에 대한 기록이라고 말했다. 주관적 위치에 선 자를 '아'라 하고 그 외를 '비아'라고 했다. '아' 속에 '아'와 '비아'가 있고, '비아' 속에도 '아'와 '비아'가 있다고 봤다. '아'는 '비아'를 전제한 개념이다. '아'와 '비아'가 이분법적으로 분리된 것이 아니다. '아'에 대한 '비아'의 접근이 빈번할수록 '비아'에 대한 '아'의 분투도 더욱 맹렬해진다고 했다. 그래서 인류 사회의 활동은 쉴 틈이 없고 역사의 전진이 완결될 날이 없다고 봤다. 역사는 '아'와 '비아'의 투쟁의 기록이라는 뜻이 이렇게 나왔다. '아'도 '비아'도 역사적인 '아'가 되려면 반드시 상속성(相續性)과 보편성(普遍性)이 있어야 한다고 했다.

무엇보다도 신채호는 아나키스트다. 아나키스트는 모든 부당한 지배 권력을 부인한다. 또 모든 개인이 다른 개인에게 평등하고, 모든 국가가 다른 국가에게 평등한 세계 시민주의를 주창한다. 신채호가 설정한 비아는 일본 제국주의였다. 바로 이 때문에 일본 제국주의 입장에 선 이기백이 신채호를 비판하고 나서는 것이다. 이기백이 일제에 맞서다 옥사한 신채호보다 친일파로 변신한 최남선을 더 높이 치켜세우는 이유도 여기에 있다. 민족과 민족의 조화를 생각했다는 레오폴트 폰 랑케(Leopold von Ranke)의 역사학은 독일의 전체주의에 기여했다.

"19세기 가장 명성이 높은 유럽 역사학자 중 한 사람은 레오폴트 폰 랑케였다. 그는 민중혁명에 대한 강한 혐오감과 변함없는 절대주의에 대한 신봉으로 독일 독재자들의 총애를 받았다. 랑케는 1830년 혁명을 독재 체제를 위협하는 민중 반란의 서막으로 보았다. 그는 유럽을 기독교의 발전을 위해 신이 선택한 지역이며 독재자는 최고의 기독교 보호자라고 믿었다. 1831년 그는 프러시아 정부가 후원한 정치저널의 편집을 맡았다. 2년 후에는 베를린대학의 교수가 되어 프랑스혁명의 '위험한 사상'과 자유주의를 공격하기 시작했다. 랑케는 개인의 권리 신장에 부정적이었으며 프러시아의 헌법 제정과 의회의 설립을 반대했다.

랑케는 역사는 객관적으로 사실에 근거해야 하며 사실은 문서에서 검증되어야 한다고 생각했다. 그의 생각은 국가가 대부분의 문서를 만들기 때문에 '객관적 사실의 역사'는 굴절되고 편향된 랑케의 보수적인 성향과 잘 맞아 떨어졌다."

– 마이클 파렌티, 『비주류 역사』, 김혜선 옮김, 녹두, 2003, 160쪽

1841년에 프러시아의 프리드리히 빌헬름 4세는 랑케를 프러시아의 궁정 사료 편찬관으로 임명했다. 이어서 랑케를 고문으로 위촉하고, 1854년에 그를 국무위원으로 임명했다. 독일 제국에 충성하며 유럽 중심주의 사상을 견지한 랑케에게 "교향악과 같은 조화"는 없었다.

한편 랑케의 제자 루트비히 리스(Ludwig Riess)는 도쿄제국대학교 사학과를 서양사·동양사·국사(일본사)로 분리해 자신은 사양사학과를 맡았다. 일제 역사학자들은 랑케 사학과도 크게 관련이 없고, 허울뿐인 실증주의일 뿐이었다.

반면 진실을 잃으면 모든 것을 잃는다는 것을 누구보다 절박하게 인식한 신채호와 정인보는 현지 답사와 문헌 사료에 철저했다. 윤내현은 신채호, 정인보, 장도빈 등 독립 혁명가들의 역사학에 대해 다음과 같이 증언했다.

"학계에서 만주 지역을 언급한 분은 신채호, 정인보, 장도빈 등 이른바 민족주의사학자들인데, 해방 후 우리 사학계는 그분들의 연구를 인정하지 않았어요. 그냥 독립운동 하던 분들이 애국심, 애족심에서 만들어낸 이야기쯤으로 취급했죠. 물론 그분들의 연구에는 각주가 없기 때문에 무슨 근거로 그런 주장을 했는지 알 터이 없습니다. 예를 들어 정인보 선생

의 『조선사연구』에는 '고조선의 국경은 고려하다'라고 되어 있
는데 문헌에는 도대체 '고려하'란 지명이 나오질 않아요. 신채
호 선생의 『조선상고사』에도 고조선의 서쪽 끝이 '헌우락'이라
고 하는데 헌우락이 어딘지 알 길이 없으니 아예 무시한 겁
니다. 그런데 중국 문헌을 찾다보니 『요사(遼史)』에 헌우락이 나
오더군요. 또 연경(延慶)에서 중국 고지도를 뒤지다가 '고려하'
라는 강명을 발견했습니다. 대릉하에서 북경으로 조금 가면
'고려하'가 있고, 상류에 고려성터가 있었다고 합니다. 일제시
대 만주에 살던 분들께 물어보니 고려성터가 있고 일본이 세
운 팻말도 있었다고 하더군요. 신채호, 정인보 선생은 현지
답사도 하고 문헌도 보았던 겁니다. 우리가 거들떠보지 않는
동안 북한이 그 학설을 이어받았습니다."

– 「신동아」, 2003년 12월 인터뷰 기사 중에서

신채호와 정인보는 구할 수 있는 모든 사료를 섭렵했고 현장 답
사에 치열했다. 단 하나의 사실을 검증하기 위해 사료를 수천 번씩
읽은 신채호는 "당지에 가서 집안현을 한 번 본 것이 김부식의 고구
려사를 만 번 읽는 것보다 낫다."면서 현장을 확인하고, 문헌을 재
차 검토했다. 이병도를 비롯한 강단사학계가 추종한 조선총독부의
역사학이 오류로 밝혀지고, 그의 연구가 정확한 사실로 확인된 것
은 이 같은 과학적인 관점과 태도에서 나왔다. 조선총독부가 발견
한 낙랑군 유물에 대해 신채호는 다음과 같이 비판했다.

"근일 일본인이 낙랑 고분(古墳)에서 간혹 한대(漢代)의 연호(年號)가 새겨진 기물과 그릇(器皿)을 발견하고, 지금의 대동강 남안을 위씨(衛氏)의 고도(故都), 곧 후에 와서 낙랑군의 치소(治所:군청 소재지)라고 주장하나, 이따위 기물이나 그릇들은 혹시 남낙랑(南樂浪:낙랑국)이 한(漢)과 교통할 때에 수입한 기물 또는 그릇이거나, 그렇지 않으면 고구려가 한과의 전쟁에서 이겨서 노획한 것들일 것이다. 이런 것으로써 지금의 대동강 연안이 낙랑군의 치소였다고 단언할 수는 없는 것이다."

— 신채호, 『조선상고사』, 박기봉 옮김, 비봉출판사, 2006, 199쪽

조선총독부가 내세운 유물과 유적이 낙랑군의 위치를 증명하지 못한다는 것을 앞서 본 대로 신채호와 정인보가 대일 항쟁기부터 주장했고, 이후 남북한 학자들의 연구를 통해 과학적으로 입증되었다. 무서운 아이 권순홍은 『한국 고대사와 사이비 역사학』에서 "단언컨대 '한사군 한반도설'은 식민주의 역사학의 핵심이 아니다. 식민주의 역사학의 핵심이 '타율성론'과 '정체성론'이라는 데는 이론의 여지가 없다."고 했다.

권순홍의 말은 "단언컨대 '한사군 한반도설'은 식민주의 역사학의 핵심이다. 식민주의 역사학에 '타율성론'과 '정체성론'도 포함된다는 데는 이론의 여지가 없다."라고 바꾸면 정확하다.

퇴보된 역사 인식으로 전락한 신채호의 역사학

무서운 아이들의 무서운 이야기를 계속 들어보자.

"우리나라에서 민족주의 역사 서술은 국권 침탈의 과정에서 본격적으로 시작되었다. 신채호를 중심으로 하는 민족주의 역사학들은 국권 침탈로 인해 더 이상 국가와 민족의 역사를 동일하게 서술할 수 없게 되자 이를 극복하는 새로운 서술 방법을 찾았다. 그 과정에서 단군을 시조로 하는 역사 서술 방식을 취하게 되었고, '민족의 시조=단군'의 구도를 만들어낸 것이다. 이러한 역사 서술 방식은 그 시대적 요구에 의한 것이었다고 할 수 있다. 그러나 해방 이후 이미 40여 년이 지난 시점에서 여전히 그와 같은 역사 인식을 가지고 '민족'을 강조하는 것은 학문적 발전 수준이나 당시 시민의식의 수준을 볼 때 매우 퇴보된 역사 인식이었다고 할 수 있다."

– 젊은역사학자모임, 「한국 고대사와 사이비 역사학」, 65~66쪽

사이비 역사학의 연원을 신채호에 두고, 1980년대에 아직도 그와 같은 역사 인식을 갖는 것은 퇴보된 역사 인식이라고 한다. 그러나 앞서 본 대로 퇴보된 역사 인식은 21세기에도 조선총독부의 사관을 그대로 추종하는 무서운 아이들이 속한 강단사학계였다. 신채호의 역사 서술 방식은 "그 시대적 요구에 의한 것이었다고 할 수 있다."고 했는데, 무엇을 말하는 것일까?

"민족주의사학은 기본적으로 현실참여 사학이었다. 이들은 학문적 활동뿐 아니라 행동을 통해 그들의 정치적 목표를 달성하려 하였고, 때문에 역사가의 신념이 강할수록 정당치 못한 방법이라도 바라는 결론에 도달하기 쉽다는 한계를 지니고 있다. 우리 역사 속에서 민족주의사학자로서 가장 대표적인 사람이라고 할 수 있는 신채호 역시 이러한 민족주의사학이 가진 현실참여적 성격을 내포한 역사가였다."

– 젊은역사학자모임, 『한국 고대사와 사이비 역사학』, 77쪽

이 주장은 앞서 본 『한국사 시민강좌』 1집에 실린 「민족주의사학의 제 유형」을 '주'로 달았다. 현실참여 사학은 정치적 목표를 달성하려고 정당치 못한 방법도 쓴다는 것이다. 신채호의 역사학을 호도하기 위한 주장이다. 현실에 참여하지 않는 역사학은 없다. 미국의 진보적 역사학자 하워드 진(Howard Zinn)은 역사를 쓰는 일이 결코 중립적인 행위가 아니라고 했다. 1931년 중국의 여순 감옥에서 신채호를 면회한 기자가 쓴 글이다.

"최근 수개월 전부터 우리 신문지상에 그가 30여 년간의 깊은 연구와, 세밀하고 넓은 조사와, 꾸준하고 절륜한 노력을 경주한 『조선상고사』와 『조선상고문화사(朝鮮上古文化史)』가 비로소 대중적으로 계속 발표, 소개됨에 따라 그 심오한 내용, 풍부한 예증, 정확한 사실, 그 단아하고 첨예하고 웅혼한 필치가 과연 조선 역사의 대가로서 추앙받던 까닭을 바로 나타내

보이면서 수십 만 독자로부터 절대적인 환영과 지지를 받고
있다."

– 신채호, 『조선상고사』, 박기봉 옮김, 553쪽

이 기사는 신채호의 글이 세밀하고 넓은 조사와 정확한 사실로
수십만 독자로부터 절대적인 환영과 지지를 받고 있다고 말했다. 그
때만 해도 이 땅의 지식인들은 물론 민중도 흑백을 구분할 줄 알았
다. 그러나 이제 신채호는 공식 학술대회 석상에서 반복적으로 모
독을 당하고 있다. 신채호의 위상과 진면목은 자신이 품었던 민중
에게 있다.

민족과 민족주의를 해체해야 하는가?

무서운 아이 장미애가 쓴 「민족의 국사 교과서, 그 안에 담긴 허
상」은 1987년 6월 항쟁 이후 나온 5차 교육 과정 국사과 교육 목
표 중 "향토 문화에 대한 흥미와 관심을 높이고, 민족 문화에 대한
자부심을 가지며, 새 역사 창조에 적극 참여하는 태도를 가지게 된
다."에 대해 이렇게 주장했다.

"여전히 '민족 문화에 대한 자부심'을 강조하고 있어, 이 시기
에도 민족적 요소가 완전히 배제된 것은 아니었음을 알 수
있다. (중략) 정치적 민주화는 이루어졌으나, 여전히 역사 인식

에서는 민족의 요소가 강조되고 있었던 것이다. 그렇다면 교
과서 내용에서 '민족주의'적 요소가 강화되어가는 양상은 무
엇 때문이라고 볼 수 있을까? 이 지점에서 생각해봐야 할 것
이 사이비 역사학의 영향이다."

– 젊은역사학자모임, 『한국 고대사와 사이비 역사학』, 74~75쪽

'무서운 아이들'의 우리 민족에 대한 증오는 본능적이다. 이들이
한국사를 보는 관점이 조선총독부의 관점, 곧 일본 극우파 민족주
의 역사관인 황국사관이란 점은 이미 말했다. 이들은 일본 극우파
의 관점으로 한국을 바라보기에 한국 민족주의에 본능적 증오감을
갖고 있다. 내 눈에 이들이 같은 민족으로 보이지 않는 이유다. 조
선총독부에서 조선사를 편찬하면서 목표로 삼은 한국 민족의 열등
감을 부추기라는 말과 완전히 같은 관점이다. 일제 강점기부터 한
국 민중의 민족주의는 위험한 사상이었고, 독재 정권에서 한국의
민중은 민족·민주주의의 이념을 실현하기 위해 투쟁해왔다. 조선
총독부 사관을 계승한 한국의 강단사학계는 한국의 민족주의 전통
을 매도했다. 이들은 일제 강점기 때나 지금이나 여전히 일본 극우
파의 관점에 서 있다. 그래서 강단사학계는 일본 극우파의 관점으
로 한국사를 바라보는 뉴라이트와 일란성 쌍둥이다.

이명박·박근혜 정권에서 1948년 8월 15일을 건국절로 제정해야
한다고 주창한 이영훈(서울대학교 교수)은 민족의 관점에 선 역사학을 폐
기하고 문명사를 써야 한다고 말한다. 뉴라이트가 말하는 문명사
는 무엇일까?

"민족을 태극으로 하는 선악사관과 근본주의의 함정을 대체할 새로운 역사학은 어떠한 것인가? '직업으로서의 역사학'에 잘 훈련된 역사가가 다시 쓸 해방 전후사는 어떠한 것일까? 여러 가지 대답이 있겠지만, 나 나름으로는 문명사가 그것이라고 주장하고 싶다. 내가 머리에 그리고 있는 문명사에서 출발점은, 그리고 언제나 다시 돌아오게 되는 마음의 고향은 분별력 있는 이기심을 본성으로 하는 호모 에코노미쿠스(homo economicus), 그 인간 개체다. 인간은 이기적인 동물이며, 이기적이기 때문에 도덕적이다. 도덕적이기 때문에 협동하며, 협동하기 때문에 문명을 건설한다. 현대의 진화론적 생물학에서 배운 이 같은 단순 명료한 몇 가지 명제가 내가 이야기하고 싶은 문명사의 기초를 이루고 있다."

– 박지향 외, 『해방 전후사의 재인식』, 책세상, 2006, 55쪽

　　무서운 아이들과 이영훈의 공통점은 무슨 말을 하는지 앞뒤가 맞지 않고 모호하다는 점이다. 무서운 아이들이나 이영훈은 모두 '조선총독부는 우리 곁에 영원히 살아계시다'라는 교리를 갖고 있다. 그런데 그런 속내를 직접 말할 수는 없으니 "식민사관이 민족사관을 계승했다.", "분별력 있는 이기심을 본성으로 하는 호모 에코노미쿠스, 그 인간 개체" 따위의 말들을 하는 것이다. 이영훈의 "분별력 있는 이기심"이 식민지 근대화론으로 나간 것은 당연하다. 결과적으로 무서운 아이들의 논리처럼 이완용도 백성을 가난에서 구한 위대한 민족의 지도자가 되었다. 현장에서 역사를 고민하는 교

사의 말을 들어보자.

"빠르게 바뀌는 21세기, 역사교사들은 '민족주의' 논쟁의 중심
에 서 있을 수밖에 없다. 지금까지 교과서에서 그려온 민족의
모습에는 분명 바람직하지 않은 점이 있다. 그러나 이 때문에
민족주의를 폐기해야 한다는 주장에는 선뜻 동의하기 어려운
것도 사실이다. 현실적으로 국가나 민족을 대신할 뚜렷한 주
체를 찾아내지 못한 상황에서 역사를 어떻게 쓰고 가르쳐야
할까? 민족과 함께 다양한 주체를 차별 없이 살려낼 수 있다
면 민족주의를 중심에 둔 역사 교육은 여전히 유효하다고 생
각된다. 민중적 관점과 민족적 관점을 대립이 아닌 상생적 공
존 관계로 보는 것은 불가능할까? 민중이 살아 있어야만 현
실 속의 민족 국가도 가능한데 말이다."

– 전국역사교사모임, 『역사, 무엇을 어떻게 가르칠까』, 휴머니스트, 2008, 265쪽

　단순한 이상으로 세상의 모순과 갈등이 해결된다고 생각한다면
그 이상은 불행을 야기할 가능성이 크다. 복잡한 현실의 구조 속에
서 이상은 구체적인 모습으로 실현해나가야 한다. 무엇을 위한, 누
구에 의한, 누구를 위한 민족주의이고 인류 공동체인가를 늘 염두
에 두어야 한다.

5장
역사 교과서, 무엇이 문제인가?

_ 이주한

강단사학계의 허상

『한국 고대사와 사이비 역사학』에 실린 장미애의 「민족의 국사 교과서, 그 안에 담긴 허상」이 말하는 허상이 무엇인지 살펴보자.

> "3차 교육 과정기 교과서는 「단군신화」라는 소제목 아래 단군왕검이 고조선을 건국한 과정이 신화적 사실(史實)임을 명확히 하고 있으나, 4차 교육 과정기 교과서는 「단군의 건국과 고조선」이라는 소제목 아래 『삼국유사』에 전하는 단군의 고조선 건국이 실재하였던 것처럼 서술하고 있다. 특히 단군의 고조선 건국 연대를 표기한 것은 사이비 역사학 측의 주장을 그대로 수용한 결과였다. 사이비 역사학 측에서 지속적으

로 제시한 단군의 신화화에 대한 문제 제기가 일부 받아들여
진 것이다. 이렇듯 단군에 대한 강조가 이루어진 것은 처음
국사 교과서에 문제를 제기했던 사이비 역사학 측의 구성원
들이 가지고 있었던 특징이었다."

– 젊은역사학자모임, 『한국 고대사와 사이비 역사학』, 63쪽

'무서운 아이들'과 그 스승들의 역사관을 검증하는 일은 매우 쉽
다. 조선총독부에서 뭐라고 했는지만 알면 되기 때문이다. 무서운
아이들이 목청 높여 비판하는 '사이비 역사학'은 바로 조선총독부의
교시를 비판하는 역사학이라는 사실을 거듭 확인해준다. 4차 교과
서는 "『삼국유사』에는 하느님의 아들인 환웅과 곰의 변신인 여인 사
이에서 출생한 단군왕검이 기원전 2333년에 고조선을 건국하였다
는 내용이 실려 있다."고 『삼국유사』의 기사를 소개했는데, 조선총
독부에서 그토록 지우고 싶어 했던 단군을 실었으니 '무서운 아이
들'이 발끈할 수밖에 없는 것이다.

"한편 한사군에 대해서는 별도의 소제목을 두고 한 단락에
걸쳐 서술된 내용이 4차 교육 과정에 와서는 고조선의 변천
부분에서 한의 의해 사군이 두어졌으나 우리 민족이 이에 대
해 저항하며 성장했음을 서술하는 것으로 반감되었다."

– 젊은역사학자모임, 『한국 고대사와 사이비 역사학』, 63쪽

무서운 아이들은 3차 교과서에는 "한은 고조선을 넘어뜨린 후

낙랑, 진번, 임둔, 현도의 사군을 두어 식민지로 만들었다."고 서술된 것을 4차 교과서에서 "한은 고조선의 일부 지역에 낙랑, 진번, 임둔, 현도의 사군을 두었다. 그러나 우리 민족은 이에 대항하여 이들을 축출하면서 계속 발전하였다."로 바뀐 것이 불만인 것이다. 한사군이라는 식민지 치하에서 고조선 백성은 행복하게 살았는데, 왜 대항했다고 쓰느냐는 것이다. 한사군, 일제 강점기는 모두 우리 민족에게 축복인데 왜 저항을 정당화하느냐고 '무서운 아이들'은 주장하는 것이다.

사료를 부정하는 축소 지향의 역사

1990년부터 발행된 5차 교육 과정의 교과서에 대해서는 어떻게 비판하는지 장미애의 글을 보자.

> "교과서는 단군 이야기가 민족의 시조 신화라고 언급하고 있으나, 전체적인 내용을 보면 단군왕검에 의한 고조선의 건국이 신화가 아닌 사실처럼 서술되고 있다. 더욱이 이후 고조선의 발전을 설명하는 과정에서 보이는 강력한 왕의 등장과 왕위 세습을 언급할 때는 마치 고조선이 강력한 고대 왕국을 이룬 것과 같은 인상을 주고 있다. 이는 고조선 세력 범위를 나타내는 지도와 함께 제시됨으로써 광대한 영토를 가진 고대 국가 고조선의 이미지를 부각하는 효과를 가져왔다. 문제

는 제시된 그림이 비파형 동검의 분포를 바탕으로 만들어진
것으로, 당시 비파형 동검을 사용한 사람들의 분포, 즉 문화
권을 보여주는 것일 뿐이라는 점이다. 이에 비해 세력 범위는
지배 영역 또는 정치적 영향력이 미치는 지역을 설명하는 것
이라는 점에서 의미가 다르다."

– 젊은역사학자모임, 『한국 고대사와 사이비 역사학』, 69쪽

비파형 동검의 다른 말은 고조선식 동검이다. 비파형 동검의 출
토지는 중국의 문헌 사료에서 말하는 고조선의 강역과 상당 부분
일치한다. 그러니 황국사관의 관점으로 한국사를 보는 '국사학계의
무서운 아이들'은 고조선의 강역이 넓은 것이 너무도 기분 나쁘다.
『동북아역사지도』 제작진들은 2011년 7월 대전 유성 스파비아 호
텔에서 국민 세금으로 회의를 열었다. 이때 지도 제작 책임자 중의
한 명인 임기환은 "동아시아 문화 지도를 제시하여 고조선의 특별
성을 약화시키자."라고 기염을 토했다. '무서운 선배'에 '무서운 후배
들'이다.

단군왕검에 의한 고조선의 건국이 사실이 아니라고 보니, 고조
선과 관련한 1차 사료와 고고학 자료들을 무조건 부정한다. 비파
형 동검은 칼날이 옛 악기인 비파 모양이어서 붙여졌는데, 검의 몸
과 자루를 별도로 주조한 조립식 청동검이다. 중국과 오르도스 동
검들은 검 몸체와 검 자루가 일체형이다. 고조선의 청동기는 주조
할 때 아연을 섞었다. 청동은 1,000℃ 이상으로 가열해야 하지만 아
연은 420℃에서 녹고 900~950℃에서 증발한다. 아연을 섞으면 주

조하기에도 좋고 모양과 성능이 높아지는데 이는 고도의 기술이다. 비파형 동검은 뛰어난 모양과 기능, 제작 기법뿐 아니라 유려한 기하학적인 무늬를 새겨 현대 과학으로도 복원하기 어려운 불가사의한 정밀함을 보유하고 있다. 중국식 동검 등과는 모양과 기능, 제작 기법과 재료 등이 달라 고조선식 동검으로 불리는 비파형 동검은 중국의 요동과 요서 지역, 내몽골 지역, 한반도 전역에서 발견되는 고조선의 대표적인 표지 유물이다. 지배층의 무덤에서 발굴되는 비파형 동검은 지배 계층의 전유물로 추정된다. 비파형 동검의 문화를 가진 정치 세력인 고조선의 강역을 알 수 있다. 그러니 고조선을 한반도 북부에 가둬야 하고, 그 자리에 낙랑군을 비롯한 한사군을 설치해야 하는 '무서운 아이들'은 분개할 수밖에 없다. 무서운 아이들의 이런 분개는 새삼스러운 것이 아니다. 이런 주장은 지금으로부터 30년 전인 1987년에 『한국사 시민강좌』 창간호에 나온 다음과 같은 이기백의 말에 근거했다.

"최근 고고학의 발굴 성과가 크게 진전되면서, 만주가 우리 조상들의 활동 무대였음은 더욱 분명하게 되었다. 예컨대 비파형 동검과 같은 청동기는 유독 만주와 한반도에서만 발견되고, 중국이나 시베리아 같은 데서는 발견되지를 않는다. 비파형 동검은 종래 만주, 특히 요령(遼寧) 지방에서 집중적으로 발견되어왔다. 그러나 최근에는 한반도에서도 많은 것이 각지에서 발견되었으며, 그 수는 실로 30을 넘을 정도로 되었다. 그러므로 이 비파형 동검이 출토되는 지역은 만주와 한반도에 국한되어 있는 셈이다. 만일 우리가 이 동검의 출토 지를 지도상에 점을 찍고 그 외곽을 선으로 그어보면, 그 영역은 청동기시대에 우리 조상들이 살던 활동 무대를 나타내는 것으로 볼 수가 있다. 다만 이러한 고고학적인 성과를 통하여 얻어진 결론이 곧 단일한 국가의 형성을 말하는 것으로 이해한다면, 그것은 성급한 결론이고 잘못된 이해가 될 것이다. 그것은 하나의 문화권을 나타내는 것으로 이해해야만 옳을 것이다. 어떻든 한국 민족이 일찍이 만주와 한반도에 걸쳐서 활동하고 있었다는 사실은 분명하게 되어 있다. 물론 처음에는 이 지역 안에 도시국가에 비길 수 있는 정도의 것에 지나지 않는 자그마한 성읍국가들이 산재해 있는 상태였을 것이다. 신석기시대부터 국가가 형성되어 있었다고 주장하거나 혹은 청동기시대의 국가 형성 초기부터 대제국을 이루고 있었다고 생각하는 사람도 있기는 하다. 그러나 그것은 억지다. 처음 국가가 형성되던 초기에는 아마도 수백의 많은 성읍국가가 독립된 상태로 존재했다고 봐야 옳을 것이다."

- 『한국사 시민강좌』 1집, 7~8쪽

1980년대에 고조선과 관련한 고고학적 발굴이 활발해지면서 이기백이 대응에 나섰다. 만주와 한반도 일대에서 비파형 동검 등이 발굴되면서 1차 문헌 사료가 말해주는 것처럼 고조선이 만주와 한반도에 걸쳐 있었음이 밝혀졌다. 그렇다면 기존의 관점과 오류를 수정하고 새롭게 고조선을 연구하는 열린 자세가 필요하다. 그러나 강단사학계는 이런 고고학 자료들이 한민족 문화권을 나타낼 뿐이지 고조선의 정치 세력권은 아니라는 이상한 논리를 들고 나왔다. 비파형 동검의 양식은 중국이나 기타 북방 지역의 동검과 뚜렷이 구분되는 동질적인 양식을 갖고 있다. 지역에 따라 작은 차이가 있어도 기본 형태는 같다. 특수한 생활양식과 문화를 공유하는 것이 민족과 국가를 가늠하는 기본적인 척도다. 민족과 국가는 오랜 기간에 걸쳐 고유 문화를 공유하고 소속감을 갖는 공동체다. 비파형 동검은 지배 계층의 유물이기 때문에 그 지배 계층의 지배 영역을 살피는 중요한 표지 유물이다. 이기백은 고조선의 역사를 부정하고 고조선이 오래되거나 강역이 넓을 리 없다는 선입견을 고수했다.

> "이기백은 고조선이 작은 나라에서 시작했을 것이라는 얘기를 하면서, 고조선이 만주와 한반도에 걸친 나라로 성장하기까지 그 이전의 오랜 역사가 있었다는 사실을 슬쩍 피해갔다. 단군사화에 기록되었듯이 단군왕검 이전에는 환인과 환웅시대가 있었다. 고조선이라는 이름을 오랫동안 사용하다 고조선이라는 정치 권력이 강해진 국가가 출현한 것이다. 이기백은 억지라고 말했지만 신석기시대에는 국가가 형성되지 않고, 청동기시대에야 국가가 형성된다는 것도 세계 역사학계에서 폐기된 지 오래되었다. 이기백은 객관적인 사료나 학문적인 자세를 벗어나 자의적인 추정과 단정으로 일관했다."
>
> – 윤내현 외, 『고조선의 강역을 밝힌다』, 지식산업사, 2006, 196쪽

강단사학계는 청동기시대에 이르러야 국가가 형성된다면서 한국의 청동기시대를 서기전 10세기 전후에 시작된 것으로 보고 있다. 북한 학계는 우리의 청동기시대 시작을 서기전 30세기 무렵으로 보고 있다. 북한 학계에 의하면 평안남도 덕천시 남양리 유적 16호 집터에서 나온 청동기 유물 팽이형 토기의 측정 연대는 서기전 3800년 무렵이다. 북한 학계는 고조선의 표지 유물인 비파형 동검이 서기전 3000년 무렵에 시작되었다고 본다. 대한민국에서도 일찍이 경기도 양평군과 전라남도 영암군에서도 방사성 탄소 연대 측정 결과 서기전 25세기 무렵으로 추정되는 청동기 유적이 발굴되었다. 그러나 한국의 강단사학계는 자신들이 머릿속에서 설정한 청동기시대의 상한과 어긋난다는 이유로 무시하고 우리나라 청동기시대의 시작을 서기전 10세기 무렵으로 설정했다.

> "국가의 형성은 농경과 청동기의 사용 이후에 가능한데, 한반도와 남만주 지역에서 청동기문화가 시작된 것은 기원전 10세기 전후 무렵부터였다."
>
> — 한국사특강편찬위원회, 『한국사 특강』, 8쪽

> "한반도와 만주 지역에서 청동기시대가 존재한 시기가 기원전 10세기대로 올라감이 파악되어졌다."
>
> — 한국고대사학회, 『우리 시대의 한국 고대사』 1, 19쪽

석기를 사용한 아메리카 원주민들이 당시의 유럽 문명에 비해 전

혀 뒤떨어지지 않았고 천문학은 유럽보다 앞섰으며 청동기와 철기 단계 없이도 훌륭한 국가와 문명을 창조한 것을 본 서구 역사학계에서는 문명이라는 말을 되도록 쓰지 않는다.

"고대 아메리카의 이질적인 현실 앞에서 수많은 인류학자는 당황했다. 유럽의 역사 발전 단계론으로는 고대 아메리카 역사의 발전을 규명할 수 없었기 때문이다. 결국 자신들이 서구 중심의 역사 발전 단계론을 맹신하고 있었고, 서구적인 시각에 맞추어 편의에 따라 세계 역사를 재단해왔음을 깨닫게 되었다. 이때부터 인류학자와 고고학자, 그리고 역사학자들은 고대 아메리카의 역사 발전을 설명할 수 있는 새로운 원칙을 찾으려고 고민하며 뜬눈으로 밤을 지새웠다. 그 결과 그들은 도구 제작에 기초한 유럽의 역사 발전 단계론(구석기—신석기—청동기—철기)을 폐기처분하고, 사회 변화를 기준으로 고대 아메리카 역사를 분류하고 정의하기 시작했다."

– 이희수 외, 『오류와 편견으로 가득한 세계사 교과서 바로잡기』,

삼인, 2007, 320쪽

강단사학계는 어떤 자료가 나와도 고조선의 강역이 자신들의 '주관적 생각'보다 넓었다는 사실을 인정하지 않는다. 중국의 문헌 사료가 말하는 고조선의 강역과 출토 유물이 일치해도 부인한다. 문화권이라는 희한한 개념을 들고 나와 고조선의 강역이 넓었음을 부인한다.

사료를 비판하는 방법

　장미애는 『한국 고대사와 사이비 역사학』에서 백제의 요서 지방 진출과 같은 서술은 결국 사이비 역사학 측이 만들고자 했던 우리나라 고대 사상의 단면을 보여주는 것이라며 이렇게 비판했다.

> "한편 교과서는 백제의 요서 지방 진출을 설명하면서도 문제를 노출하고 있다. 이미 2차 교육 과정 교과서에서부터 백제의 요서 지방 점령과 산동 지방을 매개로 한 활발한 해외 진출을 적시하고 있다. 백제의 요서 지방 점령은 지금까지 논란이 있는 학설로, 이를 교과서에 사실로서 기술하는 것은 문제가 있다."
>
> – 젊은역사학자모임, 『한국 고대사와 사이비 역사학』, 71쪽

　역사에서 우선 필요한 것은 사료를 통한 사실 여부 검증이다. 백제의 요서 진출은 1차 문헌 사료 등에 의거한 사실이다. 그것도 자국에 불리한 역사는 되도록 쓰지 않는 게 전통인 중국 사서에 기록된 사실들이다. 백제의 요서경략설은 중국의 1차 사료에 무수히 나오는 사실이지만 무서운 아이들의 머릿속에서 백제는 한반도를 벗어나면 안 된다. 그러나 중국의 사서가 그렇지 않다고 증언하고 있다. 오른쪽 표를 보면 백제가 요서에 진출했다는 것을 알 수 있다. 그런데도 무서운 아이들의 머릿속에 백제는 한반도에만 있어야 한다. 중국인들도 자국 역사서에 기록된 것이므로 부정하지 못하는

중국 문헌에 나오는 백제의 요서 진출 관련 기록

출처	내용
『송서』	"백제국은 본래 고구려와 함께 요동의 동쪽 1,000여 리에 있었다. 그 후 고구려가 요동 땅을 지배하자 백제는 요서 지역을 차지했다. 백제가 다스리는 곳은 진평군 진평현이라 한다."
『양서』·『남사』·『통전』	"그 나라는 본래 고구려와 더불어 요동의 동쪽에 있었는데, 진나라 때에 이르러 고구려가 이미 요동을 경략하자 백제 역시 요서, 진평 2군의 땅을 점거하여 스스로 백제군을 두었다."
『진서』·『자치통감』	백제의 요서 진출을 알 수 있는 기사 있음.
『구당서』·『신당서』	"백제의 영토가 서쪽으로 바다 건너 월주(越州)에 이르고 북쪽으로 바다 건너 고구려에 이르며 남쪽으로 바다 건너 왜국에 이른다."
『삼국사기』「백제본기」	"동성왕 10년(488)에 위나라가 군사를 보내어 침입해왔으나, 우리 군사에게 패배당했다."
『삼국사기』「최치원열전」	"고구려와 백제가 한창 왕성할 그 시기에는 강한 군사가 100만이나 되었으므로, 남으로 오월을 침략하고, 북으로 유연, 제로를 위협하여 중국의 큰 해독이 되었던 것입니다."

데 이 나라의 '무서운 아이들'은 다르다. 그러나 이제는 대학 내에서도 이에 대한 비판이 나오고 있다. 강종훈(대구가톨릭대학교 교수)은 강단 사학계가 선입관에 좌우되어 자의적으로 바꿔 읽기를 하는 대표적인 사례로 『진서(晉書)』, 『자치통감(資治通鑑)』의 백제 기사를 든다. 한편 그는 『송서』, 『양서(梁書)』 등에 전하는 백제의 요서 지역 진출 관련 기사에 근거해서 4세기 무렵 백제가 중국의 요서 지역 등에 군사적으로 진출한 적이 있다는 주장을 긍정하는 견해를 갖고 있다.

"그런데 그간 우리 학계에서는 위의 두 기사에 대해 사실성을 인정하지 않으려는 분위기가 강하였다. 대체로 『진서』 기사에서의 백제는 '부여'의 오기(誤記)이고, 『자치통감』 기사에서의 백제는 '고구려'의 오기라고 보면서, 4세기 전반에 백제가 요하일대에서 군사 활동을 벌였다는 것은 와전(訛傳)된 것일 뿐 사실이 아니라고 판단하고 있다. 사실 『삼국사기』를 비롯한 우리 측 사서에 관련 기록이 보이지 않고, 중국 측 사서에서도이 두 기사 외에는 다른 자료를 찾기 힘든 상황이므로, 이들만을 가지고 섣불리 백제의 해외 진출과 그에 따른 영토 확장 등을 주장하는 것은 곤란하다. 하지만 관련 기록이 극히적기는 해도 일부 남아 전해지는 상황에서, 그것들을 오기일 것이라고 무턱대고 도외시하는 것 역시 사료를 대하는 올바른 태도라고 할 수 없다. 더욱이 두 기사는 내용상 시간적으로 매우 근접함을 보이며 상호 독립적으로 전해지는 바, 이를단순한 우연의 일치라고 치부하는 것은 온당치 않다. 또 『삼국사기』 「백제본기」가 사료적으로 불비(不備)가 심하다는 점을고려하면, 거기에 관련 기록이 나오지 않는다는 것이 곧 사실의 부재를 입증하지 않는다는 것도 명백하다. 아울러 중국측 사료에서 사건의 전후 맥락이 드러나지 않는다는 것은 분명 아쉬운 일이기는 하나, 편사자(編史者)가 중국 왕조의 입장에서 굳이 드러내거나 부각할 만한 거리가 아니라고 판단했을 경우 관련 기록이 후대에 전해지지 않을 수 있음도 유념해야 한다. 요컨대 지금 남아 있는 두 기사만으로 4세기 전반백제군의 요하 일대에서의 활동의 전모를 밝히기란 매우 어려운 것이 현실이지만, 그렇다고 해서 이 기사들의 사료적 가치

를 면밀하게 측정하지 않고 내버리는 것만이 능사는 아니라
는 이야기다."

– 강종훈, 「한국고대사 사료비판론」, 교육과학사, 2017, 217~218쪽

강종훈은 『진서』에 실린 백제 관련 기사가 상서문을 인용한 것으로 1차 사료적 성격을 갖고 있는데, 1차 사료에 실린 국명이 2차 사료에 전재될 때 납득할 만한 사유가 없이 변개되는 경우는 거의 없음을 감안하면, 『진서』 기사의 '백제'가 '부여'로 잘못 표기되었다고 단정하는 것은 대단히 위험하다고 주장한다. 『자치통감』 기사에서 '백제'가 '고구려'의 오기라고 주장하는 것 역시 정황상 백제일 리가 없다는 선입견에서 비롯된 것일 뿐 확실한 근거를 갖추지 못한 것은 마찬가지라고 말한다. 그는 "사료적으로 변개를 입증할 수 있는 증거를 제시하지 않고 마냥 선입견만으로 바꿔 읽기를 시도하는 것은 사실 왜곡의 결과를 불러올 수 있음을 유념할 필요가 있다."라며 학계의 풍토를 비판했다.

역사학은 1차 사료를 바탕으로 과거를 재구성하고, 해석해내는 학문이다. 그러나 한국의 강단사학자들은 그렇게 하지 않는다. 자신들의 머릿속에서 만들어진 역사상을 그려놓고 그에 맞춰 1차 사료를 재단한다. 과거에는 이런 방식이 통했다. 사료를 자신들만 갖고 있었기 때문이다. 그러나 이제는 사정이 달라졌다. 한국, 중국, 일본의 1차 사료가 인터넷에 무수히 떠 있다. 한문 독해만 할 줄 알면 옛 선인들이 수많은 고전을 뒤지며 찾아야 했던 사료들을 손쉽게 검색할 수 있다.

사료 독점이 깨지면서 식민사학은 위기에 빠졌다. 식민사학의 주장이 1차 사료와 다르다는 점이 만천하에 드러났다. 이제 그들은 스스로 지식인이 된 대중에 의해 고립되었으며 고사 직전에 빠졌다. 이를 타개하기 위해 이들은 자신들과 다른 관점을 가진 학자를 관의 힘을 빌려 제거하려는 무리수를 두었다가 실패했다. 이들의 마지막 우군일지도 모를 언론 카르텔이 대거 가세했으나 한국 언론의 문제점만 공개적으로 노정한 채 이마저도 실패하고 말았다. 조선총독부의 사관을 비판하는 학자들을 '사이비', '유사' 등의 언어폭력으로 매도한다고 해서 과거처럼 학문이 지배 권력을 누릴 수는 없다. 이제 세상이 달라졌기 때문이다.

　이제 그들이 살 길은 역사학의 원칙으로 돌아오는 것뿐이다. 역사를 관에서 재단해달라고 검찰청으로 달려가고, '사이비', '유사' 등의 언어 폭력을 휘두르는 것으로는 문제가 해결되지 않는다. 이런 현대판 사문난적 규정 행태는 그들의 진면목만 노정한 채 길을 잃었다. 길은 늘 있다. 그러나 그 길은 지금까지 걸었던 잘못된 길을 반성하는 자에게만 보인다. 반성 속에서 새 길을 찾을 것인가? 과거의 행태를 답습하다가 고사될 것인가? 선택 역시 그들의 몫이다.

2부

조작되고 왜곡된
한국사의 진실

1장
단군이 신화의 세계로 쫓겨난 이유는?

_ 김명옥

한국사의 맥락을 좌우하는 단군에 대한 시각

단군은 역사적 실재인가, 아니면 단지 역사적으로 만들어진 관념, 즉 허구적 신화일 뿐인가?『한국 고대사와 사이비 역사학』에 실린「단군—역사와 신화, 그리고 민족」을 통해 이를 살펴보고자 한다. 이 글은 주류 역사학계의 주장을 그대로 요약한 것이기에 나름대로 하나하나 검토할 필요가 있다. 이승호(동국대학교 강사)가 쓴 이 글은 다음과 같이 요약된다.

첫째, 고조선의 건국을 서기전 2333년으로 보는 것은 어떠한 역사적 사실도 담겨 있지 않다.『삼국유사』,『제왕운기』,『동국통감』등에 기록된 서기전 24세기 무렵의 고조선 건국은 만들어진 사실이지 역사적 근거는 없다.『삼국유사』에 보이는 단군 기록은 고조선인의 '창세신화'이자 '건국신화' 그 자체다. 단군신화는 처음부터 역사가 아닌 신화로서 시작했다. 지배층에게 집권의 정당성을 부여하던 장치인 단군신화는 고조선 멸망과 함께 그 역할과 수명을 다했다. 단군신화의 역사성이란 단군의 실재가 아니라 단군신화가 오랫동안 후세인의 입에 올랐다는 데 있다.

둘째, 고조선 멸망 후 고구려인도 단군에 대한 기억을 이었고, 고려시대에 단군에 대한 기억은 12세기까지 평양을 중심으로 한 서북한 지역에서 민속 종교의 신앙 대상으로 혹은 풍수도참설과 관련을 맺으면서 그 명맥을 이었다. 13세기 말 몽골 침략의 국가적 위기 속에서 새롭게 조명되면서 단군에 대한 기억이 처음으로 문자화되기 시작했다. 이때에 드디어 단군은 고조선의 시조이자 국가 구성원 전체의 시조로 인식되기 시작했다. 몽골의 침략과 지배라는 국가적 시련 속에서 고려인은 서로 간에 동질성, 즉 동원(同源)의식을 확인할 필요가 있었고, 단군은 그러한 역사 공동체의 이념적 토대가 되어주었다.

셋째, 조선시대에 들어와 신화 속 단군은 사라지고, 단군의 자손이 세습적으로 나라를 다스렸다는 이해 방식이 생겨나면서 신화에서 역사로의 변모가 시작되었다. 조선시대에 들어와 역사적 실존 인물로서 국조 단군의 형상이 만들어졌음은 분명하다. 반면 민간에서는 여전히 신으로서 단군을 인식하는 것이 유지되고 있었다.

넷째, 단군에 대한 숭배는 한말(韓末)의 국가적 위기, 그리고 일제강점기라는 엄혹한 시절에 접어들면서 절정으로 치달았다. 신채호는 기자를 밀어내고 단군을 민족사의 최전선으로 만들었다. 신채호를 비롯한 민족주의 역사가들은 '민족'이라는 '상상의 공동체'를 발견함과 동시에 단군의 지위를 국가의 시조에서 민족의 시조로 격상했다. 신화 속 주인공에서 국가의 시조를 거쳐 민족의 시조로 변모해 간 단군은 이제 종교 신앙의 대상으로 변신하게 되었다. 단군신앙은 1909년 나철의 대종교 창시를 통해 조직화·체계화되었다.

다섯째, 결국 단군의 역사성은 그 자체에 있다기보다 단군을 주인공으로 하는 단군신화의 전승 과정과 단군에 대한 시대별 인식의 흐름에 있다. 단군신화는 말 그대로 고조선인의 입에서부터 시작된 신들의 이야기이자 신성한 이야기다. 단군이 신화로 기억된다고 해서 그 역사적 의미가 퇴색되는 것은 아니다. 그러나 끊임없이 창출되는 새로운 단군상에 대한 피로감도 쌓여만 가고 있다. 단군을 원래 고조선의 건국신화 속 주인공, 그 본연의 자리로 되돌려놓아야 한다.

이 주장들은 말하자면 단군이 실체적 역사가 아니라 '만들어진 이야기'라는 것이다. 결국 핵심은 『삼국유사』, 『제왕운기』, 『동국통감』 등의 문헌 사료에 기록된 서기전 24세기 무렵 단군의 고조선 건국 사실과 고조선의 수천 년 역사를 부정하는 데 있다. 1980년대 들어 고조선의 실체가 문헌 사료와 고고학 사료를 통해 널리 밝혀졌다. 단군조선의 역사성을 마냥 부정할 수 없게 된 주류 역사학계는 단군의 역사성을 신화 전승의 역사성으로 대체했다. 역사학계가 위기 대처에 나서 창간한 『한국사 시민강좌』는 1988년 2집에서 「고조선의 제 문제」를 특집으로 꾸몄다. 첫 글을 연 이기백은 「고조선의 국가 형성」에서 단군신화가 몽골의 침략에 대항하기 위해 만들어졌다는 견해는 성립할 수 없다고 말했다. 13세기에 일연(一然)이 조작했다는 사실은 사실이 아니라는 것이다. 그럼 이기백이 서기전 24세기 무렵의 고조선 건국 사실을 전하는 『삼국유사』 기록을 인정하게 되었을까? 그렇지 않다. 청동기시대로 돌입해야 국가가 형성되는데, 한국의 청동기문화는 서기전 10세기 무렵이기 때문에 『삼국유사』의 기록은 사실이 아니라고 주장했다.

> "이 같은 검토의 결과에 의하면, 요령 지방의 비파형 동검을 우리나라의 청동기문화로 보는 경우에라도, 그 연대를 크게 위로 올려보아도 B. C. 10세기 무렵이었다는 것이 온당한 주장이라고 생각된다. 그러므로 현재의 연구 성과에 의하는 한, 고조선의 건국도 그 시기쯤이었다고 할 수밖에 없다. 그리고 위에서도 언급한 바와 같이, 중국보다 건국의 연대가 뒤진다는 것이, 하등 우리 민족의 열등함을 말하는 증거가 되지는 않는다."
>
> — 『한국사 시민강좌』 2집, 일조각, 1988, 12쪽

결국 이기백은 청동기시대에 들어서야 국가가 형성된다는 일제의 주장에 따라 교묘하게 문헌 사료를 부정했다. 이미 1970년대에 양평군과 영암군에서 서기전 24세기 무렵의 청동기 유물이 발견되었지만 그에게는 없는 사실이었다. 이기백이 이와 같은 주장을 한 이후 단군신화는 '만들어진 이야기'로서의 역사성을 갖게 되었다. 노태돈이 쓴 「역사적 실체로서의 단군」을 보자.

"이렇게 볼 때 단군신화는 당시 사회에서 일종의 정치 이데올로기적 성격을 지녔으며, 정치적·사회적 통합 기능을 수행하였다고 할 수 있다. 이런 면은 이은 시기의 삼국의 건국신화와 제의에서도 찾아볼 수 있다."

- 『한국사 시민강좌』 27집, 일조각, 2000, 6쪽

주류 역사학계는 단군의 역사적 실체를 이와 같이 역사적 사실이 아닌 역사성이 있는 이야기로서의 실체로 만들었다. 조선총독부가 주창한 '단군, 만들어진 이야기'가 이른바 젊음을 내세우는 역사학자들에게 오늘날 어떻게 이어지는지 본격적으로 들여다보자.

'우리는 식민사학자가 아니다' 고백의 진실

이승호는 「역사비평」 2016년 겨울호 「단군—역사와 신화, 그리고 민족」에서 주류 역사학계의 주장 그대로 단군신화는 "처음 모습부터 역사가 아닌 신화"라고 주장한다. 그는 단군신화가 오랫동안 후세인의 입에 오르내리면서 생명력을 연장해오다 고려시대에 새롭게 조명받았다고 주류학계의 정설을 반복한다.

"평양을 중심으로 한 서북한 지역에서 민속 종교의 신앙 대상으로 혹은 풍수도참설과 관련을 맺으면서 그 명맥을 이어오다 13세기 말 몽골 침략의 국가적 위기 속에서 새롭게 조명

받았다."

— 「역사비평」 117호, 역사비평사, 2016, 239쪽

단군신화는 평양이라는 지역의 민간 신앙 대상 또는 풍수도참설과 같은 비합리성 속에서 민중 중심으로 겨우 명맥을 이어왔는데, 국가적 위기를 맞이한 고려가 국난을 극복하기 위해 그것을 새롭게 조명했다는 것이다. 고려시대에 평양에는 여러 민간 신앙이 존재했을 터다. 그런 까닭에 고려 지배층이 왜 단군을 지목해서 국조로 삼았는지에 대한 이승호의 주장에 납득할 수 없다. 이렇게 주장하려면 한 지방 민속 신앙 대상의 주인공인 단군이 어떤 이유로 다른 신앙의 대상을 물리치고 선택되었는지, 어떻게 국조가 되어가는지 논증해야 한다. 그러나 논증은 없고 주장만 있다. 앞에서 정리한 주류학계의 명제를 반복해 주장할 뿐이다.

"1,000년 넘게 살았다는 신화 속 단군은 사라지고, 단군의 자손이 세습적으로 나라를 다스렸다는 식의 합리적인 이해 방식도 생겨났다. 바야흐로 신화에서 역사로의 변모가 시작된 것이다."

— 「역사비평」 117호, 240쪽

이승호가 보기에 단군을 신화적 존재에서 역사의 실체로 만든 이들은 조선시대 성리학으로 무장한 지식인들이었다. 단군의 역사성은 민족 수난과 밀접하게 관련이 있다는 것이다. 조선시대에 외

세의 침략을 받으면서 민족 정체성을 확인하기 위해 상고사 연구가 재연되면서 단군조선과 그 문화를 적극적으로 재평가하는 작업이 이루어졌고, 일제 강점기 때도 마찬가지였다는 논리다. 1909년 단군을 숭배하는 대종교의 발생도 단군의 역사성으로 설명된다고 한다. 이승호는 "신화 속 주인공에서 국가의 시조를 거쳐 민족의 시조로 변모해간 단군은 이제 종교 신앙의 대상으로 변신을 통해 대종교의 교리 속에서 단군이 전 인류와 관계하는 보편적인 존재로 거듭났다."고 한다. "단군의 신격화 속에서 고조선의 역사성 또한 변모해갔다."고 한다. 그가 말한 고조선의 역사성을 들어보자.

> "고조선의 건국신화로부터 시작된 단군의 역사는 고대 삼국과 고려를 거쳐 조선, 일제 강점기에 이르기까지 긴 역사적 호흡을 지니고 있다. 결국 단군의 역사성은 그 자체에 있다기보다 단군을 주인공으로 하는 단군신화의 전승 과정과 단군에 대한 시대별 인식의 흐름에 있다고 볼 수 있다."
>
> — 「역사비평」 117호, 243쪽

단군의 역사성은 단군을 주인공으로 하는 단군신화의 전승과 단군에 대한 시대별 인식의 흐름이라는 것이다. 단군신화는 신화로 변함이 없는데 시대에 따라 단군에 대한 인식이 달라졌다는 뜻이다. 우리 민족이 수난을 겪을 때마다 그것을 극복하기 위해 단군을 구심점으로 인식했다는 것 자체가 단군신화의 역사성이란 말이다.

그런데 단군의 역사성이란 말에는 또 다른 뜻이 숨어 있다. 실체가 아닌 만들어놓은 단군을 "한민족은 단군의 적자로서 상고시대에 만주를 중심으로 큰 세력을 형성했고 높은 수준의 문화를 향유했다."고 믿었다는 말에 이승호의 속내가 있다. 단군에 대한 인식이 민간 신앙에서 민족 시조로 그리고 종교로 변화할 때마다 고조선의 역사도 사실과 다르게 부풀려졌다는 뜻이다.

단군의 역사성에 대한 주류 역사학계의 논리는 그들이 왜 신화속 주인공으로만 단군을 보려 하는지에 대한 답이다. 그들이 보기에 고조선은 만주를 중심으로 큰 세력을 형성하고, 높은 수준의 문화를 향유할 만큼 오랜 전통을 가지고 있지 않았다. 고조선은 서기전 2333년에 건국될 리가 없다는 조선총독부의 주장을 추종한 것이다.

일제 식민사학자들은 고조선 건국 시기를 모두 부정했다. 그래서 국내 '고조선 박사 1호' 송호정은 『단군, 만들어진 신화』에서 "이 대목(단군 기사)은 중국 역사책 어딘가에 조선의 건국전설이 적혀 있었다는 사실만을 알려줄 뿐"이라며 『삼국유사』 기사에 의심을 품고 "단군은 한민족의 조상이 아니다."고 단언했다. 이승호는 "고조선이 건국되었다는 기원전 2333년이란 시점은 어디에서도 확인되지 않는다."고 했다. 단군의 실체를 부정하는 것이다.

단군의 실체를 일관되게 부정하는 주류 사학계의 모습은 일제 식민사학자들의 모습 그대로다. 일제 식민사학자들은 고조선 단군에 관해서 하나같이 존재하지 않는 역사라고 했다. 이는 이병도를 비롯해 이기백, 이기동, 김정배, 노태돈, 송호정 등 주류학계에서 단군은 만들어진 신화일 뿐이라는 말과 일맥상통한다. 단군신화에 대

한 일제 식민사학자들의 말을 표로 요약해보면 아래와 같다.[1]

일제 식민사학자들은 단군신화가 불교의 선담이나 연기설화 그리고 주몽신화의 영향으로 만들어졌다면서 창작된 시기까지 구체적으로 제시한다. 시라토리 구라키치가 5세기에 만들어졌다고 하자 오다 쇼고(小田省吾)는 그렇게 빨리 창작되었을 리가 없다며 그 시기를 13세기 말 14세기 초로 잡았다. 한국사 왜곡에 빠질 수 없는 이마

단군신화에 대한 일제 식민사학자들의 허황된 주장

식민사학자 이름	단군에 대한 날조 내용	출처
나카 미치요	불교가 전파되면서 중들이 날조한 망령된 이야기다.	「조선고사고(朝鮮古史考)」(1894)
시라토리 구라키치	불설의 우두전단에 근거한 가공의 선담으로 고구려 소수림왕 2년(372)부터 양원왕 7년(552), 특히 장수왕(413~491)시대에 만들어졌다.	「단군고(檀君考)」(1894)
오다 쇼고	묘향산 산신의 연기설화와 평양 선인의 전설이 합해진 평양의 개벽연기전설로 고려원종(1259)부터 충렬왕(1308) 사이에 창작되었다.	「단군전설에 대하여」(1924)
이마니시 류	단군은 부루(夫婁)의 아들이며 주몽신화의 변형이 단군신화로 고려 인종(1122)부터 고종(1259) 사이에 만들어졌다.	「단군고(檀君考)」(1929)
미시나 쇼에이	주몽신화의 영향을 받아 단군신화가 생겨났다.	「구마나리고(久麻那利考)」(1935)
다카하시 도루	주몽이 단군에 해당하는데 주몽을 단군의 아들이라고 한다면 일대의 착오가 있고, 부루를 단군의 아들이라고 하는 것은 역사적 전거가 없다. 부여 개국설이 단군고기의 존재가 된 것이다.	「삼국유사의 주(註)와 단군전설의 발전」(1955)

---

1 요약한 표 중에 미시나 쇼에이의 말(「구마나리고」, 「청구학총」 20호, 오사카야고서점, 1935년)을 제외한 나머지는 『일본인들의 단군연구』(신종원 엮음, 민속원, 2009년)에 수록된 것이다.

니시 류는 12세기에서 13세기에 단군신화가 만들어졌다고 주장한다. 1~2세기 많으면 7~8세기 차이가 나지만 모두 단군신화는 창작되었다는 다른 표현이다.

자신들의 주장이 틀림없음을 강조하기 위해 고조선 건국 기사가 수록된 『삼국유사』에 대해서는 하나같이 위서로 본다. 이마니시 류는 "자체(字體)도 왜곡되어 있고 매우 조루하다."[2]고 하고, 오다 쇼고는 일연이 단군신화를 기록할 당시 참고한 『위서(魏書)』와 『고기(古記)』에 대해서 믿을 수 없다고 했다. "『위서』에서는 단군 기사를 찾을 수 없고, 『고기』는 어떤 것인지 확인할 수 없다."는 것이다. 다카하시 도루(高橋亨)는 단군 기사가 "일연이 연로해서 기억에 착오를" 일으켰으며 "주석은 후대인의 첨가가 많아서 믿을 수 없다."고 했다.

단군신화가 고려 때 창작되어 역사가 되었다고 그럴듯하게 거짓말을 한다. 오다 쇼고는 "몽골의 압박을 받던 시대에 따른 시대적 반동" 때문이며, 조선 지배층이 "단군을 태고부터 반도의 주인이라고 함으로써 단군을 고구려와 고려 그리고 조선을 잇는 통치 사상을 표명하기" 위해서 신화를 역사로 만들었다는 것이다. 그래서 이마니시 류는 "왕검 선인(단군)은 현대 조선 민족 선조의 주체인 한민족과 관계없는 자라고 판정할 수 있다."고 했다. 주고받는 말이 딱딱 맞는다. 다소 복잡한 것 같지만 이들의 말을 요약하면 이렇다.

첫째, 단군신화는 몽골의 억압으로부터 벗어나려고 고려 때 불설

---

2 이마니시 류, 「단군고」, 「청구설총」 1호, 1929년을 참고했다. 「단군고」는 번역되어 『일본인들의 단군연구』에 실렸으나 주석은 모두 생략되었다.

에 근거해 창작되었다.

둘째, 『삼국유사』는 믿을 수 없는 책이다. 따라서 서기전 2333년에 고조선이 건국되었다는 것을 믿을 수 없다.

셋째, 단군 존숭 사상은 조선의 지배층들이 자신들의 전통성을 세우기 위해 주창한 것이었다.

넷째, 왕검은 평양의 옛 이름으로 단군과 하등의 관계가 없다. 따라서 단군은 한민족과는 관계없다.

일제 식민사학자들의 주장을 정리해보니까 주류 역사학자들의 주장과 표현만 다를 뿐 똑같다. 단군신화를 두고 일제 식민사학자들은 "단군신화는 창작되었다."고 했고 주류 사학자들은 "만들어진 전통이다."고 했다. 고려시대에 창작되었다는 설도 동일하다. '단군의 역사성'도 마찬가지다. 외세의 억압으로부터 벗어나려고 고려 때 불교의 선담에 근거해 단군신화가 창작되었고, 조선시대에 지배층이 전통을 세우기 위해 일연의 창작품을 역사로 만들었다는 말이다. 송호정은 "단군은 한민족의 조상이 아니다."라고 했고, 이마니시류는 단군을 "한민족과 관계가 없는 자"로 규정했다. 뜯어볼수록 일제 식민사학자들과 주류 역사학계의 주장은 일치한다. 우연의 일치일까?

이승호는 한국에서 "'단군신화'라는 말을 꺼낸 순간 식민사학자로 몰린다."고 주장한다. "'단군신화'라는 표현은 단군을 역사상의 인물이 아닌 신화 속 인물로 치부하는 말로써, 이는 서기전 24세기 무렵에 건국된 단군조선의 역사를 부정하는 일제 식민사관을 추정하는 말"이라서 그렇다는 것이다. 그런데 그가 보기에 일제 식민사학자들은 '단군신화'라는 용어를 쓰지 않았다. "그들은 '신화'란 표현 대신 '전설' 혹은 '설화'라는 말"을 썼기 때문에 "'단군신화'란 말이 식민사관과 연결되었다는 주장은 성립되기 어렵다."는 게 그의 주장이다. 일제 식민사학자들이 '단군전설' 혹은 '단군설화'라는 말을 쓴 것과 다르게 주류 역사학자들은 '단군신화'라는 말을 쓰기 때문에 주류 역사학자들을 식민사학자로 몰면 안 된다는 말이다.

용어를 사용할 때는 어떤 의미로 사용했는가 하는 맥락이 중요하다. 일제 식민사학자들은 단군의 역사성과 사실성을 부인하기 위해서 '전설'이나 '설화'라는 말을 썼다. 주류 역사학자들 역시 동일한 이유로 '신화'라는 용어를 사용했다. 주류 역사학자들이 '사이비 역사학자'라고 몰아붙인 이덕일은 그들이 단지 '신화'라는 용어를 사용했다고 해서 식민사학자로 규정한 것이 아니다.[3] 단군신화에 대한 주류 역사학자들의 담론이 일제 식민사학자들과 동일하기 때문이다. 이제 일제 식민사학자와 주류 역사학자들이 주장하는 내용의 허구를 하나씩 살펴보자.

서기전 2333년이란 고조선 건국 기록은 확인되지 않는가

일제 식민사학자들은 고조선 기사가 수록된 『삼국유사』를 위서(僞

---

3 이승호는 사이비 역사학자들의 특징을 나열하고 바로 이덕일의 말을 인용하는 걸로 봐서 그들이 가리키는 사이비 역사학자는 이덕일을 지칭하는 것으로 봐야 한다.

書)라고 우긴다. 일연이 글을 쓸 때 참고한 『위서』와 『고기』는 현존하지 않기 때문에 그 실체를 확인할 수 없다는 게 그 이유다. 고조선 기사 위조설의 기원을 말해주는 이는 이마니시 류다.

이마니시 류가 1929년에 쓴 「단군고」에서 말한 바에 따르면 단군신화의 왜곡은 나카 미치요부터 시작된다. 이마니시 류는 나카 미치요가 단군전설이 다른 전설과 연관되어 창작되었다는 것을 논증했다고 말하는데, 「조선고사고」를 찾아보니 '논증'은 없고 '단상'만 있었다.

1894년 4월에 「사학잡지」 5-4호에 실린 「조선고사고」 기사는 A4 1장이 채 안 되는, 단행본으로 치면 두어 쪽 분량이다. 나카 미치요는 이 글에서 단군신화를 "불교가 전파된 뒤에 중들이 날조한 망령된 이야기"이고 "오직 승도의 망설을 역사상의 사실로 뽑아 쓴 것"이라고 주장했다. 하지만 자신의 주장을 논증할 1차 사료는 쓰지 않았다. 없어서 못 썼을 것이다.

그런데도 나카 미치요의 '단군신화' 창작설이라는 허접한 '단상'은 확고부동한 이론으로 격상되었다. 나카 미치요가 단상을 쓴 몇 개월 뒤 1894년 12월에 시라토리 구라키치가 「학습원보인회잡지(學習院輔仁會雜誌)」 28호에 쓴 「단군고」를 보자.

"깊이 이 전설의 성질을 살펴보면 요괴황탄을 극한 『삼국유사』 기사가 도리어 그 본색을 드러낸 것으로 그 내용을 생략한 것은 사가(史家)가 사실을 그럴듯하게 써서 전하기 위해 고의로 괴이한 부분을 삭제했다고 볼 수 있다. 대저 단군의 사적은 원래 불설에 근거한 가공의 선담(仙譚)에 지나지 않는다."

- 신종원 엮음, 『일본인들의 단군연구』, 조경철 외 옮김, 민속원, 2009, 12쪽

시라토리 구라키치는 나카 미치요의 단상을 좀 더 정교하게 가다듬었다. 단군신화는 불교 선담에 의해 만들어졌고, 『삼국유사』는 요괴들의 황당한 이야기가 극에 달한 책이라서 믿을 수 없다는 말이다.

이덕일은 『한국사 그들이 숨긴 진실』(역사의 아침, 2009, 53쪽)에서 한국사는 만주사의 부속사에 불과하다는 식민주의 역사학 이론을 만들어낸 중심 인물이 시라토리 구라키치라고 지적했다. 시라토리 구라키치는 1886년에 도쿄제국대학교를 졸업하고 1900년에 박사 학위를 받았다. 1904년부터 도쿄제국대학교 사학과 교수가 되어 어용사학을 일본 역사학의 특징으로 만든 '관학 아카데미즘'을 주도했다. 어용사학자들은 '사학회(史學會)'란 단체를 만들고 「사학회잡지(史學會雜誌)」를 간행해 한국사 관련 논문을 수록했는데 단군신화에 대한 논문들이 이 잡지에 수록되었다.(이덕일, 『우리 안의 식민사관』)

『삼국유사』가 믿을 수 없는 사료라는 주장은 일제 식민사학자들의 일관된 주장이다. 오다 쇼고는 『위서』에서 단군 기사를 찾을 수 없고, 『고기』는 어떤 책인지 확인할 수 없으며, 단군신화는 묘향산(妙香山) 산신의 연기설화와 평양 선인의 전설이 합해진 평양의 개벽연기전설에 지나지 않는다고 했다. 이마니시 류는 『삼국유사』 기사를 허구로 치부해버렸다.

"단군전설은 다른 사실(史實)과 다르며, 오히려 민간 전설에 속하기 때문에 이 책의 이 기사는 실로 이 책의 성질에 적응하는 것이다."

- 「청구설총(靑邱說叢)」 1호, 1929, 3쪽

일연이 『삼국유사』를 지을 때 민간에서 떠도는 이야기를 수록했기 때문에 이 책의 기록은 모두 허구라는 뜻이다. 허구로 규정한 이유는 단 하나다. 고조선이 서기전 2333년에 건국되었다는 기록 때문이다. 그들의 머릿속에 고조선은 절대로 역사상 존재하면 안 되었다. "그리하여 단군에 관한 기사의 어떤 부분은 불행하게도 모두 이 조루한 신조(新雕) 부분"이라고 이마니시 류가 주장하기에 이른다. 단군에 관한 기사는 후대에 새로 써넣은 거라서 믿을 수 없다는 말이다.

주장만 있고 근거는 없으나 이들은 당당하다. 아니 뻔뻔하다는 표현이 더 어울릴 것이다. 다카하시 도루는 일연이 연로해서 기억에 착오를 일으켰다고 했다. 고승 일연이 온전한 정신으로 의문을 제기하면서 쓴 글을 '노망난 늙은이'가 망령을 부린 것으로 만들어버렸다. 또 『삼국유사』의 주석은 후대인의 첨가가 많아 그 책의 진위 여부에 의심이 생긴다고 했다. 그의 말대로 한다면 후대인이 주석을 단 책들은 모두 위서가 되는 셈이다. 사마천(司馬遷)의 『사기』도 위서 혐의에서 자유로울 수 없다. 사기에 주석을 단 배인(裴駰)은 남북조시대의 송나라 사람이고, 사마정(司馬貞)과 장수절(張守節)은 당나라 사람이다. 그들은 사마천보다 500년에서 700년 이상의 후대인들로 『사기집해(史記集解)』, 『사기색은(史記索隱)』, 『사기정의(史記正義)』를 지은『사기』삼가 주석자들이다.

『삼국유사』를 위서로 모는 일은 해방된 지 70여 년이 지난 오늘에도 여전하다. 『삼국유사』에 대한 송호정의 말을 들어보자.

> "단군신화 첫 부분은 『위서』를 인용하여 2,000년 전 단군이
> 고조선을 건국했다고 언급하고 있다. 여기서 2,000년이라는
> 연수는 어느 시기를 기준으로 하여 계산된 것인지는 알 수
> 없다. 결국 이 대목은 중국 역사책 어딘가에 조선의 건국전설
> 이 적혀 있었다는 사실만을 알려줄 뿐이다."
>
> — 송호정, 『단군, 만들어진 신화』, 122쪽

송호정은 일연이 『위서』를 인용해서 고조선 건국이 마치 사실인 것처럼 서술했지만, 2,000년이라는 연수는 어느 시기를 기준으로 하여 계산된 것인지 알 수 없고, 중국 역사책에 적혀 있었다는 사실만 알려줄 뿐이지 사실이 아니라는 말이다. 건국 기사가 적혀 있는지는 확신할 수 없다는 뜻이다. 『삼국유사』에 수록된 고조선 기사가 믿을 수 없다고 확연하게 말하지 않지만, 확인되지 않기 때문에 기록되어 있다는 것을 확신할 수 없다는 말이다.

주류 역사학자들은 일제 식민사학자들의 적자 자리를 놓고 경쟁하듯 그들의 논리를 이어간다. 이승호의 말도 들어보자.

> "(중략) 하지만 고조선이 건국되었다는 기원전 2333년이란 시점

은 어디서도 확인되지 않는다. 일단 고조선이 중국의 요(堯)임
금시대에 건국되었다는 데 두 문헌이 일치하는 만큼 요임금
의 즉위 연대를 알 수만 있다면 문제는 간단히 풀릴 것 같다.
그러나 요임금은 중국 역사상 초기 임금으로 전설상의 인물
이다. 그가 왕위에 오른 연대는커녕 그가 실제 인물인지조차
확신할 수 없다."

– 「역사비평」 117호, 226~227쪽

이승호는 이 말의 근거로 송호정을 끌어왔다. 송호정은 "요임금은
전설상의 인물로서 중국 역사의 초기 임금으로 추앙받고 있다. 그
러나 실제 인물인지는 알 수 없다. 요임금이 왕위에 오른 연대는 더
욱 알 수 없다."고 했다. 그래서 서기전 2333년은 "역사적 사실성을
갖는 것은 아니다."는 것이다.

고조선이 요임금시대에 건국되었다는 기록은 『고기』와 (이승휴의 『제
왕운기』) 「본기(本紀)」의 두 문헌이 일치하지만, 요임금은 중국 전설상의
인물로 그가 왕위에 오른 연대는커녕 실제 인물인지조차 확신할 수
없다고 이승호도 말한다. "고조선이 건국되었다는 기원전 2333년이
란 시점은 어디에서도 확인되지 않는다."는 것이다. "단기 연대를 기
원전 2333년으로 못 박은 것은 조선시대에 들어와 『동국통감』을 편
찬할 때"이므로 『삼국유사』의 고조선 기사는 사실이 아니란다. 일연
이 창작했다는 뜻이다.

전설의 나라로 믿었던 상(商)나라가 실제 역사에 현존한 나라로
밝혀졌듯 요임금이 실존했을 가능성은 없는 것일까? 왕조 중심으로

서술한 중국 역사책 『사기』에는 하(夏)나라를 시작으로 상나라, 주(周)
나라로 이어지는데, 후대인은 하나라와 상나라를 전설의 나라로 보
았다. 20세기 초 상나라 문자인 갑골문자가 발견되고, 1999년에 하
남성(河南省) 안양(安陽) 궁전 터에 은허(殷墟)가 발견되면서 『사기』의 기록
은 사실로 밝혀졌다.[4] 고고학적으로 증명 가능성은 얼마든지 열려
있다.

다시 고조선 이야기로 돌아오자. 이승호는 조선시대 서거정(徐居正)
이 『동국통감』을 편찬하면서 고조선 단기 연대를 기원전 2333년으
로 못 박았다고 한다. "여기에는 어떤 역사적 사실성도 담겨 있지
않다."면서 개천절 또한 기록이 없기 때문에 "단군이 고조선을 건국
했다는 '기원전 2333년 음력 10월 3일'이라는 날짜는 '상상의 시간'에
지나지 않는다."는 것이다. 고조선의 건국과 개천절은 만들어진 전
통이란 말이다.

그가 사용하는 '상상의 시간'은 베네딕트 앤더슨의 『상상의 공동
체』에서 차용한 듯하다. 앤더슨은 '상상'을 동시대에 살고 있지만, '인
식'하지 못했던 '여기', '동시대'인에 대해 인식하게 되었다는 뜻으로

---

4 중국의 유명한 역사학자 부사년(傅斯年)은 『이하동서설(夷夏東西說)』에서 상나라인이 동이족의
   일족이라고 밝힌 바 있다. 중국의 금석문(金石文) 연구자 낙빈기(駱賓基)는 금석문을 통해 고
   대 사회의 혼인 제도와 가계도를 밝히면서 고대사회에서는 모계제에 따른 사위 아들이 왕위를
   계승했다고 한다. 이에 따라 순은 전욱(顓頊)을 선조로 두었고 요는 제곡(帝嚳)의 자손이라고
   했다. 또 요임금과 순임금을 선양지설로 수록된 『요전(堯典)』은 전국시대의 유가들에 의해 위
   필되었으며, 순이 요임금의 자리를 찬탈했다고 보았다. 중국학자 동서업(童書業)은 『제요도당씨
   (帝堯陶唐氏)』 「명호소원(名號溯源)」에서 도당(陶唐)과 제요(帝堯)는 관련이 없고 후대의 제자백
   가들이 제요를 도당이라고 불렀다고 한다. 이러한 점은 요가 전설상의 임금이라고만 할 수 없
   는 증거다.

말한다. 이승호가 사용한 것처럼 허위 날조, 거짓이라는 뜻으로 '상상'이란 말을 쓰지 않았다. 고조선의 건국 시기가 상상의 시간에 지나지 않는다는 이승호의 주장은 『삼국유사』에 수록된 고조선 기사는 날조된 허위 기사라는 말이다.

그런데 단군조선에 관한 기사 또는 흔적은 정말 어디서도 찾을 수 없는 것일까? 정말 『삼국유사』의 기록은 날조된 일연의 창작품일까? 『삼국유사』 「기이(紀異)」편 첫머리 고조선 기사에는 "『위서』에 이런 말이 있다."로 시작한다. "지금으로부터 2,000년 전에 단군왕검이 계서 아사달에 도읍을 정하고 새로 나라를 세워 조선이라 불렀는데 요와 같은 때였다."고 한다. 또 『고기』를 인용해 "왕검은 요임금이 왕위에 오른 지 50년인 경인년(庚寅年)에 평양성에 도읍을 정하고 비로소 조선이라 불렀다."고 썼다. 이에 대해 일연은 의문점도 옆에 적었다. "요임금의 즉위 원년은 무진년(戊辰年)이니 즉위 50년은 정사년(丁巳年)이지 경인년은 아니다. 아마 그것은 사실이 아닌 것 같다."고 덧붙였다.

이것은 일연이 『삼국유사』를 지을 당시 『위서』와 『고기』를 봤다는 증거다. 일연이 사서를 보지 않았다면 이런 의문이 생겼을까? 후대에 자신의 저서가 위서로 몰릴 줄 알고 미리 써놓은 것일까? 일연의 의문은 사서를 본 사람만이 가질 수 있는 명백한 증거다. 명백한 근거를 제시하면서 쓴 '고조선 기사'를 거짓으로 만드는 일에 주류 역사학계가 앞장서고 있는 것이다.

단군 기사가 고려 때 날조된 이야기라면 고려 이전에는 단군에 대한 흔적이 없어야 한다. 그런데 '안타깝게도' 단군조선이 고려 이

전에 존재했다는 증거들은 차고 넘친다. 먼저 『삼국사기』〈동천왕 21년(247)〉조에는 동천왕이 환도성에서 평양성으로 천도하는 기사가 나온다.

> "평양은 본래 선인 왕검의 땅이다. 혹은 동천왕이 왕험에 도읍했다고 말했다(平壤者, 本仙人王儉之宅也. 或云, 王之都王險)."
>
> ─『삼국사기』〈동천왕 21년〉조

장수왕이 천도하기 180년 전에 천도한 평양은 오늘날 북한의 평양이 아니다. 그렇다고 여기에서 말하는 선인 왕검도 단군을 뜻하는 것이 아니라고 우길 것인가? 일연이 『삼국유사』를 편찬한 1281년보다 1,034년 전에 이미 단군왕검에 대한 이야기가 『삼국사기』에 나온다. 그렇다면 이제 『삼국사기』 불신론을 들고 나올 차례인가?

이덕일은 단군조선이 고려 이전에 존재했다는 증거들을 『고조선은 대륙의 지배자였다』에서 제시했는데 요약하면 다음과 같다.

첫째, 무씨사당석(武氏祠堂石)이 있다. 중국 산동성(山東省) 가상현(嘉祥縣)에 전한(서기전 202~서기 25) 때 만들어진 무씨사당의 석실(石室)과 화상석(畵像石)의 그림 내용은 단군신화와 흡사하다. 이것은 일연이 『삼국유사』를 저술하기 1,200여 년 전에 단군의 이야기가 산동반도에 알려져 있었다는 것을 의미한다.

둘째, 만주 길림성(吉林省) 집안현(集安縣) 여산에 있는 고구려의 각저총 고분 벽화에 곰과 호랑이가 짝을 이루어 등장한다. 고구려인이 단군 사적의 주요 내용을 알고 있었다는 뜻이다.

셋째, 『구당서(舊唐書)』〈고구려〉조에 가한신(可汗神)이 나오는데 가한신은 단군을 뜻한다.

넷째, 고려 목종 9년(1006) 이전에 구월산(九月山)에 환인과 환웅과 단군을 제사지내는 삼성사(三聖祠)가 건립되었는데 단군은 일연이 『삼국유사』를 저술하기 이전에 알려져 있음을 말한다.

다섯째, 인종 9년(1131) 묘청의 건으로 평양에 설치된 팔성당(八聖堂)의 네 번째 존재에 '구려평양선인(駒麗平壤仙人)'이란 표현이 있는데 '선인'이 바로 단군이다.

『삼국유사』가 저술되기 1,000여 년보다 훨씬 전에 중국 측 문헌 사료에 이미 고조선에 대한 기록이 나타난다. 『사기』, 『한서』 등과 같은 정사 뿐 아니라 중국에서 가장 오래된 지리서인 『산해경』과 춘추시대의 사상가 관중(管仲)이 쓴 『관자(管子)』에도 고조선이 등장한다. 1980년대 내몽골 적봉에서 발굴된 홍산문화(서기전 4500~서기전 3000)에 발굴된 곰발과 여신상도 고조선과 연관이 없다고 할 수 없다.

고대인은 무씨사당석과 고분 벽화에 단군의 이야기를 그려서 전했다. 단군을 모시는 사당들은 일연이 기록하기 이전에도 이미 존재했다. 중국의 1차 사료들은 고조선이 오래전에 건국된 나라임을 말하고 있다. 그런데 이러한 증거들이 있는데도 주류 역사학계는 왜 단군신화가 단군이 실재한 역사와 무관하게 고조선 시기 지배층의 이데올로기로 만들어졌고 시대를 거치면서 새롭게 창작되었다고 주장할까?

그들에게 단군은 왜 '만들어진 전통'이 되어야만 하는가?

　일제 식민사학자들이 단군을 만들어진 이야기로 규정한 데에는 그들만의 절박한(?) 사정이 있었다. 일제의 식민 지배를 유지하기 위해서는 조선의 오랜 역사와 전통을 말살해야 했다. 정한론에 따른 임나일본부설에 따라 삼국의 역사도 부정하는 그들에게 삼국의 건국 수천 년 전에 건국된 고조선은 존재하지 않은 역사여야 했다. 일제가 세워놓은 '가이드라인'은 명료했다. 첫째, 조선의 시간(역사)은 짧아야 하고 둘째, 조선의 공간(강역)은 한반도로 한정되어야 했다. 역사의 시작부터 이민족의 지배를 받았다는 논리도 세웠다. 한반도 북쪽은 중국의 식민지였고, 남쪽은 일본의 지배를 받았다는 논리다. 조선의 역사는 이민족의 지배를 받으면서 시작되어 일본이 조선을 지배하는 것은 당연하다는 논리로 귀결되었다. 『삼국유사』의 고조선 기사만 없으면 모든 것이 순조로울 터였다.

　그래서 『삼국유사』의 고조선 기사는 무조건 부정해야 했다. '그 기사들을 일연의 창작품으로 만들면 되지!', '조선인이 승려의 망설을 역사상의 사실로 날조했다고 하면 되지!' 이런 기획에 따라 나카 미치요가 쓴 단상이 「조선고사고」다.

　나카 미치요의 단상은 단군신화 창작설의 핵심이 되었다. 일제 식민사학자들은 앞다투어 단군신화의 창작설이란 근거를 만들고 이를 더욱 정교하게 가다듬었다. 한쪽에서는 단군신화의 창작 시기로, 다른 쪽에서는 단군신화의 내용 중 평양이란 지명을 날조의 증거로 삼았다. 단군신화의 창작 시기를 놓고 날조의 증거로 삼은 설을 보자. 시라토리 구라키치는 단군신화가 고구려 소수림왕 2년(372)부터 양원왕 7년(552), 특히 장수왕(413~491)시대에 만들어졌다고 한다. 그러자 오다 쇼고는 단군신화가 그렇게 빨리 만들어졌을 리가 없다고 했다. 그의 입장에서 보면 시라토리 구라키치는 단군신화의 창작 시기를 너무 이른 시기로 잡았다. '미개한 조선 민족'은 절대로 그렇게 빨리 고등 신화를 만들 수 없었다는 것이다. 그래서 오다 쇼고는 창작 연대를 한층 낮춰 고려 원종(1259)부터 충렬왕(1308) 사이에 창작되었다고 했다. 이렇게 구체적으로 제시한 연대는 일연이 『삼국유사』를 집필한 기간의 추정일 뿐이다. 일연이 창작했다는 설이다. 한편 이들이 단군신화의 창작 시기를 멋대로 가위질하고 있을 때 미시나 쇼에이(三品彰英)는 프레임을 바꾼다.[5]

> "천제와 신혼하는 하백의 딸, 즉 니무후가 놀고(遊娛) 있었다고 운운하는 물이, 특히 웅신연이라고 칭해지고 있음은 완전히 간과할 수 없는 것으로서, 앞서 언급한 웅형(熊形)의 수정하신 (水精河神)의 신화 관념을 띤 명칭이다. 여기서 작은 하나의 연

---

5 이마니시 류의 제자인 미시나 쇼에이는 본래 역사를 전공했으나 신화로 전공을 바꾸어 신화 이론인 북방전래설과 남방전래설을 창안했다. 북방전래설과 남방전래설은 신화를 통한 식민 지배의 이데올로기다. 한반도 북쪽은 북방 민족이 한민족의 신화 형성에 영향을 준 게 북방전래설이고, 한반도 남쪽은 일본의 영향을 받아 신화가 형성되었다는 뜻이 남방전래설이다. 이는 우리 민족이 미개해서 주체적으로 신화를 만들 수 없는 민족이라는 뜻이자 한반도 북부 한사군설과 남부 임나일본부설의 짝으로 신화의 북방유입설과 남방유입설이라는 해석의 틀을 창안한(김명옥, 「하백녀 유화' 연구사에 대한 비판적 고찰」, 『문화와 융합』 통권 44호, 한국문화융합학회, 2016, 404쪽) 것이다. 이마니시 류가 착안하면, 미시나 쇼에이가 확장하고, 이노우에 히데오(井上秀雄)가 계승하는 것이 이들의 신화 왜곡 패턴이다. 이노우에 히데오는 미시나 쇼에이의 제자다.

상을 생각해본다면 관련된 물 이름에서 온 근거는 여기서 노
는(遊娛) 수정(水精)이 그 연못 이름에 따라서 웅형으로 표현된
것이 아닐까? 적어도 그런 상정은 상당한 개연성을 지니는 것
이다. 여기서 지금 약간 관련된 상정을 확실히 하기 위해 주
몽전설의 한 변형이라고 여겨지는 단군전설의 일절을 음미할
수 있다."

－ 「청구학총(青丘學叢)」 20호, 오사카야고서점(大阪屋號書店), 1935, 94쪽

"필시 단군전설의 근거가 되었던 주몽전설의 이본(－異傳)에는
웅신연의 여신에 해당하는 것이 웅형의 신으로 이야기되고 있
었다고 생각할 수밖에 없고, 처음부터 단군전설이 독창적으
로 나온 것은 아니다."

－ 「청구학총」 20호, 96쪽

미시나 쇼에이는 '단군전설이 주몽전설의 변형, 즉 이본(異本)이라고
했다. 이마니시 류가 『삼국유사』 속 단군신화는 후대에 써넣은 것이
라고 하자 그의 제자인 미시나 쇼에이는 주몽설화의 영향을 받아
단군신화가 창작됐다고 했다. 그 근거로 "작은 하나의 연상을 생
각"하고 "상정"했더니 주몽신화의 변형이 단군신화라는 것이다. 그
는 스스로 상정한 것이 "상당히 개연성"이 있다고 했다. 단군전설은
독창적으로 나올 수 없기 때문이란 게 그 이유다. 상당히 개연성이
있다는 말은 근거가 없다는 뜻이다. 단군전설이 독창적으로 나올
수 없고 주몽설화의 이본이라는 말은 단군조선을 존재하지 않은

역사로 만들기 위해서다.

해방 후 단군신화가 주몽신화의 영향으로 창작되었다고 본 국내 학자들은 이병도를 비롯한 이재수, 오늘날까지도 이지영으로 그 명맥이 이어지고 있다. '웅녀=유화'라는 것이다. 단군전설이 주몽전설의 이본이란 뜻이다. 고구려 건국신화가 『삼국사기』와 『삼국유사』에 실렸으니 이때 만들어졌다는 의미다. 어처구니 없는 날조다.

일제 식민사학자들은 단군신화의 창작 시기를 제시하는 한편, 평양이란 지명을 날조의 근거로 삼았다. 시라토리 구라키치는 이렇게 말했다.

> "왕검(儉)을 단군의 이름으로 하고 평양에 도읍했다고 날조한
> 것으로 보아야 한다. 왕험성은 조선이 한령(漢領)이 되기 전의
> 명칭으로 한령이 된 이후로는 낙랑군이라고 칭해졌고 아직
> 평양의 명칭은 없었다."
>
> — 신종원 엮음, 『일본인들의 단군연구』, 조경철 외 옮김, 28쪽

시라토리 구라키치는 단군기사가 날조되었다고 주장하며, 그 근거로 왕험(王險)성은 한령이 되기 전의 명칭이라는 것이고, 한령이 된 후에는 낙랑군이라고 불렸다는 것이며, 그래서 평양이란 명칭은 아직 생기지 않았다는 것이라고 했다. 왕험성은 한령이 되기 전의 명칭이라고 한 이유는 왕험성은 위만조선의 수도였다는 뜻이며, 한령이 된 후에 낙랑군이라고 불렸다는 말은 조·한 전쟁에서 승리한 한나라가 사군을 설치했는데, 수도인 왕험성에 낙랑군을 설치했다

는 말이다. 평양이란 명칭이 아직 생기지 않았다는 뜻은 고조선이 멸망할 당시에는 왕험성이라고 불렸지 평양이라고 불리지 않았다는 말이다. 평양이란 말은 후대에 낙랑을 그렇게 불렀다는 뜻이다. 따라서 평양이란 지명이 단군신화에 등장한 것은 단군신화가 명백히 날조되었다는 증거라는 것이다. 시라토리 구라키치는 단군신화가 주몽신화의 이본이라는 가정 아래 주장을 전개했다.

한국의 주류 역사학계에서 평양은 양보할 수 없는 지명이다. 한반도 평양이 낙랑군이라고 주장하기 위해서다. 일제가 왕험성을 한반도 평양으로 어떻게 만드는지 살펴보자. 시라토리 구라키치는 "왕험은 평양부의 옛 이름"이라 하고 고조선 수도 왕험성을 한반도에 비정하기 위해 1차 사료를 왜곡하는 일도 서슴지 않았다. 그는 왕험성에 대해서 "신찬이 말하길 '왕험성재낙랑군패수지동야'(此浿水爲鴨綠江)'이라 했고"[6]라고 썼다. 이 말을 풀어보면 '왕험성은 낙랑군 패수의 동쪽에 있다. 패수는 압록강이다'가 된다.

시라토리 구라키치는 파렴치한 거짓말쟁이다. 신찬은 "왕험성은 낙랑군 패수의 동쪽에 있다(臣瓚云, 王險城在樂浪郡浿水之東也)."고 했지 "왕험성은 낙랑군 패수의 동쪽에 있다. 패수는 압록강이다."고 한 적이 없다. '차패수위압록강'이라는 문장은 없는 것이다. 순전히 시라토리 구라키치의 창작이다. 그런데도 시라토리 구라키치는 신찬이 마치 패수를 압록강이라고 말한 것처럼 쓰고 있다. 왕험성이 한반도에 있어야만 낙랑군이 평양이라고 주장할 수 있기 때문이다. 시라토리

6 신종원 엮음, 『일본인들의 단군연구』, 조경철 옮김, 민속원, 2009, 28쪽.

구라키치의 말처럼 왕험성은 한반도 평양에 있었을까? 『사기집해』에서 배인은 서광(徐廣)의 말을 빌려 "창려군에는 험독현이 있다(昌黎有險瀆縣也)."고 했다. 『사기색은』에서 사마정은 위소(韋昭)와 서광의 말과 함께 응소(應劭)와 신찬의 말을 인용했는데 응소는 「지리지」에는 요동군에 험독현이 있는데, 조선왕의 옛 도읍이다(地理志遼東險瀆縣, 朝鮮王舊都)."라고 했고, 신찬은 "왕험성은 낙랑군 패수의 동쪽에 있다(王險城在樂浪郡浿水之東也)."고 했다. 즉 왕험은 요동에 있다고 했다. 중국의 고대 역사가들은 그 누구도 왕험성이 한반도에 있다고 말한 적이 없다.

일제 식민사학자들과 주류 역사학계는 평양이란 기록이 한국 역사에서 『삼국사기』〈동천왕〉조에 처음 나타나기 때문에 단군이 평양에 도읍했다는 단군신화는 날조된 것이라고 한다. 고구려 동천왕 이전에는 평양이란 지명이 없었다는 말이다. 이런 의미로 보면 평양은 지명을 나타내는 고유 명사란 의미다. 정말 그럴까? 그렇지 않다. 평양은 수도를 나타내는 보통 명사였다. 『삼국사기』「고구려본기(高句麗本紀)」에 따르면, 고구려 동천왕이 21년(247) 봄에 평양성으로 사직을 옮겼다. 장수왕도 15년(427)에 평양으로 천도했다.

상식적으로 생각해보자. 평양에서 평양으로 천도했다는 것이 말이 되는 말인가. 평양이 고유 명사라면 평양의 지명은 하나여야 한다. 이 기사들은 평양이 수도를 나타내는 보통 명사라는 증거다. '왕험성이 곧 평양'이라는 말은 고조선 평양(수도)이 왕험성이라는 말이다. 그러니까 '왕험성이 곧 평양'이란 기록과 왕검을 단군의 이름으로 하고 평양에 도읍했다는 말은 단군조선의 존재를 나타내는 뚜렷한 증거다. 주류 역사학자들도 한반도 평양에 낙랑군이 있었다고 단군신화의 왜곡을 통해 지지한다. 이승호의 말을 살펴보자.

> "고려시대에 들어서도 단군에 대한 기억은 12세기까지 평양
> 을 중심으로 한 서북한 지역에서 민속 종교로 신앙 대상으로
> 혹은 풍수도참설과 관련을 맺으면서 그 명맥을 이어왔다."
>
> — 「역사비평」 117호, 239쪽

이승호는 평양을 중심으로 단군에 대한 민속 신앙이 풍수도참설과 관련을 맺으며 명맥을 이어왔다고 한다. 이 말의 뜻은 "왕검 선인은 멀리 낙랑 대방 시대의 한나라 사람의 신선"이라는 이마니시류 말의 다른 표현이다. 왕검 선인이란 말은 "단군은 한민족과 관계없다."는 표현으로 단군조선의 실체를 부정하는 말이다. 낙랑 대방 시대의 한나라의 선인이란 말은 한반도에 한나라 군현 중 하나인 낙랑군이 있었다는 뜻이다. 그 낙랑군이 평양이란 표현이다.

송호정도 이러한 의미로 "평안북도 묘향산에 아직도 단군과 관련된 수많은 전설이 남아 있다."면서 "단군은 평양 지역의 지역신으로 믿어져왔다고 보는 주장이 설득력이 있다."고 한다. "평양이 본래 선인 왕검의 집이었다는 기록은 단군이 평양 지역의 시조였다."는 말도 마찬가지다. 한국의 역사는 위만으로부터 시작되었으므로 단군은 한민족과 관계없으며 낙랑군은 한반도 평양이란 말이다.

> "4세기 전반 고구려는 고조선 멸망 이후 오랫동안 평양 지역
> 에 존재한 낙랑군을 무너뜨렸으며, 427년에는 평양으로 천도

하는 등 단군신앙의 근원지였던 평양과 직접적으로 닿아 있

었기 때문이다."

– 「역사비평」 117호, 239쪽

이 말은 평양이 단군신앙의 근원지로 옛 한나라의 낙랑군이 있

었던 곳이라는 뜻이다. 낙랑군이 한반도 평양에 있었다고 말하는

것이다. "단군의 역사는 한반도에 처음 출현한 국가 고조선의 건국

신화로 시작했다."는 이승호의 고백에서 한반도에 낙랑군이 있었다

는 속내가 드러난다. 주류 역사학자들은 한국의 역사가 한반도에서

시작해 지금까지 그 강역 그대로라고 한다.

그런데 낙랑군이 한반도의 평양이라는 주장에 대해 중국의 1차

사료는 모두 '아니요'라고 증언한다. 사마천은 『사기』 「진시황본기(秦始

皇本紀)」에서 조선에 대해 "땅 동쪽으로는 바다와 조선에까지 이른다

(地東至海暨朝鮮)."고 썼다. 장수절은 『사기정의』에서 조선을 "바다는 발

해이며…… 발해 동북에 조선이 있다(海謂渤海…… 東北朝鮮國.)."고 했다.

『괄지지(括地志)』에는 "고구려가 다스리는 평양성이다. 본래 한나라 낙

랑군 왕험으로 옛 조선이다(高驪治平壤城, 本漢樂浪郡王險城, 即朝鮮也.)."고 쓰여

있다. 발해는 북경과 가까운 곳에 있는 발해만을 뜻한다. 한반도에

없었다는 말이다.

낙랑군이 어디에 있었는가를 더욱 명확하게 말해준 사서는 『태강

지리지(太康地理志)』다. "낙랑군 수성현에는 갈석산이 있고, 장성이 일어

난 곳(樂浪遂城縣有碣石山, 長城所起)"이라고 했다. 중국에서 갈석산(碣石山)은

아홉 황제가 오른 산으로 너무나 유명해서 다른 곳으로 비정하고

싶어도 할 수 없는 산이다.

『수서(隋書)』「지리지」에서 수성현(遂城縣)은 이렇게 설명되어 있다.

> "상곡군에 수성현이 있었다. 수성현에는 11개 속현이 있었는
> 데 그중 하나가 신창현이다. 신창현은 조선현을 편입한 지역
> 이었다. 그 신창현이 수나라 때 노령현으로 바뀌었다. 노령현
> 에는 장성이 있고 갈석산이 있다."
>
> – 이덕일, 『한국사 그들이 숨긴 진실』, 96쪽 재인용

갈석산과 만리장성이 시작되는 곳, 낙랑군은 지금의 하북성에 있
다. 그러니까 고조선의 수도인 왕험성이 있었던 곳은 지금의 중국
하북성이다. 이렇게 명백한 사료가 있어도 그들은 한반도 평양에
낙랑군이 있었다고 우긴다. 낙랑군이 한반도 평양에 있어야만 한국
의 역사가 중국의 식민지로 시작되었다고 할 수 있기 때문이다. 단
군신화만 일연의 창작품으로 규정하면 모든 것이 순조로웠을(?) 터
였다.

'단군신화의 역사성'이란 말의 허위

단군신화는 창작되었다고 할 이유가 필요했다. 고려는 그들의 입
맛에 딱 맞는 시기였다. 이유도 충분히 좋았다. 몽골의 침략을 받
은 고려인을 하나로 뭉치게 만드는 그 무엇이 필요했고, 그것이 단

군신이었다고 하면 되었다. 일연이 단군신화를 채록해 기록한 때이기도 했다. 이승호의 말을 계속 들어보자.

> "13세기에 접어들면서 단군은 드디어 고조선의 시조이자 국가 구성원 전체의 시조로 인식되기 시작했다. 몽골의 침략과 지배라는 국가적 시련 속에서 고려인은 서로 간에 동질성, 즉 동원의식을 확인할 필요가 있었고, 단군은 그러한 역사 공동체의 이념적 토대가 되어 주었다."
>
> – 「역사비평」 117호, 240쪽

외세의 침략으로 "단군은 언제든 '민족' 또는 국가 구성원 전체의 시조로 부름 받을 준비를 마쳤다."는 것이다. 이는 일제 식민사학자들이 고조선은 고려 때 창작되었다는 말과 같은 말이다. 이러한 주장은 새로울 것도 없다. 일제 식민사학자들이 만들어놓은 말을 그대로 갖다 쓰면서 표현만 바꾼 것이다. 최소한의 창의성도 보이지 않는다. 일제 식민사학자인 오다 쇼고의 말도 들어보자.

> "단군이 연 평양과 단군이 지배한 영토는 단군 자손의 업을 계승한 고려가 당연히 지배해야 함을 주장한 것이다. 이것은 몽골의 압박을 받던 시대에 시대적 반동으로 이루어진 것임이 틀림없다. (중략) 이는(단군설화) 곧 평양의 개벽연기설이 변모한 것으로서, 고구려의 영토를 처음부터 단군의 통치 아래 둠으로써 단군을 태고적부터 반도의 주인이라고 하고 있는 것

이다. (중략) 요컨대 고려시대에 한 지방의 개벽연기가 조선시대에 들어와 심히 국가적인 색채를 띠기에 이르렀음을 인정하지 않으면 안 된다."

– 신종원 엮음, 『일본인들의 단군연구』, 조경철 외 옮김, 43쪽

오다 쇼고는 조선시대에 단군이 역사적 실체가 되었다고 인정하지 않으면 안 된다고 한다. 인정하지 않으면 안 돼서 이승호는 일제 식민사학자들과 같은 주장을 했을까? 표현만 다를 뿐 똑같은 주장이다. 몽골의 침략으로 흐트러진 민심을 수습하고 그들을 하나로 묶어줄 필요성 때문에 단군신화가 창작되었다는 말이다. 이승호의 표현대로라면, "13세기 고려인이 자신들의 역사적 연원은 단군에서부터 비롯되었다."고 말하고 있다. 이때 만들어진 단군신앙은 조선시대에 유교학자들의 합리적인 이해 방식으로 "신화 속 단군은 사라지고 단군의 자손이 세습적으로 나라를 다스렸다."로 바꾸고 이때부터 "단군묘의 존재를 전하고 있다."가 된다. 그는 또 16세기 말부터 조선이 외침(外侵)의 위기에 처하자 단군이 또 부각되기 시작했다고 한다. "조선시대에 들어와서 역사적 실존 인물로서 국조 단군의 형상이 만들어졌음은 분명하다."는 것이다. 유학자들이 단군을 역사적 실존 인물로 만들 때 민간인은 여전히 무속 신앙의 대상으로 여겼다는 것에서 이를 확인할 수 있다고 한다.

"1885년 혹은 1920~1930년대에 저술되었을 것으로 추정되는 『무당내력』에서 무속의 기원을 단군에서 구하고 있는 점이나,

민간에서 단군이 신앙의 대상으로 여겨졌던 여러 사례들은
단군이 신화에서 역사로, 신화에서 인간으로 변모해가는 중
에서도 여전히 민간에서는 단군의 신격에 대한 믿음이 유지되
었음을 보여준다."

– 「역사비평」 117호, 241쪽

이승호에게 묻는다. 중국의 관우 장군이 우리나라 무속 신앙의
대상이 된 것은 어떻게 설명할 수 있나? 관우는 『삼국지연의(三國志演
義)』에 나오는 등장 인물이지 실존 인물이 아니라고 말할 것인가? 신
라의 장군 김유신은 실존 인물인가 아닌가? 무속 신앙의 대상 중
에서도 영험하기로 소문난 최영 장군은 실존 인물인가 아닌가? 신
라시대나 고려시대가 까마득해서 실존 인물인지 아닌지 모르겠다면
조선의 임경업 장군은 어떤가? 이순신 장군은 역사의 실존자인가
아닌가? 이외에도 단군을 비롯한 실존 인물이 숭배의 대상이 된 예
는 많다.

관우, 김유신, 최영, 임경업, 남이, 이순신 등 이들 영웅적 행적은
민중 사이에 회자되다가 신앙의 대상이 되었을 터다. 홍태한이 『남
도민속연구』 17호 「서울 부군당의 실존 인물 숭배 양상」에서 말하듯
이 그들은 "위대한 인물을 숭배함으로써 그들의 신적인 힘에 의지해
자신들의 어려움을 극복할 수 있다는 소박한 믿음"과 그들을 "하나
로 묶어줄 구심점으로 실존 인물이" 필요했다. 그러니까 상징으로
존재한다는 의미다.

이러한 믿음의 기원은 저 고조선을 건국한 단군에도 해당된다.

『무당내력』에서 무속의 기원을 단군으로 보는 것도 그러한 이유에서다. 단군신화는 간단하게 서술되었지만, 하늘의 자손인 단군이 고조선을 건국해 농업과 생명과 건강과 법률과 도덕을 관장하고 인간의 온갖 일을 주관하고 인간 세계를 다스려 교화했다. 게다가 고대 사회는 제정 일치 사회였다. 신의 이름으로, 신의 대리자로 그리고 신의 아들로 백성을 다스리던 시대였다. 그러니 단군은 바람과 비와 구름을 주관하는 주술사로 형상화된 것이 아니겠는가. 홍태한이 『한국민속학보』 3호 「설화와 민간 신앙에서의 실존 인물의 신격화 과정」에서 한 말처럼 단군을 숭배함으로써 "어떤 힘을 얻을 수 있고, 집단의 힘을 표출될 수 있다는 믿음"이, 비범한 능력의 소유자는 죽은 후에도 그 능력을 발휘한다는 믿음이 오래전부터 민중 사이에 신앙의 대상이 된 것은 너무나 당연하다.

단군은 우리 민족의 정신이다. 그러기 때문에 일제 강점기 때 우리 민족은 단군의 후손이라는 동질성을 확인하고 그것을 거점 삼아 항일투쟁을 벌일 수 있었던 것이다. 박은식, 이상룡, 신채호 등 독립 운동가의 대부분이 대종교인이라는 사실만 보더라도 알 수 있다. 그런 까닭에 일제 식민사학자들은 단군의 역사를 신화로 왜곡해 우리 정신을 말살하려는 의도를 가지고 있었다. 독립운동의 정신을 말살하고 식민 지배를 정당화하려고 단군 역사를 신화로 만들어버렸다. 그런데 주류 역사학계는 왜 그럴까? 무속 신앙의 대상이었을 뿐이라는 근거로 단군의 실존을 부정하는 이유는 뭘까?

주류 역사학자들은 '단군의 역사성'이라는 그럴듯한 말로 단군은 만들어진 전통이라고 한다. 이들이 주장하는 역사성이란 '고려시대에 단군신화를 창작하고 조선시대 유학자들이 단군을 역사의 실체로 만들었다. 외세의 침략이 있을 때마다 단군을 소환해 문제 해결의 마스터 키처럼 사용했는데 일제 강점기 때도 대종교를 만들어 저항한 사실이 바로 단군이 역사의 실체가 아니며 만들어진 전통이라는 사실의 방증이라는 것이다. 그러니 이제는 단군신화를 논의하지 말자고 한다. 이승호의 말을 좀 더 들어보자.

> "지금도 새로운 신화는 우리 역사 속에서 재생산되고 있으며, 끊임없이 창출되는 새로운 단군상에 대한 피로감만 쌓여가고 있다. 오늘날 한국 사회에서 단군에 대한 인식이 예전 같지 못한 사정에는 누적된 피로감도 한 원인이다. 이제 단군을 다시 원래의 자리로 되돌려놓아야 할 때가 된 것은 아닐까. 고조선의 건국신화 속 주인공 단군 그 본연의 자리로 말이다."
>
> – 「역사비평」 117호, 247쪽

피로감만 쌓이니까 단군신화는 더 이상 논의하지 말자고 한다. '역사적 실체다', '신화다' 따지면 골치 아프고 피곤하니 그만하자는 말이다. 4대강이 '녹조 라테'가 되든 말든 피곤하니 그만 따지자는 말과 같다. 〈세월호〉는 우려먹을 만큼 우려먹었으니 그만하자는 말과 최순실의 국정 농단 얘기는 너무 많이 들어 피곤하니 그만하자는 말과 뭐가 다른가. 우리 역사를 왜곡하든 말든 신경 끄라는 말이다. 이러한 맥락에서 단군신화에 대해서 이제는 논쟁하지 말자는 이승호의 말은 단군이 "조선 민족 선조의 주체인 한민족과 관계

없는 자라고 판정할 수 있다."는 말과 같다. 단군은 우리 한민족의 시조가 아니라는 말이다. 단군을 고조선 건국신화 속 주인공 그 본연의 자리로 되돌리자는 말은 시라토리 구라키치의 "단군은 모두 가작의 인물로 믿을 수가 없다."며 "한민족과 관계없다."는 말로 바꿔도 된다. 차마 하지 못한 그의 속말은 이런 뜻일 것이다.

이처럼 주류 역사학자들의 논리는 하나도 새로운 것이 없다. 모두 일제 식민사학자들이 만들어놓은 것이다. '단군의 역사성' 논리도 다나카 도시아키(田中俊明)의 논리를 그대로 따르고 있다. 단 하나도 자기 논리가 없다.

단군신화, 피곤해도 따지자

우리는 건국신화에 대해서 신화와 역사의 구분이 없다고 생각한다. "정교한 신화는 역사에서 시의 형태를 띠기 때문이다."라고 앤터니 스미스(Anthony D. Smith)는 『Myths and Memories of the Nation』에서 말했다. 신화에는 우리가 어디에서부터 온 것인지 알고 싶은 보편적인 욕망이 담겨 있다. 그러한 보편적인 욕망과 역사의 상징적 의미가 신화에 들어 있으므로 역사에서 시의 형태를 띤다고 한 것이다. 일제 식민사학자들이 그토록 단군신화를 창작품으로 만들고 싶어 했던 이유다. 식민 지배 이데올로기를 만든 쟁쟁한 학자들이 앞다투어 단군신화의 창작설을 발표한 이유는 그들이 단군신화를 역사로 인식했다는 반증이다.

일제 식민사학자들의 역사 왜곡은 한결같다. 고려시대에 일연이 평양 지역에 전해오는 연기설화에 해모수 이야기를 넣어서 만들었다고 한다. 구체적인 시기까지 제시해 창작설에 개연성을 부여한다. 그래서 단군신화가 수록된 『삼국유사』를 '노망난 늙은이'가 '망령을 부린 책'으로 만들어버렸다. 그들의 입장에서 자국의 이익에 따라 식민 지배 이데올로기를 창안해야 하는 처지는 십분 이해한다. 왜곡된 애국심에서 비롯되었을 테니까 말이다. 그런데 해방이 된 지금 대한민국의 역사학자들은 왜 식민사관을 따를까? 일제 식민사학자들이 1차 사료를 바탕으로 세운 뛰어난 이론이라면 모를까 1차적 사료도 없는 주장을 왜 추종할까? 이런 의문 끝에 드는 생각 하나는 '그들의 애국 대상은 한국일까?'다.

한국의 주류 역사학자들은 단군은 한민족의 조상이 아니며 만들어진 전통일 뿐이고 고조선의 역사는 짧고 강역은 한반도를 벗어난 적이 없다고 주장한다. 그들은 단군에 대한 논쟁을 불식하려는 듯 일제 강점기에 식민사학자들의 써놓은 글을 모아 『일본인들의 단군 연구』라는 제목으로 번역해 출간했다. 단군신화는 창작품이니 더는 논쟁하지 말자는 뜻이다. 일본인들이 다 연구해놨으니 이제는 연구할 필요가 없다는 뜻이다. 독도는 일본 것이라고 주장하는 학자들과 같은 논리다. 우리는 독도가 한국 땅이라고 당연하게 여기고 있지만 자료를 찾아보니 '독도는 일본 땅이 맞다'고 주장하는 학자들과 똑같은 논리로 이 책을 번역한 것이다.

일제 강점기에는 일본인이 발 벗고 나서서 고조선을 왜곡했고, 오늘날은 한국의 주류 역사학자들이 그 뒤를 이어 역사 왜곡에 앞장서고 있다. 그 결과 미·중 정상 회담에서 시진핑이 트럼프에게 "한국이 중국의 일부였다."는 발언을 태연하게 할 정도가 되었다.[7] 시진핑이 이렇게 말할 수 있는 것은 국내 역사학자들이 단군조선을 왜곡하기 때문이다. 고조선의 건국 시기인 서기전 2333년은 상상의 시간에 지나지 않으며, 중국의 1차 사료를 전부 무시하고 한사군은 평양에 있었다고 주장한다. 주장이 아니라 어린아이의 떼쓰기다.

단군신화 연구는 피곤하다고 그만해도 되는 일이 아니다. 우리 민족의 기원이며, 우리의 정체성을 알려주는 역사이기 때문이다. 그러나 수많은 독립 혁명가가 재산과 목숨을 바쳐 되찾은 나라의 현실은 여전히 식민사관이 기승을 부리고 있다. "독도는 일본 땅이고, 단군신화는 일연의 창작품"이라는 말을 공공연히 입에 올려도 아무 문제가 없다.

단군의 수난은 계속된다. 아니, 우리 민족 정체성의 수난은 계속된다. 주류 역사학계는 역사학자라는 탈을 쓰고 민족 정신을 갉아먹는 주장만 일삼고 있다. 하지만 일제 식민사학자들과 주류 역사학자들이 훼손한 단군신화를 단군의 역사로 아는 일은 우리 정체성을 세우는 일이다. 아무리 피곤해도 계속해야 하는 단군 논쟁의 의미는 바로 여기에 있다. 피곤하니 단군을 신화 속 주인공 본연의 자리에 두자는 말에 현혹될 수 없는 이유다. 단군은 결코 신화가 아니기 때문이다.

---

7 "'한국은 사실상 중국 일부였다' 시진핑, 트럼프에게 충격 발언', 「중앙일보」, 2017년 4월 20일자 참조.

2장
낙랑군은 북한 지역에 없었다

_ 황순종

결론부터 내려놓고 비난하는 젊은 학자들

이른바 진보를 표방하는 「역사비평」은 2016년 봄호에서 젊은 연구자 3명의 글을 싣고 민족사학자들을 '사이비 역사학'으로 규정하는 한편, '낙랑군=평양설'이 식민사학의 산물이 아니라고 주장했다. 이어 여름호에서도 세 젊은 연구자의 글을 실었는데 그중 이정빈이 「한사군, 과연 롼허강 유역에 있었을까?」에서 낙랑군은 평양에 있었다고 하면서 이런 주장이 식민사관이 아니라고 변명했다. 그 내용을 요약하면 '낙랑군=평양설'은 조선 후기부터 있었기 때문에 지금 학계의 정설인 이 설이 식민주의 역사학의 산물이 아니라는 것이다. 그동안 이병도와 이병도의 스승인 이나바 이와키치, 이마니시 류, 쓰다 소키치 같은 일본인 식민사학자들을 하느님처럼 떠받들다가 그 진상이 드러나니까 이제 조선 후기 학자들에게 도망간 것이다. 자신들의 구차한 학문 생명을 연장하자고 세상 떠난 조상들까지 욕 먹이는 행태가 딱 제나라 역사를 팔아먹는 식민사학자의 행태로서 제격이지만 아직 젊은 나이라니 가련한 생각이 드는 것은 어쩔 수 없다.

이정빈은 조선시대 후기부터 '낙랑=평양설'이 있었다는 점만 강조했지 그 설이 왜 타당한지, 그리고 '낙랑=난하설'이 왜 타당하지 못한지를 논하지 않고, 무조건 식민사학계의 정설이 타당하다고 우겼다. 두 설이 대립하면 두 설의 논지를 1차 사료와 비교해 결론을 내려야 할 텐데 그냥 기존 식민사학계의 설이 옳다고 우기는 것이니 공부를 어떻게 배웠는지 한심하기 그지없다. 이정빈은 조선 후기 학자들을 무작정 끌어들여 '낙랑=평양설'을 옹호했지만 그것은 하나만 알고 둘은 모르는 무지의 소치다. 당시 석학으로 유명한 이익은 「조선사군(朝鮮四郡)」에서 "낙랑군과 현도군은 요동에 있었다."고 이미 서술했고, 정약용도 『아방강역고(我邦疆域考)』「사군총고(四郡總考)」에서 "요즘 사람들은 낙랑의 여러 현이 혹 요동에 있었던 것으로 많이 의심한다."라고 당시 여러 지식인이 낙랑의 위치를 고대 요동으로 비정하고 있다고 말했다. 또한 일제 강점기 때도 대한민국 임시정부 2대 대통령 박은식이나 임시정부 초대 국무령 이상룡을 비롯해서 신채호와 정인보 등은 한결같이 '낙랑군=요동설'을 주장했다. 이정빈이 지적한 윤내현, 리지린, 이덕일 등의 난하설 이외에 조선시대와 일제 강점기에 걸쳐 '낙랑=평양설'에 반대하는 수많은 견해가 이미 존재했다는 뜻이다. 낙랑군은 서기전 108년에 설치되었으므로 2,000

년 훨씬 전에 설치된 군현이다. 2,000년 전에 설치된 군현의 위치를 밝히려면 이에 대한 여러 1차 사료를 검토해서 결론을 내려야 하는데, 덮어놓고 20세기에 조선총독부가 만든 현재 식민사학계의 정설이 옳다고 결론을 내려놓고는 뒤가 켕기는지 조선총독부가 아니라 조선 후기 학자들도 그렇게 보았다고 변명하니 이것이 젊다는 수식어를 단 학자의 학문 자세인가?

고고학으로 도망간 식민사학계

이정빈 같은 젊은 학자들이 조선총독부의 사관을 추종하는 기존 학설에 대해서 '젊은 학자'답게 과감한 문제 제기를 하지 못하는지 의아하다. 문제 제기는커녕 조금만 분석해보면 금방 드러날 거짓말까지 해가면서 앞뒤가 맞지 않는 이야기를 하는지 이해할 수 없다. 이정빈은 『삼국사기』「고구려본기」에 미천왕이 313년에 낙랑의 2,000여 명을 포로로 잡은 것과 314년에 남쪽으로 대방군을 침입한 데 대해 이렇게 썼다.

> "위 사료에서 대방군은 고구려의 남쪽으로 표현되었다. (중략) 이로부터 314년까지 『삼국사기』를 비롯한 여러 사서에서 대방군은 낙랑군과 함께 한반도 북부에 소재하였다고 나온다. 따라서 대부분의 연구자는 313~314년 이전까지의 낙랑군과 대방군이 한반도 북부, 구체적으로 대동강 유역에 소재하였고,

요서 지역과 난하 유역의 낙랑군 및 조선현은 교치된 것으로
이해하였던 것이다. (중략) 최근까지 각종 출토 문자 자료, 고
고 자료가 축적되면서 낙랑군이 대동강 유역에 소재하였음
은 한층 분명해졌다. 결코 국사학계의 다수가 식민주의 역사
학을 추종해 그리 본 것이 아니다."

– 「역사비평」 115호, 266~267쪽

첫째, 이정빈은 『삼국사기』에 대방군이 고구려의 '남쪽'에 있다는
것을 인용하고는, "314년까지 『삼국사기』를 비롯한 여러 사서에서 대
방군은 낙랑군과 함께 한반도 북부에 소재하였다고 나온다."고 했
으나 이는 새빨간 거짓이다. 『삼국사기』에 대방군이 고구려의 남쪽
에 있다는 말은 나오지만 백제의 북쪽이라는 말은 나오지 않는다.
뒤에서 논하겠지만 『삼국사기』에 백제는 낙랑의 서쪽에 있었으며,
뒤에 낙랑의 남부가 대방군이 되었으므로 대방 역시 백제의 동쪽
에 해당한다. 고구려 남쪽에 대방이 있다는 사실을 자의적으로 확
대해 대방 남쪽에 백제가 있었던 것처럼 속이는 것은 학문적 사기
다. 『삼국사기』 어느 왕 몇 년 조에 '백제 북쪽에 대방이 있다'고 말
하고 있는지 있다면 적시해보라. 그런 내용이 없다는 사실을 알기
에 인용하지 못하는 것이다.

또 "『삼국사기』를 비롯한 여러 사서에서 대방군은 낙랑군과 함께
한반도 북부에 소재하였다고 나온다."고 말했지만 이 역시 거짓말이
다. 『삼국사기』 어느 왕 몇 년 조에 '대방군이 한반도 북부에 소재
했다'고 나오는지 적시해보라. 식민사학이 거짓말로 쌓은 거짓의 성

이란 사실은 이제 알 만한 사람들은 다 알게 되었는데도 이런 거짓말을 계속하는가?

더욱이 "313~314년 이전까지의 낙랑군과 대방군이 한반도 북부, 구체적으로 대동강 유역에 소재하였다."고 했는데, 어느 사료에 그렇게 나오는가? 한사군을 설치한 당사국인 한나라의 정사 『한서』에는 대동강은커녕 한반도에 대한 언급 자체가 없다. 어떻게 '젊은' 학자가 하나부터 열까지 거짓말로 논리를 구성할 수 있는지 이해할 수 없다.

거짓말로 논리를 구성했을 뿐 단 하나도 이를 뒷받침하는 사료가 없으니 정확한 사료 이름은 대지 못하고 '여러 사서'라고 둘러대는 것 아닌가? 앞으로 필자는 『사기』「조선열전」, 『한서』「지리지」, 『수경』, 『산해경』처럼 구체적인 문헌을 제시하면서 이 거짓을 낱낱이 밝혀내겠지만 정치성(精緻性)이 생명인 역사학 논문을 쓰면서 이렇게 두루뭉술하게 넘어가는 것은 스스로 근거할 만한 문헌이 전무하다는 참담한 고백이 아니겠는가?

둘째, 문헌 사료가 없으니 이제는 고고학으로 도망가는 모습이 뚜렷하게 보인다. 조선총독부의 사관을 추종하다가 그 진상이 드러나자 조선 후기 학자들을 끌어들인 것처럼 마치 문헌 사료적 근거가 있는 것처럼 호도하다가 진상이 드러나자 고고학으로 도망간 것이 아닌가? 그러나 필자가 『식민사관의 감춰진 맨얼굴』(만권당, 2014)에서 이미 썼듯이 "고고학은 문헌사학의 보조 학문일 뿐"이라면서 "요즘은 역사시대에 있어서도 으레 고고학이 앞장서는 경향이 있는 듯해요. 고고학이 주체인지 문헌이 주체인지 모를 지경이야."라고 지적한 식민사학계의 태두 이병도가 작금의 행태를 보면 무엇이라고 평할지 궁금하다.

문헌 사료가 없으니 "최근까지 각종 출토 문자 자료, 고고 자료가 축적되면서 낙랑군이 대동강 유역에 소재하였음은 한층 분명해졌다."면서 '낙랑=평양설'이 한층 분명해졌다고 주장하지만 이것 역시 식민사학자들의 억지 주장에 불과하다. 문헌 사료가 낙랑군이 평양에 있지 않았다고 거듭 증언하고 있는데, 출토 유물이나 고고 자료로 '낙랑=평양설'이 분명해진다는 자체가 있을 수 없는 거짓이다. 만약에 지금 인천의 차이나타운에서 훗날 중국의 유물이 쏟아진다면 그 지역을 중국의 영토였다고 말할 수 있을까? 문헌으로 뒷받침되지 않는 유물과 유적은 결정적인 단서가 될 수 없다.

그럼 평양 일대에 중국계 유물들이 출토되는 것은 어떻게 보아야 할까? 먼저 고구려에서 수많은 후한의 포로를 잡아왔음을 감안하지 않을 수 없다. 윤내현은 평양의 낙랑 유물이 낙랑군 설치 시기인 전한 때의 것은 거의 없고 대부분 후한 이후의 것임을 밝힌 바 있다. 후한 이후의 유물만 나온다는 사실 자체가 고구려에 의한 중국 포로들의 유물임을 증거로 볼 수도 있는 것이다.

또 정인보는 일찍이 일본인이 조작으로 심어놓은 가짜 유물임을 강조한 바 있다. 이와 관련하여 최근에 문성재는 일제 강점기 때 가는 곳마다 낙랑 유물을 거듭 발굴해서 '신의 손'이라 불린 세키노 다다시의 일기를 소개했다. 세키노 다다시의 일기에는 자신이 북경의 골동품상에서 한나라 때의 골동품을 다수 사들여 조선총독부에 보냈다고 적고 있다.

또한 "유리창가의 골동품점에는 비교적 한대(漢代)의 발굴물이 많아 낙랑 출토품은 대체로 모두 갖추어져 있기에 내가 적극적으로 그것들을 수집함"이라 썼다고 한다. 그는 왜 북경의 골동품 상가를 돌면서 낙랑 출토품을 사들이는 데 혈안이 되었을까? 그리고 이것을 왜 조선총독부로 보냈을까? 조선총독부는 이 유물들을 어떻게 처리했을까? 이것들이 평양의 낙랑 유물로 둔갑한 것임을 짐작하는 것은 그리 어렵지 않을 것이다.

이정빈은 "최근까지 각종 출토 문자 자료, 고고 자료가 축적되었다."고 말했지만 이 역시 거짓이다. 평양 일대의 고고 유적과 유물을 가장 많이 발굴한 것은 물론 북한이다. 북한은 해방 후 무려 2,600기에 달하는 평양과 그 인근 지역의 고분들을 발굴했다. 그런데 북한은 이런 발굴 결과 평양에는 낙랑군이 없었다고 발표했다. 평양은 낙랑군이 있던 곳이 아니라는 것이었다. 그런데 평양에 가보지도 못한 남한 학자들이 무슨 근거로 북한의 조사 결과를 무시하고, 최근까지 각종 출토 문자 자료, 고고 자료로 "낙랑군이 대동강 유역에 소재하였음은 한층 분명해졌다."고 말하고 있으니 젊고 늙고를 떠나서 과연 학자적 양심을 가진 것으로 볼 수 있을까?

낙랑군은 원래부터 한반도에 있지 않았다

그렇다면 낙랑군은 어디에 있었을까? 결론부터 말하면 한반도에는 결코 없었다. 낙랑군의 위치를 알 수 있는 키워드는 열수, 패수라는 2개의 강이다. 필자는 2017년 4월 13일 개최된 '한국 바른역사 학술원'의 개원식 및 학술대회에서 「패수·열수에 대한 고찰」을 발표했다. 패수는 위만조선과 중국 한나라의 경계를 이루는 강이자 낙랑군을 흐르는 강이었고, 열수(洌水)는 낙랑군 열구(洌口)현 아래에 있는 강이었다. 따라서 두 강의 위치를 찾으면 낙랑군의 위치를 알 수 있다.

패수와 열수의 위치에 대해서 몇 가지 방법으로 찾아보자. 먼저 패수에 대해서 알아보자. 기존 학계는 패수를 청천강이나 압록강으로 보고 있다. 그러나 이는 패수에 대한 1차 사료를 무시한 자의적 비정이다.

첫째, 『사기』「조선열전」에 따르면 패수는 한나라 초기에 조선과의 경계였다.

> "진나라가 연나라를 멸망시키고 그 지역을 요동 외요(外徼)에 속하게 했는데, 한나라가 일어나서는, 그곳이 너무 멀어 지키기 어려우므로 다시 요동의 옛 요새를 수리하고 패수에 이르러 (위만조선과) 경계로 삼았다(秦滅燕, 屬遼東外徼. 漢興爲其遠難守, 復修遼東古塞,至浿水爲界)."
>
> ― 『사기』「조선열전」

진나라가 연나라를 멸망하게 한 후 위만조선과의 경계 지역을 요동 외요에 속하게 했다. 한나라가 일어선 후 이 지역을 지키기 어려워 요동의 옛 요새를 수리하고는 패수를 경계로 삼았는데 그곳이 요동이라는 말이다. 패수는 요동을 흐르는 강이라는 사실을 알 수 있다. 당시의 요동은 지금의 요동보다 훨씬 서쪽이지만 지금의 요동으로 비정한다고 해도 청천강 또는 압록강은 아니라는 사실을 쉽게 알 수 있다.

『사기』「조선열전」은 연왕(燕王) 노관(盧綰)이 한 고조 유방(劉邦)에게 반기를 들고 흉노로 들어가자 위만이 조선으로 망명했다고 기록하고 있는데, 구체적으로 "동쪽으로 달아나 요새를 나와서 패수를 건넜다(東走出塞, 渡浿水)."라고 설명하고 있다. 이것은 연나라 지역 동쪽에 패수가 있고, 그 건너 조선이 있었다는 뜻이다. 즉 위만조선은 연나라 동쪽에 있었다는 말인데, 이는 한나라 이전 전국시대의 소진(蘇秦)의 말에서도 알 수 있다. 『사기』「소진열전」에서 "연의 동쪽에 조선, 요동이 있다(燕東有朝鮮遼東)."고 말한 것이 이를 말해준다. 이 조선요동(朝鮮遼東)을 '조선, 요동'이라고 해석할 수도 있고, '조선의 요동'이라고 해석할 수도 있는데, 어떻게 해석하든 위만조선은 고대 요동에 있었지 한반도 북부에 있었다는 뜻은 아니다.

이렇게 동쪽 조선으로 온 위만이 기존 세력을 몰아내고 도읍한 곳을 『사기』「조선열전」에서는 '왕험'성이라고 했다. 이 왕험성의 위치에 대해 『사기』 주석서 『사기색은』「조선열전」에서는 "신찬이 말하기를 왕험성은 낙랑군 패수의 동쪽에 있다(臣瓚云, 王險城在樂浪郡浿水之東也)."고 했다. 즉 위만이 동쪽으로 와서 도읍한 왕험성 역시 패수의 동쪽이었다는 사실을 다시 확인해주는 내용이다. 이는 패수가 한반도에 있는 강이 아니었다는 사실을 명백히 보여주는 증거다. 압록강에서 대동강에 이르기까지 한반도의 강들은 동서로 흐른다. 따라서 패수가 압록강 또는 청천강이라면 위만이 패수를 건널 때 '동쪽'이 아니라 '남쪽'으로 건너야 한다. 마찬가지로 압록강이나 청천강이 패수라면 그 동쪽에 왕험성이 있어야 하므로 왕험성은 함경도나 강원도가 되어야 한다. 따라서 패수를 청천강 또는 압록강으로 비정하는 것은 사료와 전혀 맞지 않는 헛소리라는 사실을 알 수 있다.

『사기』「조선열전」에 기록되어 있는 패수는 그 흐름이 동에서 서로 흐르는 한반도의 강들과는 달리 북에서 남으로 흐르기 때문에 그 동쪽에 조선과 왕험성이 있었다는 사실을 알 수 있다. 왕험에 대해서는 위에 언급한 『사기색은』에서 "서광은 창려군에 험독현이 있다(徐廣曰. 昌黎有險瀆縣)."라고 설명했고, "응소는 「지리지」에는 요동군에 험독현이 있는데, 조선왕(위만)의 옛 도읍이다(應劭注. 地理志遼東險瀆縣朝鮮王舊都)."라고 주석했다. 즉 위만조선의 수도인 험독현은 한때는 창려군 험독현에 속해 있었고, 한때는 요동군 험독현에 속해 있었다는 말이다. 『사기집해』에서도 서광의 말을 인용했다. 응소나 서광이 말한 요동군이나 창려군이 한반도 북부에 있지 않았으므로 왕험이 지금 북한의 평양이었다는 강단사학계의 정설은 「조선열전」의 기록과 맞지 않는 허구에 불과하다. 강단사학계는 이 주장을 부인하려면 『사기』가 틀렸다는 사료적 근거를 제시하라.

둘째, 패수는 낙랑군을 흐르는 강인데 『사기』「조선열전」에 보면 요동에 있는 강이라는 사실도 알 수 있었다. 이는 낙랑군이 고대 요동 지역에 있었다는 사실을 말해준다. 『한서』「지리지」를 보면 패수가 낙랑군만이 아니라 요동군도 지난다는 사실을 명확히 기록하고 있다. 즉 『한서』「지리지」 <낙랑군 패수현>조는 "패수가 서쪽으로 증지현에 이르러 바다로 들어간다(浿水縣. 水西至增地入海)."고 했으며, 『한서』「지리지」<요동군 번한현>조에는 "패수가 새외(塞外)에서 나와 서남쪽으로 바다에 들어간다(番汗縣. 沛水出塞外. 西南入海)."고 되어 있다. 패수는 낙랑군에도 흐르고, 요동군에도 흐른다는 사실을 알 수 있는데, 이 두 기록을 종합해보면 패수의 상류가 요동군 번한현이고 최하류가 낙랑군 패수현과 증지현이라고 추정할 수 있다.

『사기』와 『한서』가 말하는 패수는 요동과 낙랑, 두 군을 지나고 있다. 이에 따르면 당연히 한반도의 강들은 패수가 될 수 없다. 다만 압록강만은 지금 요동과 평안북도의 경계를 따라 흐르니 두 군을 지난다고 주장할 여지가 전혀 없지는 않겠지만 압록강은 동서로 흐르기 때문에 패수가 될 수 없다. 패수는 남북으로 흐르기 때문이다.

셋째, 열수의 위치를 찾아보자. 『한서』「지리지」<낙랑군>조를 보면 낙랑군에는 열구현이 있다. 이 열구현의 위치에 대해서 『후한서(後漢書)』「군국지(郡國志)」를 보면 "곽박(郭璞)이 『산해경』에서 말하기를 '열은 강 이름인데, 열수는 요동에 있다.'"라는 주석이 있다. 낙랑군 열구현은 열수의 하류에 있는 현의 이름인데 열수는 요동에 있다는 것이다. 즉 낙랑군은 고대 요동에 있었다는 것이다. 지금 국내 학계에서 열수를 대동강으로 보는 것은 중국의 1차 사료를 무시하고 조선총독부의 지침에 따라 억지를 부린 것이란 사실을 분명히 알 수 있다. 낙랑군 열수와 관련된 지명에 '열양(列陽)'과 '열구'가 있는데 이 위치를 확인하면 열수가 어디 있었는지 더욱 정확하게 드러난다. 먼저 『산해경』「해내북경(海內北經)」을 보면 열양에 대해 알 수 있다.

"조선은 열양의 동쪽, 바다의 북쪽, 산의 남쪽에 있다. 열양은 연나라에 속한다(朝鮮在列陽東,海北山南. 列陽屬燕.)."

— 『산해경』 「해내북경」

여기에서 열양은 연나라에 속한 땅인데, 열양이라는 말은 열수의 북쪽이란 뜻이다. 그 열양 동쪽에 조선이 있다고 했다. 열수가 대동강이라면 그 북쪽인 열양이 평양이라는 말이 되고, 연나라 땅이라는 말이 된다. 학계에서는 평양이 조선이라고 하는데, 『산해경』에 따르면 그 동쪽이 조선이어야 하므로 동해 쪽 옥저가 있었다는 곳이 조선이라는 모순된 결과가 된다. 또 조선은 바다의 북쪽에 있다고 했으므로 바다의 북쪽은 발해나 황해의 북쪽인 하북성이나 요령성을 말하는 것이지 서해 서쪽인 평양이 될 수는 없다.

다음으로 열구에 대해서는 『사기』 「조선열전」에 한나라와 위만조선의 전쟁 기사에 나온다. 한나라에서 위만조선을 침략할 때 육군과 수군을 모두 보냈는데, 수군은 "제나라를 따라 발해에 떠서(從齊浮渤海)" 열구에 도착했다는 것이다. 이 열구에 대해 『사기색은』은 소림(小林)의 말을 인용하여 "현 이름으로 바다를 건너 처음 이른 곳이다(縣名而渡海初至處)."라고 말했다. 즉 제나라 연안을 따라 바다(발해)를 항해하여 서쪽이나 북쪽의 연안에 있는 열구현에 도착했다는 말이다. 열구현은 열수의 하구에 있어서 생긴 지명인데, 『후한서』 「군국지」는 "열수는 요동에 있다."라고 말했다. 위만조선이 망한 뒤 낙랑군에 속한 이 열구현은 10번 죽었다 깨어나도 한반도 영토가 될 수 없다.

상황이 이렇자 이병도는 사료를 제멋대로 해석하는 사료 변개를 자행해 열수를 대동강으로 둔갑시켰다. 이병도는 『사기』「조선열전」에 '발해(渤海)'라고 분명하게 기록되어 있는 것을 '황해' 또는 그냥 '바다'로 바꾸어 설명하면서,[8] 한나라 수군이 황해 바다 건너 열수인 지금의 대동강 입구로 왔다고 주장했다. 이런 사료 변개가 그대로 통하는 곳이 이른바 한국 학계이므로 이후 한국 학계는 별다른 반론도 없이 정설이 되었다. 그러나 문성재의 『한사군은 중국에 있었다』를 보면, 17세기 중국의 저명한 고증학자 고염무(顧炎武)는 『일지록(日知錄)』〈해사(海師)〉조에서 "제나라를 따라 발해에 떠서(從齊浮渤海)"라는 구절에 대해 "산동에서 바다를 통해 요동에 이르는 길(漢武帝遣樓船將軍楊僕, 從齊浮渤海擊朝鮮, …… 此山東下海至遼東之路)"이라고 했다. 또 비슷한 시기의 지리학자 호위(胡渭)도 '발해'가 지금의 발해라면서 한나라 때의 발해군을 말한 것은 아니라고 설명했다.

문성재는 『한사군은 중국에 있었다』에서 고염무와 호위의 주장을 인용한 뒤 한나라 때 항해 기술 수준이 연안을 따라가는 연안 항해 방식이었음을 강조하며 황해를 횡단했다는 이병도의 터무니없는 주장을 이렇게 일축했다.

"한대에 아무리 항해술에 엄청난 발전이 있었다고 하더라
도 황해 같은 망망대해를 심지어 여러 가지 구조적인 문제

---

8 이병도는 일제 강점기인 1933년의 「패수고」에서는 '발해(황해)'라는 말에 괄호를 쳐서 황해라고 써넣었으나, 2012년에 나온 『이병도 전집』 3권에 실린 『한국고대사연구』(초판 1975, 수정판 1984)에서는 이 발해를 그냥 '바다'라고 쓰고 황해를 건너 대동강으로 왔다고 했다.

를 안고 있는 누선(樓船)을 몰고 달랑 돛 몇 개만 믿고, 그것도 7,000명이나 되는 대병력을 태우고 횡단해 건넌다는 것은 선장이 미치지 않고서야 그야말로 자살 행위와 다를 바가 없는 것이다."

– 문성재, 『한사군은 중국에 있었다』, 109~110쪽

지금까지 살펴본 대로 『사기』 「조선열전」, 『산해경』, 『한서』 「지리지」 등 중국의 모든 1차 사료에는 패수와 열수가 요동에 있다고 기록하고 있다. 그런데도 이병도는 「패수고」에서 이렇게 잘라 말했다.

"양 하천(패수와 열수)을 마음대로 요동 방면의 어떤 하천으로 비정하는 사람도 있지만, 그것은 일설로 둘 필요도 없다."

– 이병도, 『한국고대사회사론고』, 한국학술정보, 2012, 259쪽

중국의 1차 사료들이 모두 패수와 열수를 요동이라고 말하고 있기 때문에 논쟁하면 자신이 말도 안 되는 주장을 한 것이 탄로 날 것임을 이병도도 알고 있었다. 그래서 "일설로 둘 필요도 없다."면서 수많은 1차 사료를 모른 체한 것이다. 이병도가 일제 강점기 때 이런 글을 쓴 것은 두말할 것도 없이 조선총독부와 일본인 식민사학자들의 눈에 잘 보이기 위한 것이었다.

끝으로 하나만 더 말하자면, 패수는 백제의 시조 온조대왕이 고구려에서 내려올 때 건넜던 강이다. 『삼국사기』 「백제본기」 〈시조 온조왕〉조의 주석에는 그가 패수와 대수의 두 강을 건넜다고 기록

했다. 대수(帶水)는 『한서』 「지리지」에 낙랑군 함자현을 지나는 강으로 기록되어 있는데, 같은 낙랑군의 패수보다 남쪽에 있었다고 하겠다. 위에서 낙랑군을 흐른 패수와 열수가 한반도의 강이 아니므로 대수도 마찬가지로 한반도의 강이 아니다. 만약에 학계의 정설대로 온조대왕이 고구려의 졸본(卒本)이라는 압록강 북쪽에서 내려오자면 평안도에 있었다는 낙랑군을 거쳐 와서 한강 유역에 정착해야 한다. 낙랑군이 평안도에 있었다면 고구려를 창건한 주몽의 부인과 아들들 일행의 대집단을 곱게 통과해주었을 리가 없다. 온조왕이 건넌 패수와 대수는 북한 지역에 있지 않았다는 것이다.

이러한 사실을 증거로 보는 내용이 〈온조왕 13년〉조에 보이는데, "왕이 신하들에게 말하기를 '나라의 동쪽에 낙랑이 있고……'라고 하였다."는 기록이 그것이다. 이것은 온조대왕이 패수와 대수의 두 강을 건너 남하하여 세운 백제의 동쪽에 낙랑군이 있었다는 것이다. 그런데 이는 한반도 내의 상황이 될 수 없다. 만약 이병도가 만든 학계의 정설대로 낙랑군이 지금의 평안도와 황해도였다면 온조대왕은 '나라의 북쪽에 낙랑이 있고……'라고 말했을 것이다. 이 역시 낙랑군이 평안도와 황해도에 있지 않았다는 뜻이다.

중국은 물론 국내의 어떤 자료들도 낙랑군이 한반도 북부에 있었다고 말해주는 사료는 없다. 그런 사료가 있다면 그것은 후대인들이 당시 상황을 오도하고 쓴 오류일 뿐이다.

낙랑군은 발해만의 천진 일대에 있었다

지금까지 '낙랑군=평양설'이 사료적 근거가 없는 허구임을 밝혔다. 그러면 구체적으로 낙랑군의 위치는 어디였는가? 당초의 낙랑군의 위치를 알 수 있는 근거 자료는 크게 2가지가 있다.

첫째, 열수에 관한 기록이다. 열수는 『한서』 「지리지」에는 낙랑군의 탄열현과 점제현을 지난다고 했으나, 『사기집해』에는 낙랑을 다스리는 치소인 조선현을 지난다고 기록되어 있다. 즉 『사기집해』에 장안(張晏)의 말을 인용하여 "조선현에 습수·열수·선수가 있는데 이 세 강이 합하여 열수가 된다(朝鮮有濕水·列水·仙水. 三水合爲列水)."고 말한 것이다. 열수는 낙랑군 조선현을 지난다는 뜻이다.

그런데 중국의 강들에 대해 집대성한 『수경』 권13은 누수(灅水·탑수)에 대해 기록했는데, 중국의 진교역(陳橋驛)은 『수경주(水經注)』의 판본 중에는 이 누수를 습수라고 한 것도 있다고 했다.[9] 이 강의 상류는 지금의 상건하(桑乾河), 하류는 영정하(永定河)로서 북경의 남부를 지난다는 사실은 『중국고금지명대사전(中國古今地名大辭典)』에도 나오는 공인된 설이다. 그러므로 지금의 영정하가 바로 위에서 장안이 말한 습수로서 조선현을 흐르는 강임을 확인할 수 있다.

한편 『수경』 권14의 처음에 습여수(濕餘水)가 나오는데 이 강은 권13의 누수(즉 습수)와 하류인 지금의 천진(天津) 서부에서 합류하는 지류로서 지금의 북운하(北運河)다. 습여수란 이름이 습수의 지류인 데

---

9 진교역, 『수경주교증(水經注校證)』, 중화서국, 2007, 16쪽 참조.

서 나온 것이므로, 누수를 습수라고 한 진교역의 말이 사실임을 알 수 있다. 그러므로 이 습여수는 장안이 말한 세 강 중 2번째인 선수로 볼 수 있다. 그리고 세 강 중 나머지 하나인 열수는 습여수 다음에 기록된 고하(沽河)로 추정할 수 있는데, 이 강은 습여수 바로 위쪽을 흐르다가 하류에서 습여수, 누수(濕水)와 만난다. 이 고하는 지금도 쓰는 이름이며 또한 백하(白河)나 해하(海河)로 부른다.

이 세 강은 모두 지금의 북경을 지나며 동남쪽으로 흘러 천진의 서부 무청구(武淸區) 부근에서 합류하여 대고(大沽)에서 발해만으로 들어간다. 그러므로 세 강이 만나는 무청구 부근을 낙랑군 조선현으로 추정할 수 있으며, 바다로 들어가는 대고가 바로 『사기』 「조선열전」에서 한나라 수군이 발해를 건너 이른 열구현이 된다. 이와 같이 낙랑군 전체는 천진 일대로 발해 서(북)안임을 알 수 있다.

둘째, 이 낙랑군의 위치는 『한서』 「지리지」의 기록을 분석하면 재확인할 수 있다. 낙랑군에는 태수를 보좌하는 동부도위와 남부도위가 있었다. 그런데 『한서』 「지리지」를 보면 낙랑군 이외에 동북방의 유주(幽州)와 북방의 병주(並州)에 속한 나머지 14개 군에는 동부와 남부의 두 도위를 둔 예가 없다. 도위를 2명 둔 다른 8개 군에는 모두 동부와 서부의 두 도위를 두었으며, 3명을 두었던 요동군 등 4개 군에는 중부도위가 추가되었다. 유독 낙랑군에만 동부도위와 남부도위를 둔 것은 낙랑군의 지리적 특성에 따른 것으로 판단된다. 즉 낙랑군이 발해의 서안에서 서북안으로 연결되는 지금의 천진 지역에 'ㄱ' 모양으로 위치했기 때문인데, 이는 위의 열수를 통해 본 낙랑군의 위치와 완전히 일치함을 알 수 있다.

낙랑의 교치

지금까지 낙랑군은 한반도에 있지 않았으며 그 위치는 천진 일대임을 밝혔다. 이런 필자의 견해에 대해 이견이 있다면 필자는 얼마든지 토론에 응할 용의가 있고, 여러 사료에 의해 필자가 잘못 본 것으로 드러난다면 수정할 용의가 있다.

그런데 낙랑군에 대한 중국의 1차 사료가 일관되게 한반도 북부가 아니라 고대 요동에 있었다고 나오고 있고, 지금의 중국 요서 지역에서 고조선 관련 유물이 쏟아져 나오자 식민사학계가 도망갈 발판을 마련한 것이 이른바 교치(僑置)다. '교(僑)' 자는 더부살이한다는 뜻이다. 즉 특정 군현이 다른 곳으로 이주한 것을 뜻하는데, 이쯤되면 독자도 식민사학에서 왜 교치를 꺼내는지 짐작할 것이다. 이덕일 은 교치에 대해서 이렇게 설명했다.

> "한사군, 특히 낙랑군이 식민사학계의 주장처럼 평양 일대가 아니라 지금의 하북성 일대에 있었다는 사료가 수십 개 이상 공개되었으므로 이 사료들이 말하는 사실에 대해 무언가 설명해야 했다. 그중의 하나가 이른바 '교군설(僑郡說)'이다. 교군설이란 간단하게 말해서 평양에 있던 낙랑군이 요동으로 이사했다는 것이다. 강단사학계는 한사군의 중심이라는 낙랑군 조선현의 자리를 평양 남쪽의 대동면이라고 주장했다. 그런데 중국 사료들은 낙랑군 조선현이 있던 자리를 지금의 하북성 노룡(盧龍)현이라고 말한다. 교군설은 개인으로 말하면 평양 대

동면에 살던 '조선'이 하북성 노룡현으로 이주했다는 이야기
다. 이 이야기의 진위를 가리는 것은 간단한 일이다. '조선'의
주민등록등본에 지금은 하북성 노룡현에 살고 있지만 과거
에는 평양 대동면에 살았다는 기록이 있으면 되는 것이기 때
문이다. 문제는 하북성 노룡현에 낙랑군 '조선현'이 있었다는
중국 사료는 많지만 그 전에 평양 대동면에 살았다는 사료는
없다는 사실이다. 교군설 자체가 사료로는 입증할 수 없는
공상이란 뜻이다."

- 「이투데이」, 2016년 7월 29일

이정빈 역시 「한사군, 과연 란허강 유역에 있었을까?」를 통해 중
국에서 여러 군이 이동한 정황을 장황하게 설명했지만 결국 한반도
북부에 있던 낙랑군이 313년 난하 유역으로 이주한 것으로 결론을
내렸다. 그러면서 『자치통감』을 예로 들었다.

"건흥(建興) 원년(313) 4월, 요동 사람 장통(張統)은 낙랑과 대방
두 군을 점거하고 고구려왕 을불리(미천왕)와 해를 이어 서로
공격했지만 해결하지 못했다. 낙랑인 왕준(王遵)이 장통을 설
득해서 그 백성 1,000여 가구를 통솔해서 모용외(慕容廆)에게
귀부하니 모용외는 낙랑군을 설치해서 장통을 태수로 삼고
왕준을 참군사(參軍事)로 삼았다."

- 『자치통감』 권88 「진기」 10

이정빈은 한반도 북부 낙랑군에 있던 장통이 313년에 모용외에게 귀부함으로써 난하 유역에 낙랑군이 교치되었다는 것이다. 고대 요동 지역에 한사군이 있었다는 중국의 사료가 계속 나오고, 고고학 유물들도 계속 출토되자 313년까지는 평양 일대에 있다가 313년에 난하 유역으로 교치되었다는 꼼수를 부리는 것이다.

이정빈이 예로 든 『자치통감』을 더 검토해보자. 첫째, 이정빈의 논리에 따르면 요동 사람 장통이 고구려 미천왕과 싸운 곳은 평양이다. 요동 사람 장통이 고구려 강역을 몰래 통과해서 평양으로 와서 미천왕과 싸웠다는 것이 말이 되는가? 둘째, 요동 사람 장통이 고구려 미천왕과 싸우다가 패해서 도주한 고대 요동의 선비족 모용씨에게 도망갈 수 있을까? 그것도 "그 백성 1,000여 가구를 통솔"해서 말이다.

필자는 동북아역사재단의 초청으로 2016년 8월 18일부터 21일까지 이른바 '요서 지역 조사와 현장 토론회'에 참석한 적이 있었다. 저녁 때 세미나에 함께 참석한 이덕일은 이렇게 말했다. 한 가구를 7명으로 잡으면 1,000가구는 약 7,000명이다. 그중 반수인 3,500명은 여성이고, 나머지 3,500명 중에서 노약자를 빼면 전투력 있는 인구는 2,000여 명밖에 안 될 것이다. 패주한 군사 2,000여 명이 민간인 5,000여 명을 데리고 도망가는 상황이다. 그런데 고구려와 싸우다 패전한 전투 현장이 평양이라면 그 남쪽으로 도주했다는 것은 말이 되지만 고구려 강역 수천 리를 뚫고 고대 요동의 선비족 모용씨에게 간다는 것이 말이 되겠는가?

이 질문에 강단사학 측에서 참석한 학자들은 아무런 대답을 하지 못했다. 미천왕 때라면 고구려는 이미 요동반도는 물론 그 서쪽 상당 부분까지 차지한 상태였다. 따라서 위의 『자치통감』 기사는 고대 요동에서 고구려 미천왕과 싸우다가 패해서 더 서쪽으로 도주한 기사로 봐야지 평양에서 싸우다가 고대 요동으로 패주한 기사로 볼 수는 없는 것이다. 식민사학계에서 내세우는 논리는 조금만 살펴보면 상식에 맞지 않는 내용 이 부지기수이다.

『진서』「지리지」〈낙랑군 수성현〉조에는 "진(秦)에서 쌓은 장성이 일어난 곳(秦築長城所起)"이라고 했다. 그런데 진시황 때는 낙랑군이 없었고 가장 동북쪽 끝은 요동군이었다. 그러므로 『진서』에서 장성의 끝이라고 한 낙랑군 수성현은 요동군 지역에 교치된 것으로 볼 수 있다. 이를 뒷받침하는 기록은 『사기』「흉노열전(匈奴列傳)」의 아래 내용이다.

> "연나라 역시 장성을 쌓았는데 조양에서 양평에 이르렀다. 상
> 곡·어양·우북평·요서·요동군을 두어 호(胡)에 대비하였다
> (燕亦築長城, 自造陽至襄平. 置上谷·漁陽·右北平·遼西·遼東郡而拒胡),"
>
> ─ 『사기』「흉노열전」

연나라의 장성이 양평에 이르렀다고 했다. 이는 『한서』「지리지」에 보이는 양평현을 말한 것으로서 『진서』의 낙랑군 수성현이 요동군 양평현 쪽에 교치된 것을 의미한다. 이때의 옛 한나라 요동군은 지금의 요동이 아니라 앞에서 본 패수나 열수가 지나는 요동으로 북경 지역임을 알 수 있다.

학계에서는 요동의 위치를 한나라 때나 지금이나 지금의 요하 동쪽이라고 말하는데 이것이 잘못이라는 사실은 설명할 필요도 없다. 이러한 사실은 이정빈의 주장에서도 확인되는데, 그가 난하 유역에 교치되었다는 곳은 고대사학계에서 말하는 지금의 요서 지역이다. 「흉노열전」에서 보듯이 장성의 끝인 양평은 요동에 있어야 하는데 요서의 난하에 있다는 것은 고대의 요동과 지금의 요동이 다르다는 뜻이다. 이정빈은 교치의 첫 의미부터 새로 배워야 할 것이다.

반도사관의 망령

이정빈은 「한사군, 과연 롼허강 유역에 있었을까?」에서 '영토 순결 주의'니 '순결성의 논리'니 하는 말로, 대륙에서의 역사를 논하는 학자들을 매도하며 북한 학계의 경우를 예로 들어 이렇게 말했다.

> "가령 북한의 역사학계에서는 고구려·수 전쟁이 한반도 밖에서 전개되었다고 본다. 유명한 살수대첩의 살수도 한반도 북부의 청천강이 아닌 중국 요령성 소자하에 위치하였다고 본다. (중략) '순결성의 논리'에 의해 무리한 해석을 강요하였던 것이다."
>
> – 「역사비평」 115호, 268쪽

역사 해석에 '순결성'은 없다. 있다면 광복 72년이 지나도록 '조선총독부의 역사관'을 눈물겹게 추종하는 식민사학의 '순결성'이 있을 뿐이다. 이정빈은 살수대첩의 살수를 요령성 소자하로 보는 북한 학계를 '순결성의 논리'에 의해 무리하게 해석했다고 비난했다. 그러나 북한 학계는 이 문제에 있어 올바른 견해를 보인 것이며, 오히려 이정빈이 '반도사관의 망령', 즉 '반도사관의 순결성'에 사로잡혀 있는 것이다.

『삼국사기』「고구려본기」〈영양왕 23년〉조를 보면, 612년에 수양제(隋煬帝)가 고구려를 침략했을 때 "(압록수를 건너) 동쪽으로 나아가 살수를 건너 평양성에서 30리 되는 곳에 진영을 베풀었다."고 했다. 여기의 압록수를 학계의 정설대로 지금의 압록강으로 본다면, 압록강을 어떻게 동쪽으로 건널 수 있을까? 압록강을 동쪽으로 건너면 함경도가 나오고 동해가 나온다. 동해 건너 태평양으로 나갈까?

압록강을 동쪽으로 건너면 청천강에 이를 수 없으며, '남쪽'으로 건너야 청천강에 이를 수 있다. 따라서 압록수나 살수는 한반도의 강이 아니라 요동에 있는 강이란 사실을 확인할 수 있다. 『삼국유사』「법흥(法興)」〈순도조려(順道肇麗)〉조에 "요수는 일명 압록인데 지금은 안민강이라 말한다(遼水, 一名鴨淥, 今云, 安民江.)."고 했다. 즉 지금의 요하가 압록수였으므로 이를 건너 '동쪽'에 살수가 있고 그 건너편에 평양이 있었다는 것으로, 지금의 요동임을 알 수 있다. 고구려의 평양이 어디였는지 여기서 상세히 논할 수는 없지만, 평양이 지금의 요동에 있었던 근거는 많으며, 특히 수나라와 당나라가 고구려를 침략할 때 수군이 상륙한 곳이 요동반도의 비사성(卑沙城:지금의 해성)이라는 점에서도 이를 알 수 있다.

지금 필자가 논한 것이 이정빈이 지적하는 '영토 순결주의'에서 나온 것이라면, 이정빈은 살수나 평양이 북한에 있었다는 문헌적 근거를 대고 필자의 주장을 반박해주기 바란다. 그렇지 못하다면 자신이 일제 식민사학자들의 '반도사관의 망령', '반도사관의 순결성'에 사로잡혀 있다는 것을 인정하라.

이정빈은 영토 순결주의를 비판하며, "일찍이 타율성론을 비판한 이기백의 조언은 여전히 유효하다."고 말하고, 이기백의 말을 인용했다. 그 인용문에 이정빈이 생략한 부분을 살려 다음에서 보자.

> "구체적으로 말한다면 압록강과 두만강 이남의 반도에 우리의 국토가 국한되어 있더라도 강대국이 될 수가 있는 것이다. 또 반드시 군사적으로 강대국이 되는 것만이 민족이나 국가의 이상일 수는 없다. 오히려 정치·경제·사회·문화의 여러 면에서 모든 민족 구성원이 균등한 권리와 행복을 누릴 수 있는 국가를 이룩하는 것이 군사적 강국이 되는 것보다 몇 배나 자랑스러운 일임이 틀림없다. 그리고 이러한 이상 국가의 건설이 반도라는 지리적 조건에 의해서 제약을 받을 수는 없는 일이다. 그러므로 식민주의 사관의 극복은 역사관의 근본적인 변혁 자체가 이루어져야만 가능하다는 이야기가 된다. 넓은 국토를 개척하고 군사적 강국이 되어야만 위대한 국가가 된다는 낡은 역사관으로부터 벗어나야 한다."
>
> ─ 『한국사 시민강좌』 1집, 19쪽

글의 앞부분에서 지적한 이기백의 말은 겉으로 볼 때 매우 타당하다. 김구도 「나의 소원」이라는 글에서 우리가 추구할 이상적 국가의 모습으로 문화 선진국을 지향해야 할 것이라고 말했다. 한반도 안에 위치한 지금의 현실에서 나온 절실한 소원이지만, 이기백이 식민주의 역사관의 탈을 쓰고 있으면서도 민족을 위하는 것처럼 위선을 떠는 것과는 차원이 전혀 다르다.

신채호 이후 민족사학은 1차 문헌 사료를 가지고 역사적 진실을 추적했다. 그 결과 중국 사료들을 통해 한국 고대사의 영역이 광대한 대륙이었음을 알게 되었다. 중국의 1차 사료가 한국 고대사의 강역을 대륙이라고 말하고 있는데도 '영토 순결주의'에 사로잡히면 안 되니까 "그냥 반도에 있었던 것으로 하자."라는 말인가? 아무리 '조선총독부 사관의 순결성'에 사로잡혔어도 심하지 않은가? 앞에서 보았듯이 이병도 이후 한국의 고대사학계는 사료의 근거를 대지 못하는 것은 물론, 1차 사료들을 거짓으로 해석하여 반도사관에 짜맞추었다. 적반하장이란 말은 꼭 이런 경우에 해당한다.

이기백 자신의 말을 따른다 치더라도 자기들 또한 '낡은 역사관'을 벗어났다는 이야기는 전혀 성립할 수가 없지 않은가? 신채호의 역사관이 낡은 것이라면, 같은 시대의 일본인을 존경한다면서 무조건 조선총독부의 사관을 추종한 이병도의 사관은 무슨 이유로 낡은 것이 아니라는 말인가? 이기백 자신은 식민사관과 다른 어떤 신선한 역사관을 제시한 적이 있는가? 억지로 남을 공격하려다 보니 학문이고 생각이고 간에 논리라고는 찾아볼 수가 없다.

이정빈은 이러한 이병도나 이기백의 '반도사관의 망령'에 사로잡힌

말들을 비판하기는커녕, 이기백의 주장을 반복하여 이렇게 말했다.

"넓은 국토를 지닌 군사적 강대국, 다시 말해 위대한 고대사를 말해야 비로소 식민주의 역사학에서 탈피한다는 강고한 믿음이 오히려 식민주의 역사학의 사유일 것이다. 그리고 그 사유는 비합리적인 믿음이라는 점에서 '주술'이라고 부를 수 있다."

— 『역사비평』 115호, 269쪽

식민주의 역사학은 조선총독부에서 정치적 목적으로 만든 정치 선전을 말한다. 그 전형을 지금 이정빈이 잘 보여주는 것이다. 식민주의 역사학을 극복하는 것은 역사학의 기본 방법론대로 사료에 대한 철저한 분석과 해석에 있다. 위에서 언급한 것처럼 중국의 1차 사료는 그 어느 것도 낙랑군의 위치를 평양이라고 말하고 있지 않다. 그래서 신채호나 윤내현, 최재석 같은 학자들은 기본 사료에 입각하여 합리적으로 한국 고대사상을 밝혀낸 연구자들이다. 그에 비해 이병도와 이기백 같은 학계의 주류였던 학자들은 이러한 학자들의 논리에 문헌을 토대로 한 학문적 방법으로 대응한 적이 없다. 그 이유야 말할 것도 없다. 자신들의 논리가 조선총독부에서 만든 정치 선전뿐이었지 일체의 1차 사료적 뒷받침이 없다는 사실을 그 자신들도 알았기 때문일 것이다. 그들은 이미 세상을 떠났지만 아직 살날이 많이 남은 이정빈은 '조선총독부 역사관의 순결성'에서 벗어나서 필자가 이 글에서 인용한 1차 사료들인 『사기』 「조선열전」,

『한서』「지리지」, 『수경』, 『산해경』 등의 해당 내용을 면밀히 검토하기 바란다. 그러면 '조선총독부의 주술'에서 벗어나 최소한 자국에 역사 테러를 가해 시진핑으로 하여금 "한국은 역사적으로 중국의 일부였다."고 말하게 하는 논리를 제공하는 '무서운 아이들'의 명단에서는 빠질 수 있을 것이다.

3장
한사군 한반도설은 식민사학의 산물이다

_ 홍순대

'한사군 한반도설', 무엇이 문제인가?

2015년 4월 동북아역사재단이 8년간 만든 『동북아역사지도』에 대해 동북아특위 위원들은 강하게 질타했다. 이 지도에는 한반도 북부를 중국사의 강역으로 설정하고 독도를 그려 넣지 않았다.[10] 당시 속기록과 동영상에서 확인할 수 있듯이 『동북아역사지도』 편찬 책임자 중 1명인 임기환은 이 동북아특위에 참석해 한사군의 위치 문제 등 상식적 부분의 질문에 제대로 답변하지 못했다. 실무적 '실수'로 독도를 누락했다는 웃지 못할 답변도 했다.

---

10 제332회 국회(임시회) 제32차 동북아역사왜곡대책특별위원회, 2015년 4월 17일 금요일 8시 12분, 국회 속기록과 동영상 참조.
http://w3.assembly.go.kr/vod/jsp/vod/vod.do?cmd=vod&mc=4EV&ct1=19&ct2=332&ct3=32

2008년 이후 매년 『동북아역사지도』를 자체적으로 평가해 합격점을 줬던 동북아역사재단은 불가피하게 새로 평가팀을 꾸려야 했고, 엄밀한 평가를 받은 『동북아역사지도』는 2016년에 발간이 중지되었다. 이 지도는 한국사의 타율성을 위해 일제가 확립한 '한사군 한반도설'이 그대로 반영됐다. 오늘날 평양을 중심으로 한나라 군현이 한반도 북부에 있었다는 이 '설'은 일제가 거짓으로 체계화한 침략 이론이다.

중국의 1차 사료 등에 언급된 한사군의 위치는 엄연히 한반도 내가 아닌 고조선 영토의 일부였던 요서 지역이었다. 이 같은 사실은 역사학에서 가장 중요한 1차 사료 등의 근거가 있음에도 일제는 조선 침략과 식민 지배를 위해 한사군이 한반도에 있었다고 한국사의 체계를 구성했다. 이렇게 만들어진 역사는 해방된 이후 지금까지 바로 잡히지 못하고 학계에서 고스란히 이어지고 있다.

위가야는 「역사비평」 2016년 봄호 「한사군 한반도설'은 식민사학의 산물인가」를 통해 일제가 대한제국을 침략한 것을 정당화하기 위해 왜곡한 역사를 그대로 추종했다. 그리고 한사군 한반도설이 식민사학의 잔재가 아니라 역사 기록과 함께 일본 학자들의 역사지리학과 고적 조사의 공조에 의해 밝혀진 사실이라고 주장했다. 그러면서 이를 비판하는 민족사학자들을 몽땅 사이비로 규정하고, 강박 관념에 의한 사이비 역사학이라고 단정했다. 그의 주장을 요약하면 다음과 같다.

첫째, 한사군의 역사적 기록에서 해석의 오류가 있었다. 한사군과 관련된 문헌 기록에 요서 일대가 나오지만 이는 한사군 교군(僑郡)으로, 현도군이 옮겨진 교군인 것처럼 낙랑군도 같은 경우였다.

둘째, 해방 이전 일본인에 의한 한사군 연구는 역사지리학과 고적 조사의 공조에 의한 결과로써 한사군의 공간적 범위가 확인되었다. 세키노 다다시가 실행한 조선의 고적 조사를 통해 대동강 남쪽의 토성동 토성 등이 과거 낙랑군의 유적으로 밝혀졌다. 일본인의 한사군 연구는 학문적 설득력이 있으며 문헌 비판을 통해 실증하였음에도 한사군이 한반도에 있었다는 이들의 주장을 비판하는 것은 영토 순결주의에 따른 강박관념에 불과하다.

셋째, 조선 후기에도 실학자들이 중국 사서의 주석서를 기반으로 한사군의 위치를 한반도로 추정했다.

넷째, 한사군 한반도설을 부정하는 것은 동북공정을 진행 중인 중국이 역사를 근거로 한반도 북부에 대한 영유권을 주장할 것이라는 불안감에 따른 것이다. 또한 『동북아역사지도』에 대한 비판은 지도의 오독으로 일어난 해프닝이다.

이런 논리로 위가야는 한사군 한반도설은 식민사학이 아니며 사이비 역사학의 강박 관념이라고 주장했다. 이 주장이 얼마나 강단사학계의 그릇된 강박 관념에 불과한 것인지 검토해보자.

한사군 위치에 관한 기록

한사군에 관한 기본 사료는 『사기』 「조선열전」이다. 그러나 사마천은 「조선열전」에서 한무제가 위만조선을 평정해 사군으로 삼았다고

만 간략히 썼을 뿐 그 이름도 밝히지 않았다. 한사군이라는 이름은『한서』「서남이양월조선전(西南夷兩粵朝鮮傳)」에 비로소 나타나며, 또 그「지리지」에 사군에 속한 모든 현의 이름과 간략한 설명이 나온다. 그러므로『사기』와『한서』가 한사군에 관한 당시의 기본 1차 사료가 되며, 이를 통해 그 위치를 알 수 있다.

한사군의 위치를 알 수 있는 가장 쉬운 기록은『한서』「엄주오구주부서엄종왕가전(嚴朱吾丘主父徐嚴終王賈傳)」이라 하겠는데, 다음과 같이 기록되어 있다.

> "서쪽으로는 여러 나라가 연이어져 안식에 이르고, 동쪽으로는 갈석을 지나 현도와 낙랑에 군을 만들었으며, 북쪽은 흉노를 만 리 밖으로 쫓아내어 병영과 요새를 다시 일으켰다("西連諸國至于安息, 東過碣石以玄菟, 樂浪為郡, 比郤匈奴萬里, 更起營塞)."
>
> – 『한서』「엄주오구주부서엄종왕가전」

이 기록에 의하면 한나라의 동쪽으로 갈석산(碣石山)을 지나 현도군과 낙랑군을 두었다고 했다. 그런데 갈석산은 지금의 난하 하류 동쪽에 있으므로, 이 갈석산을 지나 현도와 낙랑, 즉 한사군이 있었다는 것이니 그곳은 지금의 요서 지역임을 알 수 있다.

이러한 사실은『한서』「지리지」에서도 확인된다. 즉 〈우북평군 여성현〉조에 대갈석산(大碣石山)이 있다고 했으며, 〈요서군 누현〉조에는 갈석수(碣石水)가 있다고 했는데, 이는 갈석산과 갈석수(碣石水)를 말한다. 그러므로『사기』「하본기(夏本紀)」의 갈석산에 대해『사기색은』에는

"『한서』「지리지」에 갈석산이 북평군 여성현 서남쪽에 있다(地理志云, 碣石山在北平驪城縣西南)."는 주석이 있다.

또 『사기색은』에는 다음과 같은 갈석산에 대한 내용이 있다.

> "『태강지리지』에 이르기를 낙랑군 수성현에 갈석산이 있는데 만리장성이 시작되는 기점이다. 또 『수경』에 이르기를 요서 임유현 남쪽 물속에 있다. 대개 갈석산이 둘 있는데, 여기에 '갈석을 오른쪽으로 끼고 바다로 들어간다'고 한 것은 당연히 북평의 갈석이다(太康地理志云, 樂浪遂城縣有碣石山, 長城所起. 又水經云, 在遼西臨渝縣南水中. 蓋碣石山有二, 此云夾右碣石入于海, 當是北平之碣石)."
>
> ─ 『사기색은』

『사기색은』에서 주석한 갈석산이 모두 같은 하나의 갈석산을 의미하는지 다른 여러 곳의 갈석산을 말하는 것인지 다소 불분명하지만, 어느 쪽이든 갈석산이 한반도가 아니라 지금의 하북성이나 요령성이라는 것만은 확실하다. 특히 『태강지리지』에서 말한 낙랑군 수성현의 갈석은 낙랑군이 결코 한반도에 있지 않았다는 사실을 명백히 보여준다.

그런데도 위가야나 이병도 이후의 학계에서 낙랑군이 한반도의 평양에 있었다고 사료의 근거 없이 무조건 우긴다. 학문이 근거도 없이 우긴다고 될 일인가? 낙랑군이 한반도에 있었다면 거기 있었다는 갈석산도 평안도에 있어야 하는데 북한 지역 어디에 갈석산이 있는가?

하기야 이병도는 평양 부근에 요동산이라는 산이 있었고 또 장성의 흔적도 있다고 했는데, 그 요동산이 갈석산임을 증명하면 평양에 낙랑군이 있었다는 것은 진실이 되고 재야사학계는 확실한 사이비가 될 수밖에 없을 것이다. 위가야에게 묻고 싶다. 사학계의 선봉으로 나서서 재야사학계를 무조건 사이비로 몰아붙이기보다는 한반도에 있다는 갈석산을 입증해 이병도가 거짓으로 일관한 전철을 밟지 말고, 문헌에 기초한 진정한 역사학을 정립하는 위업을 이루고 싶지 않은가?

위에서 본 대로 갈석산이나 낙랑군은 한반도가 아니라 요서에 있었다. 그런데 위가야는 요서에 있었다는 낙랑군은 당초의 낙랑이 아니라 후에 다른 곳으로 옮겨 교치된 것이라고 이렇게 주장했다.

> "물론 중국 사서에는 이후로도 낙랑군과 대방군 등의 이름이
> 나타난다. 그리고 그 위치가 요동을 넘어 요서 지역에 있었
> 던 것으로 여겨지는 기록도 있어, 한사군이 한반도에 설치되
> 지 않았다는 사이비 역사학의 주장을 뒷받침하는 주요 근거
> 로 이용된다. 하지만 이것은 앞서 확인한 현도군의 경우처럼
> 군현이 옮겨진 결과를 기록한 것이며, 이와 같이 옮겨진 군을
> 교군이라고 부른다. 사이비 역사학의 주장이 범하고 있는 오
> 류들은 대부분 이 교군의 개념에 대한 무지의 소산인 경우가
> 많다."
>
> − 「역사비평」 114호, 243쪽

위가야는 낙랑 등이 요서로 나타나는 것은 원래 한반도에 있다
가 후세에 교치된 낙랑인데, 필자 같은 박사도 아닌 사이비가 "교군
의 개념에 대해 무지"하여 이런 한심한 주장을 한다고 점잖게 충고
한 것이다. 그러나 필자가 앞에서 인용한 『한서』 「엄주오구주부서엄
종왕가전」이나 「지리지」를 보면 분명히 한나라 당시의 낙랑을 말한
것이며, 400~500년 이후 진나라나 그 후 교치된 낙랑이 아님은 삼
척동자도 알 수 있다. 필자가 무지한지 위가야가 무지한지는 독자
가 판단할 것이다.

위가야는 교치라는 교묘한 말장난으로 거짓을 말하며 빠져나가
려고 안간힘을 써보지만, 학문의 세계에서 거짓이 어디까지 통할 것
인가? 식민사학을 따르느라 1차 사료를 외면할 수밖에 없는 사이비
주제에, 사료를 근거로 말하는 필자와 같은 재야를 어찌 감히 사이
비라 하는가?

다음으로 낙랑군의 위치와 관련하여 치소인 조선현에 대해 살펴
보자. 『독사방여기요(讀史方輿紀要)』에는 청나라 때 영평부에 대한 설명
이 있는데, 지금의 하북성 노룡현 일대를 말하며 다음과 같다.

> "후위에서 잠시 이 지역을 북평군에 소속시켰고, 후제에서는
> 군치로 삼았다. 수나라에서 노룡현으로 개칭했다. 또 조선성
> 이 영평부 북쪽 40리에 있는데, 한나라 낙랑군의 속현이다.
> 지금은 조선 경내에 있다(後魏僑置於此, 屬北平郡. 後齊爲郡治. 隋改曰盧龍
> 縣. 又朝鮮城, 在府北四十里, 漢樂浪郡屬縣也, 在今朝鮮境内)."
>
> ─ 『독사방여기요』 〈영평부〉조

영평부의 변천 과정을 설명하면서, 영평부 북쪽 40리에 있는 조선성이 옛 낙랑군 조선현이라고 말하고 있다. 지금의 하북성 노룡현에 영평부 유적이 있는데, 그 북쪽에 조선성이 있었으며 그곳이 한나라 때의 낙랑군 조선현이었다는 증언이다. 그러나 위가야는 사료의 근거를 대지 못하고 낙랑군 조선현이 지금의 평양이라고 우긴다. 본인이 옳다면 이병도 이후의 학계에서 대지 못한 근거를 지금이라도 찾고, 『독사방여기요』의 이 기록이 왜 틀렸는지를 말해야 할 것이다.

해방 이전 일본인의 한사군 연구

한사군 한반도설은 일본의 동아시아 침략과 연관이 깊다. 1905년에 일본 총리 가쓰라 다로(桂太郎)와 미국 육군장관 윌리엄 태프트(William Howard Taft)는 밀약을 맺어 미국은 필리핀을, 일본은 대한제국을 점령한다고 하였다. 일본은 조선을 침략하기 위해 오래전부터 치밀하게 준비했으며, 그 첫 번째가 조선의 역사를 왜곡하는 것이었다.

위가야는 「역사비평」 2016년 봄호 중 「'한사군 한반도설'은 식민사학의 산물인가」에서 한사군 위치를 한반도 내로 끌어들여 고대부터 식민지 땅이었다는 타율성론을 만들며, 실증사학이라는 미명 아래 사료적 근거가 없을 뿐더러 이론적으로 성립되지 않는 내용을 조작하였다. 그러므로 위가야 자신도 "한사군의 성격을 식민지로 규정한 것은 단군조선의 역사성을 부정하는 것과 결합하여 한국사가 식민지로 시작되었다는 역사성을 만들어냈다."고 하였다. 또 한사군의 공간적 범위를 확인하기 위한 역사지리 연구가 이루어졌다고 하면서도 "이들의 연구는 한정된 문헌에 대한 비판을 중심으로 진행되었으므로, 엄밀히 말하자면 추론의 영역을 벗어날 수 없는 것이었다."고 인정하였다.

이와 같이 문헌적 기반이 약하기 때문에 고고학적 유적과 유물을 강조하여 일본인의 성과를 이렇게 설명하였다.

> "세키노 다다시는 1910년부터 1915년까지 조선총독부 촉탁의 신분으로 조선 전역의 고적을 조사했다. 이 과정에서 대동강 일대의 토성리 토성 등을 비롯하여 그 지역이 과거 낙랑군의 중심지였음을 알려주는 유적들이 발굴, 조사되었으며 이후 1920년대 중후반에 이르기까지의 조사를 통해 확인된 유적과 유물들은 낙랑군의 중심지가 평양이었음을 확인해주는 핵심적인 증거로 인정받았다."
>
> ─ 「역사비평」 114호, 245쪽

1920년대 중후반까지 조사한 유적과 유물들이 낙랑군의 중심지가 평양이었음을 확인해주는 핵심적인 증거로 인정받았다고 하였다. 그러나 위가야에게는 매우 불행하게도 세키노 다다시가 북경의 골동품상에서 낙랑군의 유물을 다량으로 사들인 이유가 세키노 다다시의 일기에 의해 밝혀졌다. 위가야가 신줏단지처럼 생각하는 세키노 다다시의 정체가 이렇게 허망하게 드러났으니, 위가야는 세키노 다다시의 일기가 있는 것을 몰랐다면 남을 사이비라 말할 자격이 없고, 알았다면 그야말로 양심 없는 사이비 학자일 뿐이다.

세키노 다다시가 북경에서 낙랑 유물을 사들였다는 점은 또 매우 중요한 사실을 증거로 밝힌다. 즉 낙랑군이 원래 북경에서 그리 멀지 않은 곳에 있었다는 것이다. 그러므로 앞에서 문헌으로 보았듯이 낙랑군이 난하 하류에 있었던 사실을 뒷받침해준다고 하겠다. 만약 세키노 다다시나 조선총독부에서 이런 사실을 몰랐다면 왜 북경에서 낙랑 유물을 사서 평양에 묻었겠는가?

세키노 다다시는 황해도 봉산국 문정면에서 장무이 무덤을 찾았다며 황해도를 낙랑군 남쪽에 있었다는 대방군 지역으로 비정하였다. 그러나 장무이 무덤도 허구임이 드러났다. 강단사학계 정인성(영남대학교 교수)이 쓴 『한국상고사학보』 69호 「대방태수 장무이 묘의 재검토」라는 논문에서조차 고고학으로 보면 장무이 묘의 피장자가 대태수라는 것은 허구라고 하였다.[11]

1913년 평양 일대에 대한 6회 조사 때에는 세키노 다다시와 이마니시 류도 참여했다. 이때부터 서기전 2세기대의 유물이 유독 일제 학자들의 눈에만 보이는 신기에 가까운 일들이 벌어졌다. 그중 하나가 점제현신사비다. 1913년 이마니시 류는 평안남도 용강군 해운면 운평동(지금의 평안남도 온천군 성현리 어을동) 평야 지대의 길옆에서 화강암

---

11 정인성은 대방태수의 묘는 분명 아니며 장무이의 묘는 4세기 중엽 이후의 고구려 무덤이라고 주장했다. 그는 이 고분의 천장이 궁륭상이 아니고 석개 천장이며 장무이의 묘를 구성하는 많은 속성에는 고구려적 요소가 있었다고 하였다. 따라서 이 무덤의 축조 연대는 288년이 아니라 348년일 가능성이 가장 높다고 하였다.

으로 된 비를 발견했다고 하였다. 『한서』「지리지」에 점제현은 낙랑
군에 속한 25개 현 중 하나로 기록되어 있다. 이 비가 점제현신사비
이며, 이 지역이 낙랑군에 속한 현 중의 하나라는 것을 유물로 입
증하려는 의도였다.

그러나 점제현신사비에는 여러 가지 의문점이 있다. 우선 이 비
가 발견되기 2년여 전에는 이 지역에 물이 들어왔다는 고고학자 손
보기의 고증이 있다. 그리고 이 비는 화강암으로, 주위의 화강석과
는 다르다. 북한에서 흑운모를 시료로 방사선동위원소 측정을 해보
니 점제현신사비는 1억 2천 9백만 년 전에, 비가 발견된 주위의 화
강석은 1억 1백만~1억 7백만 년 전에 조성된 것이었다. 점제현신사
비와 주위의 화강석과는 무려 2천 2백만~2천 8백만 년의 연대 차이
가 나는 것이다. 북한 학계는 점제현신사비가 "요하 지방의 화강석
과 비슷한 것으로서 요하 지방을 비롯한 다른 지방에 있는 화강암
으로 만들어서 여기에 옮긴 것으로 볼 수 있다."라고 하였다. 이 비
와 관련해 북한 학자 김교경과 정강철은 『조선고고연구』의 「물성 분
석을 통하여 본 점제비와 봉니의 진면모」에서 다음과 같이 분석하
였다.

"원래 육중한 비석을 세우자면 그 가공 수준이 높아야 한다.
그런데 점제비는 대충 다듬어졌으며 발굴 과정에서 드러난
바와 같이 기초에는 시멘트를 썼다."
– 『조선고고연구』 4호(루계 97호), 사회과학원 고고학연구소, 1995, 21쪽

점제현신사비를 평가하는 데 문제가 되는 것은 무엇보다도 화학 조성에서 용강군 일대의 화강석과 큰 차이가 있다는 점이다. 즉 주위에서 구할 수 있는 화강암이 아니라는 것이었다. 다른 곳에서 화강암을 구해 급하게 만들어졌다는 의구심이 강하게 들 수밖에 없는 대목이다.

> "이마니시 류가 어을동 고분을 샅샅이 뒤졌으나 무늬 있는 와당은 하나도 발견하지 못했다. 그러나 면장에게 물으니 고비(古碑)가 하나 있지만 해독할 수 없으며, 해독하면 그 아래에 황금이 있다는 전설이 있다고 하였다. 다음 날에 가 탁본을 뜨고 해독하니 점제 두 글자가 있어 한대의 낙랑군 점제현과 연관이 있음을 알게 되었다고 하였다."
>
> — 후지타 료사쿠, 『조선고고학연구(朝鮮考古學硏究)』, 고토쇼인(高桐書院), 1948.

우연치고는 그들의 말대로 필연이었다. 그토록 샅샅이 찾았는데 아무것도 찾지 못하다가 평야 지대의 길옆에서 발견했다니 신의 손이라고 할 수밖에 없다. 그런데도 이마니시 류는 '점제현신사비'가 발견된 평안남도 용강군을 '낙랑군 점제현'의 자리라고 비정했다.

일제 학자들이 발견했다는 한나라 낙랑군의 흔적이라는 것이 이처럼 그들이 원하는 틀에 끼워 맞추기 위해 심어놓은 것이다. 점제현신사비는 물론이고 봉니(封泥)와 효문묘동종(孝文廟銅鐘) 등은 조작되거나 객관성이 없는 유물이다. 이런 조작된 유물을 오늘날의 학자들이 설득력이 있는 연구 결과라고 인정하다니 놀라운 일이다. 사서의 기록이 없으니 추론에 불과한 주장을 뒷받침하기 위해 조작된 유물이 낙랑군의 중심지가 평양이었음을 확인해주었다는 주장은 일제가 만들어놓은 주장을 답습하며 식민사학을 그대로 추종하는 것이다.

위가야는 일본 식민사학자들의 연구 결과를 근대적 서술인 것처럼 받아들이며 더는 부정할 수 없는 것이라고 주장하였다. 그러나 위에서 보았듯이 평양의 유적과 유물들은 낙랑군의 중심지가 평양이었음을 확인해주는 핵심적 증거가 아니라 조선총독부의 조작에 불과한 것으로 만천하에 드러났다.

조선 후기의 한사군 한반도설

위가야는 한사군 한반도설에 대해 이렇게 결론을 내렸다.

> "결국 한사군 한반도설은 처음 한사군의 위치를 한반도 안으로 파악한 중국 사서의 주석가들 이래 조선 후기에 역사지리학을 연구한 실학자들, 그리고 일본인 역사학자들에 이르기까지 오랜 기간 심화되고 그 타당성을 인정받은 학설일 뿐, 일제 식민사학의 산물이라 할 수는 없다. 따라서 한사군 한반도설=식민사학이라는 등식은 성립할 수 없는 것이다."
>
> — 「역사비평」 114호, 252쪽

위가야의 말은 첫 문장부터 거짓말이다. 첫째, 중국의 주석가들이 한사군의 위치를 한반도 내로 파악했다는 것은 거짓말이다. 만약 주석가들이 그렇게 말했다면 이병도 이후 강단사학계에서 왜 떳떳하게 그것을 내세우지 못하는가? 그들이 모두 한반도가 아니라고 주석했기에 사료로 내세우지도 못하면서 위가야는 이같이 뻔뻔하게 거짓말을 한다. 한 가지만 예를 들면, 위만조선의 도읍 '왕험'에 대해 『사기색은』에서 서광은 '창려군 험독현'이라 하고, 응소는 '요동군 험독현'이라 주석했다. 이 두 주석으로는 왕험이 평양이 아니라 창려나 요동으로 만주 지역이라는 것이다.

둘째, 조선 후기의 몇 학자가 한사군이 한반도 북부에 있다고 주장했으나 그러한 주장에 대한 우려가 있었다. 사대주의 학자들의 역사 왜곡을 박지원은 이렇게 지적한 바 있다.

"우리나라 선비들은 단지 지금 평양만 알므로 기자(箕子)가 평양에 도읍했다 하면 이를 믿고, 평양에 정전(井田)이 있다 하면 이를 믿으며, 평양에 기자묘(箕子墓)가 있다 하면 이를 믿어서, 만일 봉황성이 곧 평양이다 하면 크게 놀랄 것이다. 더구나 요동에도 또 하나의 평양이 있었다 하면, 이는 해괴한 말이라 하고 나무랄 것이다. 그들은 아직 요동이 본시 조선의 땅이며 숙신(肅愼), 예(穢), 맥(貊) 등 동이(東彛)의 여러 나라가 모두 위만의 조선에 예속되었던 것을 알지 못하고, 또 오라(烏剌), 영고탑(寧古塔), 후춘(後春) 등지가 본시 고구려의 옛 땅임을 알지 못하는 것이다. 아아, 후세 선비들이 이러한 경계를 밝히지 않고 함부로 한사군을 죄다 압록강 이쪽에다 몰아넣어서, 억지로 사실을 이끌어다 구구히 분배(分排)하고 다시 패수를 그 속에서 찾되, 혹은 압록강을 '패수'라 하고, 혹은 청천강을 '패수'라 하며, 혹은 대동강을 '패수'라 한다. 이리하여 조선의 강토는 싸우지도 않고 저절로 줄어들었다."

— 박지원, 『열하일기』 「도강록」

위와 같이 박지원은 한사군의 위치 비정과 관련하여 벌어질 수 있는 여러 문제를 우려하였다. 사대주의에 따라 한사군을 평양이라고 정해놓음을 개탄하였다. 한사군을 한반도에 비정함으로써 패수의 위치를 압록강이라고 하거나 청천강으로 하거나 또는 대동강으로 하는 행위였다. 그러므로 조선의 강토는 싸우지도 않고 저절로 줄어들게 된 것이다. 이러한 박지원의 우려는 현실로 나타났다. 중국의 사료에도 명백히 기록된 한사군의 위치가 한반도로 둔갑했다. 그러나 사료를 통해 한사군은 한반도 북부와 아무런 관련이 없다는 것을 알 수 있다.

한백겸(韓百謙)은 『동국지리지(東國地理志)』 「낙랑군」에서 패수는 조선의 북쪽 경계이므로 대동강이 아니나 압록강은 요동의 서안평(西安平)현으로 흘러가는 마자수(馬訾水:압록강의 옛 이름)로 보아야 하며, 대동강과 압록강 사이에 있는 청천강이 패수일 것이라고 하였다. 그러나 이러한 내용에 대하여 윤내현은 『고조선연구』를 통해 고조선의 영역을 한백겸이 살았던 조선 영역 내로만 한정하고 고대의 요동도 지금의 요동과 동일할 것이라는 전제로부터 출발하여 아무런 고증도 거치지 않은 채 패수를 청천강으로 단정하는 오류를 범하였다고 하였다. 한백겸의 이런 오류 때문에 낙랑군과 임둔군이 한반도에 있었던 것으로 보았음에도 잘못을 바로잡지 못하고 답습하는 결과를 가져오게 되었다.

이와는 정반대로 이익의 『성호사설(星湖僿說)』「천지문(天地門)」에는 "현도와 낙랑 두 군이 요동에 있었다(出自玄菟退自樂浪則二郡之在遼可知)."고 나와 있다. 이는 동천왕 때 고구려를 침략한 위(魏)나라 유주(幽州)자사 관구검(毌丘儉)의 진격과 퇴각로를 검토한 결과였다. 그런데 위가야는 이러한 주장에 대해 이익이 기록된 정황을 잘못 본 데서 오류를 범한 것이라고 하였다. 그러나 위나라 유주자사는 오늘날 북경 북부와 그 서쪽을 다스리는 벼슬이다. 이덕일은 2009년에 출간한 『한국사 그들이 숨긴 진실』에서 유주자사가 현도군에서 고구려를 공격해 낙랑군으로 퇴각했으면 현도군과 낙랑군은 모두 요동에 있었던 것이라고 했다. 현도에서 나와 요동으로 퇴각했다는 주장은 합리적이다. 그러나 이러한 주장은 철저히 무시되었다. 현도에서 나와서 낙랑으로 물러가는 경로가 이상할 것이 없다는 위가야의 주장은 한사군이 한반도 북부에 있어야 한다는 일본인의 주장과 무엇이 다른가?

『동북아역사지도』의 역사 왜곡

앞에서 낙랑군과 현도군의 구체적 위치와 설치 시기를 사료를 통해 확인하였다. 위만조선의 땅을 한무제가 침략하여 점령한 후 서기전 108년에 낙랑군을 설치하고 1년 뒤인 서기전 107년에 현도군을 설치하였다. 그 위치는 위만조선의 땅을 점령했으므로 당연히 지금의 요서 지역이다. 그러나 요서 지역에 설치된 현도군의 위치 비정에 대해 전혀 다른 견해가 있다. 학계에서는 현도군이 요동 지역에 있었고, 고구려국이 현도군의 고구려현에서 건국되었다고 주장한다. 한사군 한반도설을 추종하여 현도군의 위치를 지금의 요동과 한반도 북부로 보기 때문이다. 현도군의 위치가 고구려 건국지와 같다고 인식하고 현도군 안에 설치된 행정 구역인 고구려현과 고구려국의 이름이 같음으로 벌어진 판단의 오류다. 동일한 지역과 동일한 지명으로 인식하는 것 자체가 문제다. 이러한 주장의 저변에는 한사군은 한반도에 있어야 한다는 왜곡된 논리가 있다. 이러한 인식은 고조선의 강역을 축소함과 동시에 고구려가 중국사의 영역이라는 동북공정 논리를 따르는 결과로 귀결된다.

이러한 오류를 바로잡을 수 있는 기록을 『후한서』 「동이열전(東夷列傳)」에서 찾을 수 있다. 그 나라들은 부여(夫餘), 읍루(挹婁), 고구려(高句麗), 동옥저(東沃沮), 동예(東濊), 한(韓)이며 그 위치는 지금의 요하 동쪽 만주와 연해주, 그리고 한반도였다. 『삼국사기』 「고구려본기」는 요동 지역에 졸본부여(卒本夫餘), 비류국(沸流國), 행인국(荇人國), 해두국(海頭局), 개마국(蓋馬國), 구다국(句茶國), 조나국(藻那國), 주나국(朱那國), 갈사국(曷思國) 등이 있었다고 기록했다.

여기에서 중요한 부분은 고구려의 위치만 확인하면 간단하게 해결된다. 한사군의 하나인 현도군에 대해서는 이미 설명했으므로 고구려와 관련된 사료를 확인하면 된다. 과연 현도군과 고구려의 위치가 일치하는지 확인해보자.

> "고구려현에 요산이 있는데 요수가 나오는 곳이다. 요수는 서남의 요대로 이르러 대요수로 들어간다(高句驪, 遼山, 遼水所出, 西南至遼隊入大遼水)."
>
> — 『한서』 「지리지」 하 〈현도군〉조

> "고구려현에는 요산이 있고 요수가 나온다(高句驪遼山, 遼水出)."
>
> — 『후한서』 「군국지」 〈현도군〉조

위의 두 사료를 통해 한사군의 현도군에 고구려현이 있음을 알 수 있다. 고구려현에는 요산이 있고 요수가 있다고 하였다. 한사군이 설치된 서한시대의 고구려현과 동한시대의 고구려현이 동일한 행정 구역임을 알 수 있다.

> "열은 강 이름이며 요동에 있다(列, 水名. 列水在遼東)."
>
> — 『후한서』 「군국지」 〈낙랑군〉조

『후한서』 「동이열전」 〈고구려〉조는 남쪽에 조선과 예맥, 동쪽에 옥저(동옥저), 북쪽은 부여와 접한다고 했으니 지금의 요동 지역과 압록강 유역임을 알 수 있다. 이 기록에서 고대 요동의 위치를 알 수 있다. 고구려는 요동의 동쪽으로 1,000리 떨어진 곳에 위치한다고 했으므로, 지금의 요동과 고대의 요동이 다른 곳이라는 것을 알 수 있다. 고대의 요동은 지금의 요동에서 서쪽으로 더 멀리 있었다.

> "고구려는 요동의 동쪽 1,000리 떨어진 곳에 있다. 남쪽은 조선과 예맥, 동쪽은 옥저, 북쪽은 부여와 접하였다. 땅은 사방 2,000리다(高句驪, 在遼東之東千里, 南與朝鮮, 濊貊, 東與沃沮, 北與夫餘接. 地方二千里)."
>
> — 『후한서』 「동이열전」 〈고구려〉조

한사군 한반도설을 추종하다 보니 국민의 세금으로 제작된 『동북아역사지도』에서도 심각한 역사 왜곡이 보인다. 역사를 설명할 때 글보다 지도가 훨씬 잘 표현되고 전달된다. 지도 편찬 사업을 하는 데는 막대한 자금이 들어가고 제작 기간이 오래 걸릴 수밖에 없으므로 심혈을 기울여야 한다. 그러나 학계에서는 검증되었다고 둘러대지만 왜곡된 역사를 그대로 표현했다.

오른쪽 『동북아역사지도』는 위만조선과 진국(辰國) 서기전 194~109년의 강역을 보여주고 있다. 이 지도에는 위만조선이 한반도 북부에 있다. 위만조선이 한반도 북부에 있도록 그린 것은 학계에서 이야기하는 고조선 중심지 이동설을 나타내기 위함이다. 이 지도는 한반도 북부에 위만조선이 있었는데 한무제가 공격해 위만조선이 망했고 그 지역에 한사군이 설치되었다는 시나리오를 쓰기 위한 명분이다. 그래야 한사군이 한반도에 있었다고 주장할 수 있기 때문이다.

사료에서 이미 확인한 바와 같이 위만조선은 이때 한반도가 아니

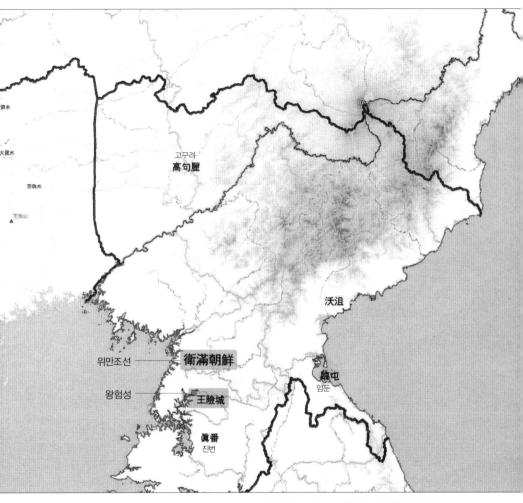

위만조선을 평안남도 일대의 소국으로 그려놓고 왕험성을 평양으로 설정해놓은 『동북아역사지도』「위만조선과 진국 기원전 194~109년」.

라 요서 지역에 있었다. 그런데 이 지도에서는 한무제가 위만조선을 침략하기 전에도 임둔과 진번을 표기하였다. 어떤 사료를 근거로 그렸는지 알 수가 없다. 더구나 고구려라고 표기된 부분도 현도군의 고구려를 표시한 것인데 이 또한 사료적 근거가 없다. 아마도 현도군 고구려현에서 추모왕이 고구려를 창업했음을 강변하려고 그린 것으로 보인다. 『후한서』「동이열전」에서 확인한 것처럼 고구려국의 위치는 요동에서 1,000여 리 떨어진 곳에 있었으며 한사군의 위치와 고구려국의 위치는 동일한 지역일 수가 없다. 이 또한 한사군이 한반도에 있어야 하는 왜곡이다. 이 지도는 중국의 동북공정을 충실히 따르는 지도로밖에 볼 수 없다.

266쪽 지도는 중국 담기양의 『중국역사지도집』「서한 유주자사부」지도고, 267쪽 지도는 『동북아역사지도』「고구려의 성장 120~300년」지도다. 지도의 지명 등을 살펴보면 같은 지도를 사용했음을 알 수 있다. 낙랑군이 한반도 북부에 있고 패수를 청천강으로, 열수를 대동강으로 그렸다. 낙랑군의 속현들인 '조선·패수·증지·점제·열구·누방·사망·둔유·대방·해명·제해' 현의 위치도 같다. 담기양의 『중국역사지도집』과 『동북아역사지도』의 역사 왜곡은 동일하다. 1982년에 출간된 『중국역사지도집』은 중화주의를 표방하기 위해 역사를 왜곡한 것이다. 서문을 보면 확연히 드러난다.

"양수경(楊守敬)의 지도(陽圖:양도)는 중원왕조의 직할지만 그렸고, 심지어 중원왕조도 모두 그리지는 않았다. 그러나 우리의 위대한 조국은 몇 십 개 민족과 공동으로 만든 것이니 각 소수

민족은 각 역사 시기에 중원왕조에 예속되었든지 중원왕조와 다른 자립 정권이었든지 모두 중국의 일부분이다. 우리가 그리는 지구(地區)의 지역 범위에는 각 변방 소수 민족의 분포지와 그에 의해 수립된 정권의 판도가 당연히 포함된다."

– 담기양, 『중국역사지도집』, 중국지도출판사, 1982, 2쪽

양수경은 중원왕조의 직할지만 지도에 표기했으나 담기양은 중화주의 관점에서 그렸다고 하였다. 서문에서 나타나듯이 중국 영토에 있던 모든 왕조는 중국의 역사이고 각 변방의 소수 민족과 그들이 수립한 정권도 포함된다고 하였다. 현재 중국 영토에 있는 모든 나라와 민족은 중국사라는 말이다. 따라서 고구려도 중국사라는 주장이다. 고구려뿐 아니라 고조선의 쇠락으로 분국된 거수국과 이후 중국 영토에서 수립된 모든 국가도 중국사에 편입하였다.

『동북아역사지도』가 중국 정부의 중화주의에 입각한 『중국역사지도집』의 내용과 동일한 지도라는 점이 놀랍다. 이런 시각의 역사관에 의해 그려진 지도를 기본으로 『동북아역사지도』를 그린다는 것은 우리의 고대사가 중국사라는 것을 인정하는 것이다. 동북공정을 추진하는 중국에서는 쌍수를 들어 환영할 일이다.

한사군 한반도설은 식민사학이다

앞에서 한사군은 한반도에 없었고 요서 지역에 있었다는 사실을

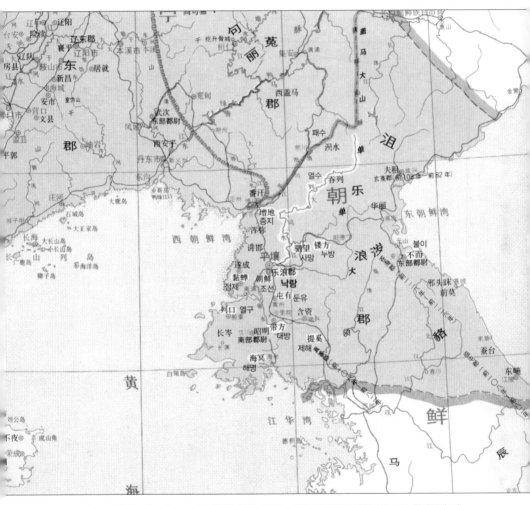

「중국역사지도집」 2권 27~28쪽 「서한 유주자사부」. 중국 동북공정 차원에서 그린 한사군과 낙
랑군의 위치로, 중국은 이 지도를 근거로 북한 강역이 자기네 것이라고 주장한다. 패수를 청천강
으로, 열수를 대동강으로 규정했다. 한반도 북부에 낙랑군의 속현들을 표기했다.

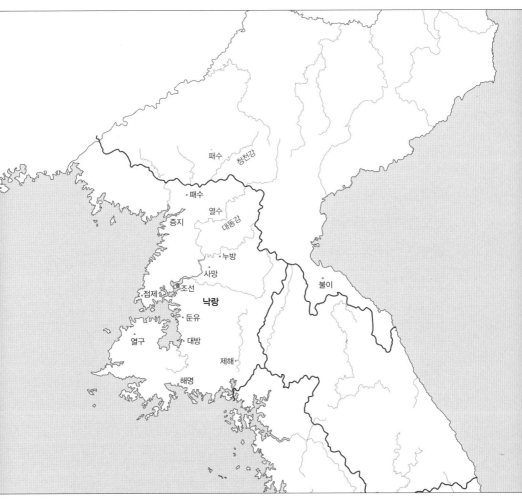

『동북아역사지도』「고구려의 성장 120~300년」. 동북아역사지도편찬위원회에서 그린 한사군과
낙랑군의 위치로, 『중국역사지도집』을 그대로 표절해 패수를 청천강으로, 열수를 대동강으로 표
기했다. 낙랑군의 속현들인 '조선·패수·증지·점제·열구·누방·사망·둔유·대방·해명·제해' 현의
위치 역시 『중국역사지도집』을 고스란히 베꼈다.

1차 사료인 중국의 사서를 통해 확인하였다. 또한 중국의 사서 어디에서도 한사군이 한반도에 설치되었다는 근거는 없다. 조선 후기 일부 학자들의 한사군 위치와 관련된 기록에 대해 박지원은 『열하일기』「도강록」에서 문제를 우려하였다. 사대주의에 따라 한사군을 평양으로 정하고 한반도에 비정함으로써 조선의 강토는 싸우지도 않고 저절로 줄어들었음을 개탄하였다.

위가야는 근대적 서술 방법과 세키노 다다시의 면밀한 고고학 연구로 낙랑군의 중심지가 평양, 즉 한사군 한반도설을 입증했다고 하였다. 그러나 이미 언급한 바와 같이 세키노 다다시는 한사군 한반도설이라는 공식에 끼워 맞추기 위해 낙랑과 대방의 유물을 조작하였다. 지금의 주류 사학계에서는 대방태수의 묘로 입증되었다고 판단했으나, 정인성은 「대방태수 장무이 묘의 재검토」라는 논문에서 고고학으로 보면 장무이 묘의 피장자가 대방태수라는 것은 허구이며 고구려 무덤임을 밝혔다. 이외의 문헌으로 유추할 수밖에 없는 부분은 고고학 발굴과 연구 성과가 있었다고 했으나 조작된 유물임이 틀림없다고 하였다.

이처럼 조작되고 왜곡된 역사관을 기반으로 그려진 『동북아역사지도』가 정상일 수는 없다. 한사군의 강역은 물론이고 동북공정의 논리를 그대로 옮겨놓은 지도다. 독도가 그려져 있지 않은 지도가 무슨 의미가 있는지 묻고 싶다. 실수로 그리지 않았다는 변명이 받아들여질 수 있을까?

위가야는 "이들(이른바 사이비 역사학자:필자)이 공유하는 감정은 동북공정을 진행 중인 중국이 역사를 근거로 한반도 북부에 대한 영유권을 주장할 것이란 불안감이다."라고 하였다. 그렇다면 시진핑이 "한국은 실제로 중국의 일부였다."고 한 현실적 발언에 대해서는 어떻게 항변할 것인가? 시진핑의 주장이 맞다고 쌍수를 들어 환영해야 하는가? 한사군 한반도설을 식민사학이라고 1차 사료를 근거로 주장하는 것이 사이비이고 역사학의 강박 관념이라는 것은 도저히 말이 되지 않는다. 사료와 조작된 유물과 유적에서 확인했지만 한사군 한반도설은 일제에 의해 창작된 식민사학이 명백하다. 위가야나 학계가 해방 70년이 넘도록 식민사학을 비판하지 않고 오히려 추종하는 이유가 무엇인가? 자신들의 기득권을 유지하기 위해 계속 국민을 기만한다면 머지않아 응분의 대가를 비싸게 치르게 될 것이다.

4장
한국사 최대 쟁점, 임나일본부설의 운명은?

_ 이주한

고대사학계를 다시 장악한 임나일본부설, 증거의 부재

"지금까지 거의 전부 임나사 또는 가야사 왜곡의 첫발은 임
나와 가야가 동일국이라는 증거가 아무 데도 없음에도 그 양
자가 동일 국가라 전제하고 논리를 전개한 데 있는 것이다."

– 최재석, 『고대 한국과 일본 열도』, 일지사, 2000, 425쪽

자칭, 타칭 가야사 전문가라는 김태식은 '임나는 가야의 별칭'이
라고 말했다. 최재석의 윗글처럼 가야가 임나라는 사료적 근거는
없다. 한국 강단사학계의 억지일 뿐이다. 그러니 문재인 대통령이
가야사 복원을 언급하자 강단사학계가 일제히 나서서 비판한 것이
다. '임나'가 한반도의 '가야'라는 전제가 임나일본부설의 출발이자,

핵심 프레임인데 놀랍게도 그 근거는 아무것도 없기 때문이다. 모든 사건은 발생한 공간이 있고, 그 공간은 사건을 이해하는 가장 중요한 요소다. 사건이 벌어진 공간을 모르면 그 사건은 오리무중이 된다. 임나일본부설을 살필 때도 반드시 이 점부터 검증해야 한다. "임나가 어디에 있었는가?" 이를 1차 문헌 사료와 고고학 자료 등을 통해 사료 비판하는 것이 임나일본부설의 실체를 파악하는 관건이다.

강단사학계가 절대적으로 사수하는 철의 명제를 앞서 거론했다. 낙랑군 등의 한사군이 한반도 북부에 있어야 하는 것처럼 임나는 반드시 가야여야만 한다. 강단사학계가 한사군의 위치 문제를 피하기 위해 한사군의 성격 문제로 논점을 피하듯, 임나일본부설도 '임나=가야'라는 것을 고수하기 위해 임나일본부 성격 문제로 도망간 지 오래다.

무서운 아이들은 임나일본부설을 어떻게 보고 있는지 앞에서 일부 살폈다. 젊은이답지 않은 신가영은 「'임나일본부' 연구와 식민주의 역사관」에서 이덕일이 타당한 문제 제기를 했는지 의문이 든다면서 다음과 같이 불가사의한 발언을 했다.

"게다가 김현구의 연구를 근거로 국내 고대사학계의 연구에 식민사관이 내재되어 있다고 매도하는 것 역시, 임나일본부설에 대한 학계의 연구를 제대로 이해하고 비판의 근거를 충분히 제시하면서 합리적으로 문제를 제기했다고 보기 어렵다. '임나일본부' 연구에서 김현구의 연구가 어떤 위치에 있는지

면밀히 파악하지 못한 결과가 아닐까란 생각이 든다."

– 젊은역사학자모임, 「한국 고대사와 사이비 역사학」, 146~147쪽

최재석이 늘 의문스럽게 생각한 것이 바로 이런 불가사의다. 항소심 재판부도 불과 몇 주 만에 김현구와 이덕일의 핵심 주장을 간파했는데, 역사로 박사 학위를 받은 사람들이 김현구의 임나일본부설이 무엇인지 횡설수설하고 있는 것이다. 신가영은 해방 이후 한국사 연구의 주도권을 잡게 된 국내 학계가 식민주의 역사학을 비판하고 극복하기 위해 많은 노력을 기울였다면서 이렇게 말한다.

"당연히 임나일본부설에 대해서도 『일본서기』를 비롯하여 근거로 제시된 모든 자료를 사료 비판함으로써 그 허구성을 지적했다. 특히 가야 지역을 중심으로 한 한반도 남부의 여러 세력과 왜의 관계에 대해 다양한 시각에서 분석이 이루어졌다."

– 젊은역사학자모임, 「한국 고대사와 사이비 역사학」, 150쪽

『일본서기』를 비롯해 모든 자료를 사료 비판했다는 것은 신가영이 잘못 알거나 거짓말하고 있는 것이다. 강단사학계는 앞서 본 대로 『일본서기』를 비롯해 『삼국사기』, 『삼국유사』, 『송서』, 『양서』, 「광개토대왕비문」 등 모든 자료에 대해 반드시 거쳐야 할 기본적인 사료 비판을 하지 않았다. 그러고는 입맛에 맞는 부분만 취해 전후 맥락과 상황 등 종합적으로 학문 검토를 하지 않고 '임나＝가야'라는 결론만 앵무새처럼 반복했다. 임나일본부설과 관련한 모든 사료

를 섭렵하고 종합적으로 비판한 최재석의 견해부터 보자.

"일본인은 그들의 역사 조작에 방해가 되는 『삼국사기』나 『삼
국유사』는 조작으로 몰고, 가야와 임나가 동일국이라는 증거
는 하나도 제시함이 없이 말로만 가야와 임나는 동일국이라
고 주장하고 있다. 그러나 가야와 임나가 전혀 별개의 나라
라는 증거는 있을지언정 같은 나라라는 증거는 아무 데도 없
다. 이러한 일본인의 주장에 어찌하여 한국 사학자들도 무조
건 동조하며 가야와 임나가 동일국이라고 주장하는지 모르
겠다. 또 일본인은 가야와 임나의 관계에 대하여 논할 때는
보통 가야와 임나가 동일국이라고 주장함과 동시에 일본이
가야를 지배하였다고 주장한다. 그런데 또 어찌하여 한국의
고대사학자들은 후자인 일본이 가야(한국)를 지배하였다는 주
장에 대해서는 놀라울 정도로 침묵을 지키면서 전자인 가야
와 임나가 동일국이라는 대목에만 관심을 가져 이것을 받아
들이는지 모르겠다."

– 최재석, 『고대한일관계사 연구 비판』, 143쪽

한국의 강단사학계에서 주장하는 임나일본부설의 정곡을 찌르는
말이다. 일제는 임나가 가야라는 전제 아래 임나일본부설을 구성했
다. 그들은 이 가설에 방해가 되는 『삼국사기』나 『삼국유사』의 기록
을 믿을 수 없는 기사로 치부했다. 증거는 아무것도 제시하지 않았
다. 그 기록들이 창작되었다는 자신들의 주장이 유일한 근거였다.

하지만 『삼국사기』와 『삼국유사』의 기록이 만들어진 사실이 아니라는 증거, 가야와 임나가 별개의 나라라는 증거는 무수히 많다. 임나일본부에 대한 기록이 한국과 중국의 1차 사료 등에는 없다. 『삼국사기』와 『삼국유사』에는 그와 완전히 상반되는 기록들만이 있다. 그럼에도 일제 학자들은 19세기 이래 가야와 임나를 동일 국가로 설정했다.

'김가야'의 임나일본부설

2001년 일본의 역사 교과서 문제가 불거져 한·일 정상 회담에서 한·일 공동으로 역사를 연구하기로 합의했다. 한일역사공동연구위원회가 구성되어 2002~2005년에 1기 활동이 있었고, 2007~2010년에 2기 활동이 있었다. 물론 한국 측 학자들은 대한민국 국민의 세금으로 활동했다. 한일역사공동연구위원회의 한국 측 위원인 김태식이 쓴 보고서를 살펴보려고 한다.

김태식은 가야사를 전공했고, 김현구와 함께 임나일본부설의 대표 논자로 활약하는 인물이다. 그와 김현구의 주장을 살피면 임나일본부설의 실체를 파악할 수 있다. '김가야' 김태식이 쓴 보고서를 보자.

"이제 한·일 양국의 고대사 연구자들 사이에는 임나일본부설을 인정한다고 공언하는 사람은 극히 드물다. 임나일본부설은 20세기 전반기를 거치면서 『일본서기』, 『송서』 「왜인전」, 「광개토대왕비문」 등의 검토를 통하여 뒷받침된 당시의 학문적 성과인 것처럼 보이지만, 동시에 그것은 일본의 조선 침략과 식민지주의를 긍정하는 데에 기여하려는 목적이 있었으므로, 그것이 21세기인 지금에 와서 설득력을 잃는 것은 당연한 것이다."

– 한일역사공동연구위원회, 『제2기 한일역사공동연구보고서』, 2010, 128쪽

19세기와 20세기의 임나일본부설을 그대로 공언하는 사람은 거의 없다고 보면 된다. 그런데 주목할 부분이 있다. "『일본서기』, 『송서』 「왜인전」, 「광개토대왕비문」 등의 검토를 통해 뒷받침된 당시의 학문적 성과인 것처럼 보이지만"이라는 말이다. 학문적 성과인 것처럼 보인다고 슬쩍 여지를 두었다. 『일본서기』는 야마토 정권이 천황의 권위를 세우기 위해 만든 책으로 조작과 과장, 윤색이 많아 사료 비판을 통해 반드시 사실과 허구를 가려야 하는 사료다. 「광개토대왕비문」은 광개토대왕의 업적을 기록했다. 이 비문의 주체는 당연히 고구려다. 임나일본부설과 관련돼 거론되는 신묘년(辛卯年) 기사를 보자.

"(백제, 신라는 본래 고구려에 조공을 바쳤다.) 그런데 후에 조공을 보내지 않아 신묘년에 백제를 파하고 신라를 신민으로 삼았다(而倭以 辛卯年來 渡海 破百殘□□新羅 以爲臣民)."

– 「광개토대왕비문」 신묘년 기사 중에서

상식적으로 고구려가 주어지 왜가 주어일 가능은 거의 없다. 『삼국사기』에 의하면 당시 고구려는 백제를 공격하고 신라를 복속했다. 『일본서기』에는 관련 사실이 전혀 없다. 「광개토대왕비문」에 있는 신묘년 기사의 주체는 당연히 고구려다. 정인보는 일찍이 이 문장의 주어가 고구려라고 주장했다. 「광개토대왕비문」은 고구려 주체의 천하관을 기록한 것으로 임나일본부와는 아무런 관련이 없다. 『송서』의 기사도 허구적 과장에 불과하다. "왜왕이 남송에 '왜, 백제, 신라, 임나, 가라, 진한, 모한 일곱 나라 제군사 안동대장군'이라는 벼슬을 청한다.", "남송의 황제는 백제를 빼고 나머지 여섯 나라의 군사 안동대장군과 왜국의 왕이라는 벼슬을 하사했다."고 한다. 중국은 중화사관에 입각해서, 그리고 왜는 작호를 통해 자신을 과장한 것으로 보는 것이 합리적이다. 남송은 백제 이외에 이해관계가 없어 중화주의에 따라 형식적으로 승인했다. 진한과 모한은 5세기에 사라진 나라들이다. 일본인 학자들이 이를 왜왕이 한반도 남부를 지배한 것으로 조작했다. 일본인 학자들이 백제가 일본에 바친 것이라고 주장하는 칠지도도 어불성설이다. 4세기에 백제가 하사한 칠지도는 고도의 제련 기술로 만든 철제품이다. 4세기에 왜는 철을 제조하지도 못했다. 동아시아의 강국 백제가 일본에 칠지도를 바칠 일은 없었다. 칠지도 명문은 백제의 왕세자가 야마토왜의 후왕(侯王)에게 하사했다고 기록하고 있다.

서구학자로는 최초로 1941년에 미국 컬럼비아대학교에서 일본미술사 박사 학위를 취득한 동양미술사학자 존 카터 코벨(Jon Carter Covell)의 글을 살펴보자.

"이 칠지도는 이곳에 단 하나뿐, 한국 어디서도 찾아볼 수 없는 것으로 일본의 어용학자들은 칠지도의 명문을 공개하지 않았다. 아마도 한일합방 기간인 1910~1945년 사이에 이 칼의 명문은 의도적으로 파괴되었을 것이다. 왜냐하면 369년이라는 연대에 일본은 한국의 속국이었기 때문이다. (중략) 물론 일본의 '모든' 학자는 이 명문에 나와 있는 '속국'을 일본이 아닌 백제로, 종주국의 왕을 야마토의 당국으로 해석하고 싶어 한다. 그러나 절대 그럴 수 없는 명백한 이유는 바로 369년 백제는 군사적으로나 정치적으로 정점에 올라 있었던 때라는 사실이다. 백제 근초고왕은 평양에 쳐들어가 고구려 고국원왕을 죽였다. 일본 사회는 이 당시 아주 미약한 집단에 지나지 않았으며 무녀 왕녀인 진구황후와 그의 군사, 한반도에서 건너간 야심가들이 막 속국을 건설하고 있을 무렵이었다."

― 존 카터 코벨, 『한국문화의 뿌리를 찾아』, 김유경 옮김,

학고재, 1999, 81~82쪽

코벨은 4세기에 고대 일본이 백제의 속국이었음을 1차 사료와 고고학 사료를 통해 알고 있었다. 4세기에 백제는 평양을 공략했다. 백제가 중국의 요서 지방을 경영했다는 기록이 『송서』 등 중국의 1차 사료들에 있다. 369년에 백제는 군사적·정치적 전성기였다.

"임나일본부설은 일제 시기 일본이 우리에게 강요한 식민사관의 대표적인 것으로서, 그들은 이것을 통해 한국 고대사를

왜곡하고 한국인에게 열등감을 조장했다. 사실 그들이 '임나'라고 부르는 곳은 고대 한반도의 가야 지역에 해당한다."

– 역사비평편집위원회, 『한국 전근대사의 주요 쟁점』, 78쪽

윗글은 김태식이 쓴 글의 일부다. 그런데 그는 임나일본부설은 일제가 강요한 식민사관의 대표적인 것이라면서 비판하는 척한다. 중요한 말은 뒤에 나온다. "사실 그들이 '임나'라고 부르는 곳은 고대 한반도의 가야 지역에 해당한다."라고 말이다. 그가 자신의 대표작 『미완의 문명 7백년 가야사』 1에서 임나와 관련해 『일본서기』 기사에 신빙성이 있다며 한 말이다.

"그러므로 비교적 신빙성이 인정되는 전자의 다수 용례를 중심으로 볼 때, 임나는 6세기의 한반도 남부 경상남도를 중심으로 한 지역에서 신라나 백제에 복속되어 있지 않은 소국들의 총칭을 가리킨다고 보아도 좋을 것이다. 이는 당시의 가야 소국들이 신라나 백제와 구분되는 하나의 세력권을 이루고 있었던 사실의 반영이며, 그 임나를 왜 측에서 친근하게 여긴 것은 이들과의 빈번한 교역 경험과 관련된 것이다. 요컨대 대가야를 중심으로 파악되는 5~6세기의 후기 가야 연맹을, 왜에서는 무슨 이유에선가 임나라는 명칭으로 불렀다."

– 김태식, 『미완의 문명 7백년 가야사』 1, 푸른역사, 2002, 66~67쪽

용두사미인 역사학자들

김태식은 임나를 가야로 전제하고, 근거는 제시하지 않은 채 자의적으로 단정했다. 왜가 가야를 어떤 이유에선가 임나라고 불렀을 것이라는 자신의 주장이 근거라면 근거다. 그는 임나일본부설을 다음과 같이 말한다.

"결국 왜가 4세기 중엽부터 6세기 중엽까지 200년 동안 가야 지역에 해외 통치 기관인 임나일본부를 두고 한반도 남부를 지배했다는 것이 그 요점이다. 그러나 임나일본부설의 토대가 된 『일본서기』의 6세기 이전 기록은 설화 전승을 토대로 위조된 것이 많고, 「광개토대왕비문」 신묘년 기사는 탈락된 몇몇 글자로 인해 달리 해석될 여지가 많기 때문에, 이 설은 불안한 토대 위에 서 있다고 할 수 있다. 또한 왜의 임나 지배 사실은 한반도 계통의 사서에는 전혀 보이지 않고 있으며, 가야 지역의 고고학적 유물에 일본적 요소가 거의 없다는 것도 문제로 남아 있다. 200년간이나 왜의 지배를 받았다는 가야 지역에 일본 유물이 거의 없다는 것은 임나일본부설이 원래부터 틀린 주장이었다는 반증이 될 수 있는 것이다."

― 김태식, 『미완의 문명 7백년 가야사』 1, 80~81쪽

임나일본부설의 근거로 활용된 『일본서기』의 위조 기사, 「광개토대왕비문」 왜곡 해석뿐 아니라 한국의 사서에도 임나일본부와 관련

된 기사가 없고 고고학 자료도 없다고 한다. 『일본서기』의 조작 기사처럼 「광개토대왕비문」도 임나일본부설과 전혀 관계가 없다. 그런데 「광개토대왕비문」에 대해 "달리 해석될 수 있어 불안한 토대 위에 있다."고 말한다. 임나일본부설과 전혀 관련이 없는 「광개토대왕비문」에 달리 해석할 여지를 이렇게 제공한다.

강단사학계는 누구나 인정할 만한 말, 별반 의미 없는 좋은 말을 앞세우고 뒤에서 결론을 슬쩍 거론하거나 이를 혼재해놓아 무슨 주장을 하는지 알 수 없도록 하는 표현에 능수능란하다. 김태식의 주장을 계속 보자.

> "과연 가야 지역은 그처럼 남의 지배만 받다가 신라에 의해 멸망되고 만 것일까? 나는 그렇지 않다고 단언한다. 이제 임나일본부설의 여러 문제점을 근본적으로 해결하는 방안의 하나로서 가야사의 재정립을 모색해볼 필요가 있다."
>
> — 김태식, 『미완의 문명 7백년 가야사』 1, 80~81쪽

이 같은 표현으로 본인이 가야사를 사료에 따라 객관적으로 연구하는 것처럼 한다. 과연 김태식은 가야사를 어떻게 보고 있을까? 그의 다음 글을 보자.

> "가야사의 시작은 언제부터일까? 『삼국유사』 「왕력」이나 〈가락국기〉에 의하면 가락국 수로왕이 후한 광무제 건무 18년 임인, 즉 서기 42년에 태어나서 대가락 또는 가야국의 왕위에

오른 것으로 되어 있다. 그리하여 가야사의 시작 또는 가야
에 소국과 같은 정치제가 형성된 시기에 대해서는 이를 기점
으로 하여 ① 기원전 2세기 이전설, ② 기원 전후설, ③ 2세
기 중엽설 ④ 3세기 후반설 등이 있다."

— 한국고대사학회, 『한국 고대사 연구의 새 동향』, 114쪽

조선총독부 사관의 주요 특성 중 하나가 한국사의 시간을 축소
하는 것이다. 『삼국유사』에는 가야가 서기 42년에 건국했다고 나오
고 『삼국사기』에는 가야가 1세기 중반에 신라와 다툰 것으로 나온
다. 그러나 한국의 강단사학계는 이를 인정하지 않으려고 한다. 김
태식도 마찬가지다.

"그러나 〈가락국기〉와 그와 관련된 『삼국사기』 초기 기록들
에 보이는 기사들은 그대로 인정하기 어렵다고 하여, 신라와
가야의 초기 왕계는 어느 정도 상향 조정되어 있다고 보는
견해를 무시하기 어렵다. 이에 따르면 신라와 가야의 개국 연
대를 3세기 후반 정도로 늦추어 보아야 한다."

— 한국고대사학회, 『한국 고대사 연구의 새 동향』, 114쪽

신라와 가야의 개국 연대를 3세기 후반 정도로 늦춰 본다. 이것
이 한국 강단사학계의 대표 논법이다. 인내심을 갖고 끝까지 봐야
그 진의를 알게 된다. 이렇게 보는 사료적 근거는? 물론 없다. 자신
들의 머릿속 생각뿐이다. 한국 강단사학계의 역사학은 불가사의한

학문이다. 김태식은 임나일본부가 아니라 '안라왜신관(安羅倭臣館)'으로
명칭을 바꾸자고 한다. 530년대 중엽에 백제가 친 백제계 왜인 관료
를 안라에 배치했는데 이것이 대왜 무역의 중계 기관인 안라왜신관
이라는 주장이다. 당연하게도 이를 뒷받침하는 근거는 없다.

한일역사공동위원회 한국 대표의 보고서

한일역사공동위원회에서 활동한 김태식의 보고서를 계속 보자.

> "임나가라에 대해서는 경상북도 고령으로 보는 견해와 경상남
> 도 김해로 보는 견해가 있다. 여러 가지 사료를 검토해본 결
> 과, 임나가라는 원래 임나(창원)와 가야(김해)의 합칭이나 「광개토
> 대왕비문」의 '임나가라(任那加羅)'는 김해의 가야국을 중심한 가
> 야 연맹 전체를 지칭한 것이라고 판단된다."
>
> – 한일역사공동위원회, 『한일역사공동연구보고서』, 2005, 40쪽

「광개토대왕비문」의 임나가라가 현재의 창원과 김해라는 근거는
아무것도 없다. 본인들이 그렇게 보고 싶다는 것뿐이다. 자신들의
머릿속 희망이 유일한 1차 사료다. 앞서 김태식은 「광개토대왕비문」
에 대해 해석의 여지가 있다고 했다. 그 의도가 여기에 있었다. 그
가 쓴 보고서를 계속 보자.

"중국 동북부와 한반도 지역에서는 무질서하던 열국이 상호 통합되어 고구려, 백제, 신라, 가야의 사국이 정립되었다. 그 중에서도 가장 북쪽에 자리 잡고 있던 고구려는 3세기 후반 서천왕 때에 이르러 각 지역에 온존하던 고유명부(固有名部)를 일소함으로써 연방제적인 초기 고대 국가를 벗어나 왕과 중앙귀족에 의한 중앙 집권적 통치 체제를 완비하였다."

— 한일역사공동위원회, 『한일역사공동연구보고서』, 58쪽

강단사학계는 『삼국사기』 초기 기록 불신론'에 따라 고구려가 사실상 6대 태조대왕 때부터 건국한 것으로 주장해왔다. 그런데 한일역사공동위원회의 한국 측 위원들은 이보다 150년을 더 늦춰 13대 서천왕 때에 건국되었다고 했다. 한국 강단사학계의 절대 교리인 '『삼국사기』 불신론'이 그대로 유지되는 것을 보고 일본 측 학자들이 얼마나 신났겠는가? 『삼국사기』는 5대 모본왕(48~53)이 재위 2년(서기 49)에 한나라의 북평, 어양, 상곡, 태원을 공격했다고 기록했다. 지금의 북경 일대와 산서성 성도(城都)인 태원시가 있는 곳들이다. 이는 『후한서』에도 나오는 사실이다. 『삼국사기』〈태조대왕 3년(서기 55)〉조에는 "요서에 10개의 성을 쌓아 한나라 군사의 침략에 대비하였다."는 기록이 있다.

"신라는 한반도 내에서 발전의 속도가 늦어 3세기까지 12국으로 구성된 진한 소국 연맹체를 이루고 있었다."

— 한일역사공동위원회, 『한일역사공동연구보고서』, 62쪽

신라의 건국을 근거 없이 늦췄다. 이런 논리에 따라『동북아역사지도』에는 4세기에도 한반도 남부에 신라, 백제, 가야가 그려져 있지 않았던 것이다. 이 보고서는 신라가 고구려의 영향으로 성장했다면서 이렇게 주장했다.

> "한편 신라는 그로부터 선진 문화를 받아들여 성장하기도 하고 혹은 그 힘을 빌어 강적인 임나가라를 물리치고 낙동강 동안(東岸)의 유일한 패자로 대두하기도 하였다. 결국 신라는 4세기 후반 나물이사금 때 고구려의 지원을 받아 초기 고대 국가를 이룩할 단서를 잡았으나 고구려의 간섭 속에 이루지 못하고, 5세기 전반 눌지마립간 때에 와서 단위 정치체인 6부를 왕권에 종속적으로 연합하여 초기 고대 국가를 형성하였다."
>
> – 한일역사공동위원회,『한일역사공동연구보고서』, 62쪽

김태식은 일본에 있었던 임나를 한반도로 끌어들였다. 그러면서 강적이었던 임나가라라고 한다. 임나를 한반도의 가야로 설정했다. 강단사학계는 이병도의 주장에 따라 17대 내물왕 때에 신라가 건국된 것으로 주장해왔다. 그런데 그것을 19대 눌지왕(417~458)으로 더 늦췄다. 그것도 "초기 고대 국가 형성"이라고 한다. 이는 쓰다 소키치의 주장을 적극적으로 추종한 것이다.

"한강 유역의 백제 정세는 어떠하였을까?『삼국사기』「백제본

기」에 의하면 〈고이왕 27년(260)〉조에 6좌평 및 16관등제 등의 중앙 집권적 관료제를 완비했다고 나오나, 이는 후세 백제인의 고이왕 중시 관념에 의하여 조작된 것이다. 이 시기 백제의 발전 정도는 좀 더 낮추어 보아야 할 것이다. 유적 분포를 살펴보면, 3세기 후반부터 4세기 전반의 시기에 백제 강역이 충남 이북까지 설정되고 그 지역의 일부 주요 세력들에게 백제의 위세품(威勢品)이 건네진 것을 알 수 있다. 그렇다면 3세기 후반에 해당하는 고이왕 후기에 백제는 한 군현의 간섭과 마한 소국 연맹체의 테두리를 벗어나 독자적으로 부체제를 시행하는 초기 고대 국가로 성장했다고 보는 것이 옳다."

– 한일역사공동위원회, 『한일역사공동연구보고서』, 59쪽

백제인이 고이왕을 중시해서 중앙 집권적 관료제를 완비했다고 조작했으니 백제의 발전 정도를 좀 더 낮춰서 보자고 주장한다. 고이왕 이전의 왕 7명은 왕이 아니라 부락의 대표에 불과했다는 것이다. 강단사학계는 이병도에 의거해 고이왕 27년에 백제가 건국되었다고 주장해왔다. 쓰다 소키치의 주장보다 100여 년 끌어올린 것인데, 김태식은 21세기에 쓰다 소키치를 추종해서 이병도의 설보다 100년 더 늦췄다. 그것도 "초기 고대 국가로 성장"이다. 서기전 1세기에 건국한 백제의 발전 정도를 어떻게든 훼손한다. 백제사를 문헌 사료에 따라 객관적으로 인정하면 안 되는 것이다. 임기환은 동북아특위에서 『삼국사기』 초기 기록 불신론에 대해서 묻자 "『삼국사기』 초기 기록을 부인한다? 그런 사람 없습니다."라고 답변했다. 얼

마 후 김태식의 위 문장에 대해서 묻자 "학계의 견해에 위배되지 않습니다."라고 바로 앞의 답변과 배치되는 답변을 해서 국회의원들을 경악에 빠뜨렸다.

강단사학계의 학문은 이런 식이다. 김태식은 '삼한 삼국의 일본 열도 분국설'로 임나일본부설 연구의 전환점을 창출한 김석형의 연구에 대해 이렇게 비판했다.

> "『일본서기』를 비롯한 문헌 사료들을 이용할 때 거의 모든 사료를 무리하게 일본 열도에서의 사실로 억측함으로써 오히려 한반도 내 가야사를 포기한 결과를 초래했다."
>
> – 역사비평편집위원회, 『한국 전근대사의 주요 쟁점』, 85쪽

「역사비평」이 2016년에 조선총독부 역사관 수호의 첨병이 된 것은 아니다. 이때는 이런 성격이 더욱 적나라하게 드러난 것일 뿐이다. 임나를 한반도의 가야로 못 박으면서 모든 사료를 무리하게 억측한 것은 일제의 견해를 추종한 김태식이다. 그런데 김석형이 "한반도 내 가야사를 포기한 결과를 초래했다."고 한다. 적반하장이다. 김석형이 가야사를 본격적으로 연구할 수 있는 계기를 마련했는데 이를 포기한 것은 김태식을 포함한 강단사학계다. 일제 학자들이 임나를 가야로 조작했기 때문에 강단사학계는 가야에 대한 본격적인 연구를 애초부터 하지 않았다. 국정이든 검정이는 모든 역사 교과서는 가야사를 국가로 발전하지도 못한 채 고립되고 위축되고 쇠퇴한 쇠망사로 서술했다. 국사편찬위원회가 심혈을 기울여 편찬한

『한국사』에서 김태식은 임나일본부설을 체계화한 대표적인 일본 학자들에 대해 다음과 같이 표현했다.

"쓰다 소키치는 『일본서기』에 대하여 당시로서는 획기적일 정도의 비판을 가하면서 합리적 설명을 추구한 사람으로서, 가야 전역에 대한 지명 비정을 했다."

— 국사편찬위원회, 『한국사』 7, 탐구당, 1997, 227쪽

"이마니시 류는 가야 지방 전역에 대한 답사와 고분, 산성 등의 분포 조사에다가 문헌 고증적 연구를 더하여 지표 조사 보고서를 내놓고, 거기서 행한 지명 비정에 점차 수정을 가하였다. 그 결과 가야 지명은 대개 낙동강의 서쪽, 섬진강의 동쪽으로 한정되어 대체적인 역사 연구의 기초 작업은 이루어졌다. 그의 일련의 연구는 지표답사와 문헌 고증을 겸비하였다는 면에서 그 이전의 연구들에 비해 높이 평가할 점이 있지만, 그것이 당시 사관(史觀)의 한계성을 넘는 것은 물론 아니었다."

— 국사편찬위원회, 『한국사』 7, 탐구당, 1997, 277쪽

일본인들이 한 것은 가야를 빙자한 임나사다. 김태식도 똑같다.

"그 후 스에마쓰 야스카즈는 기존의 지명 고증을 비롯한 문헌 고증 성과에 의존하면서 한국, 중국, 일본 등의 관계 사료

를 시대순에 따라 종합함으로써 고대 한·일 간 대외관계사
의 틀을 마련하였다. 그리하여 최초로 학문적 체계를 갖춘
이른바 '남한경영론(南韓經營論)'을 완성했으니, 그 설을 요약하면
다음과 같다."

– 국사편찬위원회, 『한국사』 7, 228쪽

김태식은 스에마쓰 야스카즈의 임나일본부설을 '남한경영론'이라
고 명명했고, 김현구는 '한반도 남부경영론'으로 명명했다. 스에마쓰
야스카즈의 총애를 다투는 꼴이 마치 후궁들의 쟁패처럼 보인다.
조선총독부 직속 조선사편수회 간사였던 스에마쓰 야스카즈는 임
나일본부설의 신이다.

모두 일본 학계의 대세설

1980년대부터 최재석이 강단사학계에 공개 질문한 것은 '판단의
근거가 무엇인가'였다.

"이기동 교수가 읽었다는 쓰다 소키치, 이마니시 류의 저서를
포함하여 20명에 가까운 일본 고대사학자들의 논저를 읽어보
면 한결같이 『삼국사기』 초기 기록은 조작되었으며 고대 한국
은 일본의 식민지였다는 역사 왜곡이었다. 그런데 이기동 교
수는 이러한 일본 사학자들의 역사 왜곡을 '근대사학', '문헌

고증학'이라고 높게 평가하고 있는데 그 근거를 제시해주기 바란다. (중략) 그리고 한국 고대사를 연구한다는 사람이 한국 고대사 또는 고대한일관계사에 관한 기사가 가득 차 있는 『일본서기』를 연구 사료는커녕 거들떠보지도 않고 있는데 그 이유를 설명해달라."

— 최재석, 『역경의 행운』, 만권당, 2015, 194~195쪽

근거를 제시해달라는 최재석의 요구에 강단사학계가 일체 답하지 못하는 것은 제시할 근거가 없기 때문이다. 김태식이 아무런 근거 없이 임나가 가야라고 전제하고 임나일본부를 '안라왜신관'으로 부르는 게 좋겠다고 한 것을 앞서 봤다. 김태식이나 김현구나 프레임은 같다. 안라왜신관은 백제가 안라에 설치한 대왜 무역 기관이었다가 왜인 관료들이 상주하던 안라의 특수 외무 관서였는데 이것이 임나일본부의 실체라는 것이 김태식의 주장이다. 그는 이 기관이 왜와 가야의 교역과 외교를 전담했다고 한다. 황국사관을 기초한 구로이타 가쓰미의 주장을 그대로 따른 것에 불과하다. 김현구의 논리와 대동소이하다. 김태식의 말대로 김현구의 주장은 일본 학계의 대세설을 추종했다. 강단사학계의 평가를 보자.

"김현구, 이영식, 연민수 등은 일본 학계에서 일어난 『일본서기』의 임나일본부 기사에 대한 비판을 적극적으로 수용하고 『일본서기』가 가진 사료적 가치를 활용하여 연구를 진행했으며, 임나일본부에 대해 합리적인 결론을 도출해내는 데 주력

했다. 이들의 연구는 각각의 세부적인 견해차가 있으나, 임나 일본부의 성격을 왜의 통치 기관이나 백제의 군정 기관과 같은 관청이나 기관이 아닌, 임나에 파견된 왜의 사신들로 이해하고 있는 점은 공통된다. 이는 일본 고대사학자의 연구 성과의 진전과도 궤를 같이하고 있다. 이들의 학설을 '외교사절설'이라고도 하는데 한일고대사학회에서 가장 주목받는 해석이다."

— 권주현, 『가야인의 삶과 문화』, 혜안, 2009, 38~39쪽

김현구, 이영식, 연민수 등이 일본 학계의 주장을 적극적으로 수용하고, 일본 고대사학자의 연구 성과와 궤를 같이하고 있다고 한다. 이들의 주장이 한일고대사학회에서 가장 주목받는 해석이라고 한다. 권주현은 다른 의도로 이렇게 서술했겠지만 나는 김태식을 포함해 모두 일제가 창안한 '임나일본부설 대세설'을 추종하는 학자들로 본다. 그런데 위에 거론된 연민수는 누구일까? 오랫동안 동북아역사재단 역사연구실장을 맡아온 인물이다. 연민수가 어떤 견해를 갖고 있는지 충분히 예측이 가능하다. 그의 글에서 확인해보자.

"임나라고 표현된 가야제국을 비롯하여 고구려, 백제, 신라는 고대 일본의 조공국이고 속국으로 그려져 있다. 한반도 관련 기사로 넘쳐나고 있는 『일본서기』는 한반도제국을 너무도 강하게 의식하고 쓰였다. 교류의 실태는 차치하고라도 고대 일본에 있어서 한반도제국은 그만큼 중요한 존재였음을 보여주

는 것이다."

– 한국고대사학회, 『한국 고대사 연구의 새 동향』, 310쪽

임나일본부설의 핵심은 임나가 한반도에 있었다는 것이다. 그런데 연민수는 "임나라고 표현된 가야제국"이라고 말한다. 누가 이렇게 표현했다는 것인지 연민수는 근거를 밝혀야 한다. 동북아역사재단은 홈페이지에 "임나일본부설은 정설"이고 "임나일본부설을 비판하는 학설은 학설로서 한계가 있다."고 써놓았다가 동북아특위 의원들에게 질타를 당했다. 그러니 '무서운 아이들'을 홍위병으로 내세운 강단사학계가 국회에 적대감을 표시하는 것이다. 감히 우리 곁에 영원히 살아계신 조선총독부 역사관을 비판하다니.

연민수는 『일본서기』가 '한반도' 관련 기사로 넘쳐나고 '한반도제국'을 강하게 의식하고 썼다고 주장한다. 그야말로 임나일본부설의 정수다.

이영식(인제대학교 교수)은 어떤가? 2016년 강단사학계가 위기 대응을 위해 나선 시민강좌에서 이영식은 이렇게 주장했다.

"분국론은 별도로 하더라도 『일본서기』에 보이는 임나일본부의 문제는 한반도 남부의 가야 지역에서 일어났던 역사적 사실임이 틀림없다. 그럼에도 불구하고 이상에서 살펴본 바와 같이 임나일본부의 실체에 대한 종래의 연구에서는 일본 학계의 왜국에 의한 출선기관설이나 한국 학계의 백제군사령부설 등에서 보이는 바와 같이, 가야 지역에 대한 왜나 백제의

이해관계만이 강조되어져왔을 뿐, 당사자였던 가야제국의 이해관계가 고려되어진 바는 전혀 없다. 이를테면 '임나(가야) 부재의 임나일본부론'이 한·일 양국의 연구 경향에서 주류를 이루었다고 할 수 있을 것이다."

– 한국고대사학회, 『우리 시대의 한국 고대사』 2, 120쪽

"『일본서기』에 보이는 임나일본부의 문제는 한반도 남부의 가야 지역에서 일어났던 역사적 사실임이 틀림없다."고 단정을 짓는다. '임나(가야)'라고 단정하고 있으니 그다음 이야기는 볼 것도 없다. 그는 앞으로의 임나일본부설 연구를 위해 다음과 같이 제안한 바 있다.

"현대적 국가 의식을 배제할 수 있는 방법은 오히려 『일본서기』로 다시 돌아가는 일이다. 객관적 사료 비판을 통해 관련 기술을 다시 보는 일이 무엇보다 중요하다. 그러나 우선은 『일본서기』의 기록을 있는 그대로 보는 태도도 필요하다."

– 이영식 외, 『우리 역사를 의심한다』, 서해문집, 2002, 46쪽

무서운 아이들은 무서운 부모의 손에서 자란다. 『일본서기』는 연대부터 맞지 않는 책이다. 내용은 말할 것도 없다. 백제 근초고왕이 고구려의 고국원왕을 전사시킨 해에 『일본서기』는 백제 근초고왕 부자가 야마토왜에서 온 사신에게 이마를 땅에 대고 영원한 충성을 맹세했다고 기록했다. 이영식은 이런 『일본서기』를 따르자고 주장한다. 그냥 황국사관으로 돌아가자는 말이다.

"일본 학계가 먼저 시작했던 것이지만, 그렇다고 해서 같은 방법으로 지배의 주체만을 왜에서 백제로 바꾼다고 해결되는 것은 아니다. 오히려 『일본서기』의 정밀한 사료 비판은 다음 문제일 수 있다."

– 이영식 외, 『우리 역사를 의심한다』, 47쪽

이영식이 토로한 대로 한국의 강단사학계는 일본 학계의 이론을 그대로 받아 약간의 변주만 해왔다. 김현구가 말한 대로 지배 주체를 왜에서 백제로 바꾼 것은 여기가 한국이기 때문에 눈가림이 필요한 것일 뿐이었다. 그리고 왜가 백제를 지배했다는 삼단논법으로 임나일본부설을 추종하는 것이다.

임나일본부설을 해체해야 한국사를 바로세운다

권주현에 따르면 일본 학계의 학설을 적극 수용하고, 임나일본부설에 대해 합리적인 결론을 도출하는 데 주력한 인물이 김현구다. 그가 대변하는 일본 학계의 임나일본부설이 무엇인지 살펴보자. 김현구가 1996년에 출간한 『김현구 교수의 일본 이야기』는 큰 반향을 일으킨 베스트셀러였다. 그는 무엇을 이야기하고 싶었을까?

"역사적으로 볼 때 우리나라는 우리의 대응 여하에 관계없이 일본의 일방적인 침략을 받아왔다. 720년에 편찬된 일본의 고서『일본서기』에 의하면 4세기 후반부터 6세기 후반까지 약 200여 년간 일본이 가야 지역에 이른바 '임나일본부'라는 기구를 설치하여 한반도 남부를 지배한 것처럼 되어 있다. 이것이 이른바 '임나일본부'로 그 진위는 현재 한·일 학계에서 논란이 되고 있지만, 그 시기에 왜가 한반도 남부에 침입하거나 한반도 남부에 와서 활약하였음은 숨길 수 없는 역사적인 사실이다. (중략) 그런데 가야 지역을 근거로 하여 왜가 한반도 남부에서 활약한 시기는 분열되어 있던 일본 열도 내의 소국들이 하나로 통일되던 시기이며 (중략) 이와 같이 한국은 언제나 일방적으로 일본의 침략을 받아왔는데 그 시기가 언제나 일본이 분열되어 있다가 통일된 시기라는 데 그 특징이 있다. 분열된 일본을 통일한 세력이 통합된 세력의 불만을 해소하는 방법으로 이웃의 우리나라를 침략했기 때문이다. 따라서 우리나라에 대한 일본의 침략은 우리나라가 어떻게 대응하느냐와 관계없이 일본의 국내 사정에 의해서 이루어졌다는 데 그 특징이 있다."

— 김현구, 『김현구 교수의 일본 이야기』, 창비, 1996, 254쪽

앞서 "역사적으로 볼 때 우리나라는 우리의 대응 여하에 관계없이 일본의 일방적인 침략을 받아왔다."의 의미를 확인했다. 강단사학계의 문장은 그 이면과 맥락을 읽어야 한다. 일본의 침략 행위를 비판하는 것이 아니다. 한국에 대한 일본의 일방적 우위를 말하고 싶은 것이다. "언제나 일방적으로" 한국의 주체성은 없다. 『일본서기』

에 따라 임나일본부설은 역사적인 사실이 되었다. 그러면서 일본의 침략 행위를 비판하는 것처럼 말한다.

"일본에서는 아직도 '임나일본부설'을 전제로 한·일 고대사의 틀이 그대로 유지되고 있고, 한국에서는 한반도 남부에서 활약한 '왜'의 존재가 무시된 채 한국 고대 사상이 그려지고 있다. 한·일 국교 정상화(1965) 이후 한국인으론 처음 일본에 건너가 일본 역사를 공부한 사람으로서 한·일 분쟁의 영원한 불씨의 원천이라고도 할 수 있는 임나일본부설의 실체를 밝혀 한·일 간의 역사 분쟁을 종식하는 데 작은 도움이라도 되었으면 하는 바람에서 이 책을 썼다. 이 책이 동아시아가 하나의 공동체를 향해 나아가는 데 조금이라도 기여할 수 있다면 더할 나위 없이 기쁨이 되겠다. 그래서 이 책을 일본에서도 출판할 예정이다."

– 김현구, 『임나일본부설은 허구인가』, 8~9쪽

일본에서 임나일본부설을 전제로 한·일 고대사의 틀이 그대로 유지되는 것은 역사에 대한 반성이 없는 천황제 국가인 일본의 한계다. 그러나 한반도 남부에서 활약한 '왜'의 존재를 무시하는 한국 고대사가 문제가 아니라 왜의 존재를 부각하기 위해 사국의 역사를 무시하는 한국 고대사가 문제다. 한·일 국교 정상화 이후 한국인으로는 처음 일본에 건너가 일본사를 공부한 사람인 김현구는 과연 어떤 공부를 했을까?

어떻게 공부해야 하는가?

　김현구는 일본 제국주의 역사학의 산실인 와세다대학교에서 박사 학위를 취득했다. 그의 학위 논문인 「야마토 정권의 대외관계 연구」는 제목부터 역사관을 그대로 상징하고 있다. 교섭 상대국의 이름도 없는 '야마토 정권의 대외관계'다. 그 나라가 바로 한국이다. 한국은 일본의 변방이거나 일본에 예속된 역사라는 시각을 함축한 제목이다. 그는 한국 사신의 일본 왕래나 한·일 두 나라 관계를 거론할 때 거의 언제나 일본 천황의 연대로 설명했다. 역사 서술에서 국제 관계를 논할 때 보통 해당국의 기년과 서기 등을 함께 사용하는 상례를 따르지 않았다. 백제의 왕이 일본 경영을 위해 파견한 사신도 그는 언제나 조공사(朝貢使)로 표현했고, 『일본서기』기사 중 사실을 기록한 기사에 대해서는 언급을 회피하고 왜곡 기사인 「조공사」기사만을 거론했다.

　고구려, 백제, 신라, 임나 등 한반도의 여러 나라가 동시에 일본에 조공했다는 『일본서기』의 명백한 조작 기사도 사실로 전제했다. 김현구의 학위 논문 지도 교수인 미즈노 유(水野裕)는 실존 인물도 아닌 일본의 진구황후가 한국을 점령했고, 서기 1세기부터 한국은 일본의 식민지였다고 주장한 인물이다. 최재석은 『역경의 행운』에서 "김현구 씨의 학위 논문은 지도 교수인 미즈노의 지시에 의하여 미즈노의 왜곡된 역사관을 옮긴 데 불과하다."고 비판했다.

　김현구는 동아시아가 하나의 공동체로 향해 나가는 데 기여하기 위해 자신의 책을 일본에서도 출판한다고 했다. 그냥 무심코 넘길

말이 아니다. 일본에서 한·일 고대사의 진실, 즉 백제가 고대 야마토왜를 지배했다는 내용이 담긴 책을 출간하는 것은 불가능한 일에 속한다. 가천대학교 교수 세키네 히데유키(關根英行)가 고대 한·일 관계에 대한 최재석의 저서를 갖고 도쿄의 출판사를 찾아간 일이 있었다. 10개 출판사가 모두 탐나는 책이지만 우익 단체의 테러 위험성 때문에 고사했다고 한다.

2015년 2월 아베 정부의 과거사 왜곡에 반대하는 미국 역사학자들의 집단 성명이 있었다. 이를 주도한 미국 코네티컷대학교 역사학과 교수 알렉시스 더든(Alexis Dudden)은 성명을 발표한 뒤 바로 살해 위협이 담긴 전자우편을 받았다. 더든은 "증오 메일이 올 수 있으리라고 생각은 했지만 입증된 역사적 사건이고 새로운 게 아닌데도 그토록 큰 반발이 나왔다는 점은 놀라웠다."고 말했다.[12] 이것이 일본의 현실이다. 멀쩡한 한국 역사학자가 고대에 일본이 한국을 경영했다고 주장할 수는 없다. 그럼 김현구는 어떻게 할까?

> 『일본서기』의 507년에서 562년 사이의 기록 가운데 야마토 정권과 한반도 각국의 인적·물적 교류를 조사해보면 신라·고구려와는 각각 왕복 2회의 교류밖에 없었다. 그런데 그 교류 내역을 보면 야마토 정권은 신라나 고구려에 전혀 사자를 파견하지 않은 반면, 신라와 고구려는 각각 2회씩 야마토 정권에 사자를 파견했다. 임나와는 왕복 8회의 교류가 있었는

---

12 「한겨레」, 2015년 4월 29일자 참조.

데 그중 야마토 정권은 3회에 걸쳐 임나에 사자를 파견한 것으로 씌어 있다. 한편 백제와의 교류를 살펴보면, 왕복 39회에 걸쳐 사자를 교환하고 있는데 야마토 정권은 15회에 걸쳐 백제에 사자를 파견하거나 군사 원조를 제공한 반면, 백제는 24회에 걸쳐 야마토 정권에 선진 문물을 제공하거나 사자를 파견하고 있다."

― 김현구, 『임나일본부설은 허구인가』, 131쪽

이 책은 고구려, 백제, 신라가 야마토왜보다 많이 사자를 파견했다고 한다. 이 책은 『일본서기』 기사를 사실로 전제하면서 스에마쓰 야스카즈의 주장을 논거로 삼았다. "야마토 정권은 신라나 고구려에 전혀 사자를 파견하지 않은 반면, 신라와 고구려는 각각 2회씩 야마토 정권에 사자를 파견했다."고 말이다. 일본이 상국(上國)이라는 말이다. 6세기 당시 삼국과 야마토왜의 정치적 상황에서 사절 교환이라는 것 자체가 있을 수 없는 역사 왜곡이다. 이와 같은 사신들이 『삼국사기』에는 전혀 나타나지 않는다. 야마토왜가 백제에 15회 사신을 파견하고 백제는 일본에 24회 파견했다는 것은 『일본서기』를 사료 비판하지 않은 주장에 불과하다. 『삼국사기』 「백제본기」에 관련 사실이 없다.

그러나 『일본서기』는 512년 12월에 백제에서 사람을 왜에 파견했다고 기록했다(무령왕 12년, 게이타이 6년). 513년 6월에는 백제에서 두 장군과 오경박사(五經博士)를 야마토왜에 파견했다(무령왕 13년, 게이타이 7년). 516년 9월 백제는 따로 오경박사를 야마토왜에 보내고 기존의 오경박사를 귀국하도록 했다(무령왕 16년, 게이타이 10년). 최재석은 2015년 인터뷰에서 무령왕릉의 의미에 대해 다음과 같이 답했다.

> "고대 한·일 관계에서 아무리 강조해도 지나치지 않은 제일 중요한 유적이다. 무령왕은 일본을 통치한 왕이다. 지석(誌石)에 무령왕의 죽음을 '붕(崩)'이라고 표현했다. 왕이나 왕자가 죽으면 '훙(薨)'이라고 하고, 황제가 죽으면 '붕'으로 표기한다. 지석은 무령왕이 죽을 당시에 쓰인 것이기 때문에 (고려시대에 출간된)『삼국사기』보다 중요한 사료다. 무령왕의 관이 일본에서만 나오는 나무로 만들어졌다는 것도 중요하다. 일본을 통치했기 때문에 일본에서 바친 거다. 정말 중요한 사료다. 이것을 국사책에 반드시 넣어야 한다."
>
> – 「세계일보」, 2015년 1월 15일

1971년 7월 충청남도 공주에 있는 백제 제25대 사마왕(시호는 무령왕)의 능에서 지석이 발견되었다. 이 지석에 "'영동대장군 백제 사마왕(寧東大將軍 百濟 斯麻王)'이 계유년(서기 523) 5월에 붕하셨다."는 사관의 기록이 나왔다. 『삼국사기』〈무령왕〉조에 "왕의 휘(諱)는 사마(斯摩)인데, 혹은 융(隆)이라고도 한다."는 기록을 통해 이 능의 주인이 무령왕인 것을 알 수 있었다. 붕은 천자나 황제의 죽음에만 쓰는 표현이다. 앞에서 중국의 『송서』, 『양서』의 기록을 통해 백제가 요서 지역에 있었음을 봤는데, 백제의 위상을 보여주는 유물이다.

신라를 중심으로 편찬된 『삼국사기』는 황제의 죽음을 의미하는

'붕'이 아니라 제후의 죽음을 뜻하는 '훙'을 썼지만 『삼국사기』 기록
은 지석에 기록된 무령왕의 사망 월일과 정확히 일치했다. 일본 학
자들은 무령왕이 천황의 질(質)로 일본에 왔다고 주장한다. 그러나
무령왕 지석은 무령왕이 백제왕으로 즉위하기 전 일본에서 백제의
'후왕', '왜왕(倭王)'으로 재위한 사실을 뒷받침하는 사료로 보인다. 무
령왕이 백제왕이었을 당시 '왜(倭)'는 선진 문화의 영향을 많이 받았
다. 무령왕을 이은 성왕 때에 이런 흐름은 더 했다. 『삼국유사』도
왕의 죽음에 대해 천자의 죽음에 쓰는 '붕' 자를 많이 썼다. 신라와
백제는 물론 가락국도 2대 거등왕에서 9대 겸비왕까지 '붕' 자를 썼
다. 최재석의 글이다.

"백제 패망까지는 궁의 이름과 거주지의 이름과 사찰의 이름
과 심지어는 왕의 시체의 안치소의 이름마저 백제라는 것을
표시하여 야마토왜는 백제 사람들에 의하여 경영되는 것을
과시하였으나 종주국인 백제가 멸망하여 백제의 지배층이 백
제의 관위(官位)가 통용되고 백제가 경영하던 야마토왜에 대량
이주하자 이러한 의식은 달라지기 시작하였다. 그리하여 이들
은 국호를 왜에서 일본으로 바꾸고, 고대 국가로서의 기틀을
만듦과 동시에 야마토왜의 역사를 왜곡하기 시작하였다. 역
사의 진실을 은폐하고 거짓 역사를 서술하였는데 그것은 첫
째, 한국 역사보다 긴 역사를 만들었다. 둘째, 야마토왜는 처
음부터 독립 국가였다. 셋째, 한반도는 일본의 식민지였다는
3가지 항목으로 요약될 수 있을 것 같다(일본 고대사학자는 여기에

더 보태서 임나는 가야이고 『삼국사기』의 초기 기록은 조작되었다고 주장한다)."

— 최재석, 『백제의 대화왜와 일본화 과정』, 일지사, 1990, 16쪽

임나일본부설은 720년에 편찬된 『일본서기』를 근거로 삼는다. 『일본서기』 249년 왜의 진구황후가 신라를 정벌하고 가라 등 일곱 국가를 평정했다고 서술했다. 문제는 『일본서기』의 연대 자체가 맞지 않기 때문에 주갑제에 따라 120년을 끌어올려 369년의 일로 본다. 이때부터 562년까지 가야를 임나가 차지했다고 주장한다. 김현구는 한술 더 떠 백제는 야마토왜의 속국으로 본다. 그런데 고구려는 23대 안원왕(531~545), 24대 양원왕(545~559), 25대 평원왕(559~590) 때 최성기였다. 백제는 26대 성왕(523~554), 27대 위덕왕(554~598) 때 전성기였다. 신라도 23대 법흥왕(514~540), 24대 진흥왕(540~576), 25대 진지왕(576~579) 시대를 맞아 국력을 확장한 시기였다. 반면 야마토 정권은 통일 왕조를 이루지 못하고 있었다. 왜국을 통합하지 못한 상태에서 고구려, 백제, 신라의 상국일 수는 없다. 『일본서기』 기사를 일제는 정한론의 관점에서 봤다. 사료 비판을 하지 않고 일제의 견해를 추종하면 김현구가 주장한 바와 같은 이론이 나오게 된다.

앞서 봤듯 1960년대에 김석형의 연구에 의하면 한국의 주민이 지속적으로 일본으로 이주해 소국을 세우고, 고국과 연계를 맺었다. 이 소국들은 5세기 말, 6세기 초에 한반도에 있는 백제, 가야, 신라의 지배를 받았다. 김석형의 분국론의 핵심이다. 그리고 그는 『일본서기』의 임나일본부 기사가 한반도 내의 가야와 무관하다고 밝혔다. 그는 임나일본부의 근간을 해체했고, 이후 최재석에 의해 객관

적 사실로 확인되었다. 그러나 강단사학계는 김석형이 『일본서기』를
사료 비판한 장점을 거꾸로 한계라면서, 이를 한국의 입장에서 해석
했다고 비판했다. 김현구가 여기서 빠질 리가 없다.

> "김석형의 '삼한 삼국의 일본 열도 내 분국론'은 관련 자료를
> 일방적으로 한국 측에 유리하게 자의적으로 해석하고 있다고
> 볼 수 있다."
>
> — 김현구, 『임나일본부설은 허구인가』, 174쪽

여기서 말한 관련 자료는 『일본서기』와 한·중의 문헌 사료, 고고
학 자료 등을 말한다. '일방적'이라는 말은 이런 사료를 비판적으로
해석한 객관적 연구를 말한다. 일본인의 시각으로 임나사를 본다.

누구를 위한 역사인가?

어떤 입장과 관점에서 『일본서기』를 보는가 하는 점이 사료 비판
의 관건이다. 일제 역사학자들의 입장에 서면 황국사관에 빠지는
것이다. 일본 학계의 외교사절설, 교역설, 사신설을 교묘하게 반복
하며 '한반도의 가야에서 일본이 활약했다'는 점을 앞세우는 것이
그들의 다수설이다.

"당시 한반도에서는 백제, 고구려, 신라 삼국이 치열하게 싸우

고 있었다. 그래서 삼국은 서로 야마토 정권을 자기 쪽으로 끌어들이기 위해 노력하고 있었다. 한편 고대 국가로 발전하고 있던 야마토 정권은 한반도 삼국이나 중국이 한반도에 설치한 대방을 통해 선진 문물을 도입하고 있었다. 그러나 고구려가 낙랑(313), 대방(314)을 잇따라 멸망시키자 왜는 대중국 통로가 차단되어 선진 문물의 도입을 전적으로 한반도 삼국에 의존할 수밖에 없게 되었다."

– 김현구, 『임나일본부설은 허구인가』, 140쪽

김현구는 강성국인 고구려, 백제, 신라가 치열하게 싸우면서 통일 국가를 형성하지 못하고 지역 호족이 난립해 있던 야마토 정권을 자기 쪽으로 끌어들이기 위해 노력했다는 근거를 밝혀야 한다. 논리의 반증이 자신이 한 "고대 국가로 발전하던 야마토 정권"에 있다. 고대 국가도 아닌 야마토 정권이 수백 년 전에 고대 국가로 진입한 삼국의 캐스팅 보트(casting vote)를 쥘 수는 없다. 『삼국사기』에 관련 기록이 전혀 없다. 김현구는 『일본서기』가 윤색한 야마토왜의 관점에서 역사를 보고 있다. 역사의 주체가 야마토왜다. 또한 왜가 아쉬워한 것은 삼국의 문화가 아니라 중국의 선진 문물이라고 한다. 삼국은 대중국 통로였다. 이른바 일제 식민사관의 핵심인 교량론이다. 임나일본부설 정립에 주력한 이마니시 류의 한반도 육교론은 이렇게 저력을 발휘한다. 김현구의 글을 계속 보자.

"당시 동아시아의 문화 중심은 중국 남조였다. 한반도 삼국

중에서 가장 활발하게 남조와 교류하던 나라는 지정학적으로 가까웠던 백제였다. 고구려는 북조와 인접해 있었기 때문에 남조와의 교류가 용이하지 않았고, 신라는 한반도 동남부에 자리 잡고 있어 백제를 통하지 않고서는 남조와 교류할 수 없었다. 백제는 서해를 사이에 두고 남조와 마주보고 있었기 때문에 남조와의 교류가 용이했다. 1971년에 충남 공주에서 발굴된 무령왕릉은 백제의 남조와의 활발한 교류와 백제 문화의 선진성을 잘 보여준다. 무령왕릉의 축조법은 당시 남조의 기법이 도입된 것으로 고구려나 신라보다 문화 수준이 뛰어났음을 보여준다. 따라서 당시 왜는 한반도 삼국 중에서 백제를 파트너로 삼아 백제로부터 선진 문물을 도입할 수밖에 없었다."

– 김현구, 『임나일본부설은 허구인가』, 141~142쪽

백제는 중국과 가까워서 일본의 간택을 받았다는 논리다. 주체는 일본이고 백제는 객체다. 김현구가 보는 백제의 의미다. 무령왕릉도 중국의 기법 도입이라는 관점에서만 의미가 있다. 그래서 왜는 "한반도 삼국 중에서 백제를 파트너로 삼아 백제로부터 선진 문물을 도입했다."고 한다. 주체인 야마토왜를 위해 객체인 고구려, 백제, 신라는 독자적 의미가 없는 껍데기가 되었다.

1971년 무령왕릉 발견은 백제사의 진실을 드러낸 큰 발견이었다. 무령왕릉은 한국사의 근간을 뒤흔드는 지진이었다. 일본 고대사의 진실도 거기에 있었다. 그런데 김현구는 무령왕릉이 말하는 역사의

진실을 감추고 고작 중국과 활발하게 교류한 것을 잘 보여주는 증거이자 중국식 축조법에 따른 능의 양식이 칭찬하는 소재로 전락시켰다.

> "무령왕의 이름은 사마로 모대왕(牟大王)의 둘째 아들이다. 신장이 8척이요, 눈매가 그림과 같았으며 인자하고 관후하여 민심이 잘 귀부하였다. 모대왕이 재위 23년에 돌아가시자 그가 왕위에 올랐다."
>
> – 『삼국사기』 「백제본기」 〈무령왕〉조

눈매가 그림과 같았고 인자하고 관후해서 민심이 따랐던 무령왕(백제 25대 왕. 재위 501~523). 신라사를 중심으로 편찬한 『삼국사기』가 서기 501년 11월 무령왕 즉위 기록을 이렇게 남겼다.

> "따라서 당시 야마토 정권과의 관계에서 백제가 일관되게 추구한 것은 군사 원조였다고 볼 수 있다. 한편 백제의 군원 요청에 대해 야마토 정권은 9회에 걸쳐 원군이나 말, 배, 활과 화살, 식량 등의 군원을 제공하고 있다. 그리고 9회에 걸친 야마토 정권의 군원에 대해 백제는 '조(調:조세)'라고만 씌어 있어 그 내용을 알 수 없는 경우를 제외하고는 마찬가지로 9회에 걸쳐 오경박사를 중심으로 학자나 전문 지식인, 승려, 그리고 불경, 깃발 등의 불교 관련 문물을 보내고 있다. 백제가 보낸 전문 지식인과 선진 문물 제공이 야마토 정권의 요청과

무관하지 않다면 야마토 정권은 9회에 걸쳐 군원을 제공하고
그때마다 백제로부터 전문 지식인과 선진 문물을 제공받았던
셈이다."

ㅡ 김현구, 『임나일본부설은 허구인가』, 143쪽

여기서 말하는 당시는 무령왕 이후 성왕과 위덕왕의 시대를 말
한다. 당시 백제는 야마토왜를 경영하면서 관리를 파견했다. 그런데
김현구는 『일본서기』를 터무니없이 자의적으로 해석해 백제를 야마
토왜에 세금을 바치는 속국으로 전락시켰다. 당시 백제는 동아시아
강국이었던 고구려에게 밀리지 않았다. 501년에 백제 25대 왕으로
등극한 무령왕은 그해 11월 고구려의 수곡성을 공격했다. 502, 503
년 집권 초기에 고구려를 공격해 전과를 올렸다. 523년에 왕위에 오
른 성왕에 대한 기록을 보자.

"지혜와 식견이 영특하고 일을 처리함에 결단이 있었다. 무령
왕이 돌아가신 후 왕위에 오르자 나라 사람들이 성왕이라고
불렀다. 가을 8월에 고구려 군사가 패수에 이르자 왕이 좌장
지충에게 보병과 기병 1만 명을 주어 출전시켜 이를 격퇴했다."

ㅡ 『삼국사기』 「백제본기」 〈성왕〉조

"28년 봄 정월에 왕이 장군 달기(達己)를 보내 군사 1만 명을
이끌고 고구려의 도살성(道薩城)을 공략해 취했다."

ㅡ 『삼국사기』 「백제본기」 〈성왕〉조

554년에 왕이 된 위덕왕도 그해에 고구려 군사를 물리쳤다.

"원년 겨울 10월에 고구려가 크게 군사를 동원해 웅천성(熊川城)을 공격했으나 패하고 돌아갔다."

– 『삼국사기』「백제본기」〈위덕왕〉조

김현구는 당시 야마토 정권과의 관계에서 백제가 일관되게 추구한 것은 군사 원조였다는 근거를 제시하기 바란다. 어떤 사료인가? 논거 없는 추론은 역사학이 아니다. 김현구는 누가 언제 야마토왜에 군사 원조를 요청했는지 근거 자료를 밝혀야 한다. 사실은 김현구의 주장과 정반대였다. 백제는 필요에 따라 왜를 동원했다. 최재석은 『당서』, 『구당서』, 『삼국사기』 등의 문헌 사료를 통해 이 사실을 논증했다[13] 김현구가 내세우는 주장의 단서가 이 사료들에는 흔적도 없다. 6세기 이전 일본에 제철 기술이 존재했는지도 아직 확인되지 않았다. 고구려, 백제, 신라, 가야의 철제 무기가 일본에서 발견되었을 뿐이다.

김현구의 주장은 애초에 논리 자체가 성립되지 않는다. 철제 무기도 못 만들고, 스스로 배 타고 건너올 수도 없고, 고대 국가로 성장하지도 않았는데 강한 군사력을 보유하고 중국의 선진 문물을 유입하고자 그 경유지인 백제에 군대를 파견하고, 고구려와 신라는 다투어 왜와 연결하려고 했다는 것이 어떻게 가능할 수 있겠는가?

---

13 이주한, 『위험한 역사 시간』, 인문서원, 2015, 293~295쪽 참조.

이 같은 기록을 그대로 사실로 믿는다는 것이 불가사의하다.

야마토 정권의 군사력이 한반도에서 활동했다는 내용 자체가 임나일본부설의 기본 골자다. 이런 기본 골자를 감추려고 앞에서는 긍정하고 뒤에서는 살며시 부정한다. 왜 그럴까? 김현구는 자신의 글에서 무심코 그 이유를 밝혀놓았다.

"해방 후 최초로 일본에 건너가 일본 역사를 연구하다 보니 한국에서 일본을 잘못 알고 있는 부분이 너무나도 많다는 생각을 하게 되었다. 귀국 후 객관적으로 일본을 알리는 데 주력했다. 대학 강의뿐 아니라 외부 강연 등을 통해서 대중에게 일본이 어떤 나라인가를 알리려 노력했다. 그러나 직접 대화만으로는 한계를 느꼈다. 그래서 글을 통해 대중에게 다가가는 방법을 택했다. 딱딱한 연구 결과를 대중에게 쉬운 글로 제공하여 역사 인식 향상에 기여하면서 일본 천황가의 만세일계론(萬世一系)에 대해 3왕조교체(三王朝交替)설을 주창한 와세다대학의 은사 미즈노 유 교수의 가르침이 컸다."

– 김현구, 『임나일본부설은 허구인가』, 200~201쪽

김현구는 광복 후 최초로 일본에 건너가 일본사를 연구했다. 이것이 첫 번째 답이다. 그는 해방 후 최초로 일본에서 받아들인 학자였다. 그가 연구한 것은 일본사였다. 일본사의 관점에서 한국사를 바라보게 된 것이다. 그때 그는 일본에 대해 잘못 알고 있는 부분이 너무나도 많다는 생각을 하게 되었다. "와세다대학의 은사 미

즈노 유 교수의 가르침이 컸다." 말은 두 번째 답이다. 임나일본부
설의 신봉자 미즈노 유의 가르침이 컸다. 그래서 그는 일관해서 이
렇게 주장했다. '우리'를 넣으면 주어가 보인다.

"백제에서 동성왕(재위 479~500)과 무령왕(재위 501~522)이 등장하
고 (우리) 일본에서는 그들과 같이 성장했다고 여겨지는 게이타
이천황(재위 507~531)이 재위에 오르면서부터 양국 관계는 급속
히 가까워진다. 당시 한반도에서는 고구려, 백제, 신라가 서로
자국 주도의 통일을 이루기 위해서 이전투구(泥田鬪狗)를 되풀
이하고 있었다. 따라서 삼국은 모두 (우리) 일본에 대해서 군사
원조를 요청하거나 적어도 상대국에게 군사 원조를 제공하
지 못하도록 저지하기 위해서 노력하였다. 그러므로 삼국 중
에서 어느 나라를 파트너로 삼을 것인가 하는 캐스팅 보트는
(우리) 일본이 쥐고 있었다."

– 김현구, 『백제는 일본의 기원인가』, 창비, 2002, 29쪽

김현구에 의하면 되풀이해서 진흙 밭에서 싸우는 개였던 고구려,
백제, 신라는 일본의 간택을 갈구하는 존재였다. 『삼국사기』에 의하
면 당시 백제는 동성왕 때부터 다시 부흥해 무령왕, 성왕, 위덕왕으
로 이어지는 융성기를 맞았다. 이때 고구려는 장수왕(412~491), 문자명
왕(491~519)의 전성기였다. 야마토왜에 군사 원조를 요청할 이유가 없
었다. 당시 삼국과 야마토왜의 역사적·사회적 발전 단계와 각국의
정치적 상황, 야마토왜의 조선술, 항해술, 철제 무기 제조술 등 모든

상황과 사료가 김현구 주장과 완전히 배치된다.

스에마쓰 야스카즈는 『임나흥망사』에서 "백제로부터의 오경박사, 역박사(易博士), 역박사(歷博士), 의박(醫博), 율사(律師), 선사(禪師), 비구니(比丘尼), 조불공(造佛工) 등의 교대 파견 근무는 임나 부흥의 출병과 백제 구원의 대가로 해석되어야 한다."고 말했다.

일본의 역사를 새로운 시각으로 연구해야 한다. 한국 학자가 일본을 주체로 해서 한국사를 연구하는 것도 의미가 있다. 연구가 아니라 그와 같은 관점을 갖고 살아도 그것은 그의 선택이다. 그러나 조국의 역사를 왜곡·부정하고, 일본 역사의 최대 과오인 제국주의 사관을 옹호·전파하는 것은 모국은 물론 일본의 역사도 모독하는 것이다.

사실은 역사학의 출발점이다. 한편 어떤 관점과 입장에 서 있는가에 따라 사실을 보는 눈이 달라지고 사실을 왜곡하기도 한다. 최재석과 김현구의 견해가 근본적으로 어떻게 다른지는 312~313쪽 표를 살펴보면 알 수 있다.

김현구는 자신의 박사 학위 논문 「야마토 정권의 대외관계 연구」를 통해 한일관계사를 일본사의 관점으로 밝혔다. 한일관계사를 진술할 때 일본 연도만 쓰고 한국 연도와 서기는 기재하지도 않았다. 야마토왜의 조선과 항해 수준은 거론하지도 않고 자력으로 군대와 물자를 지원했다고 했다. 백제가 징집하고 징발한 인력과 물자를 야마토왜의 군사 원조로 봤다. 그가 선택한 역사관이 그를 역사 왜곡의 길로 이끌 수밖에 없는 것이다.

동양미술사학자 존 카터 코벨

한국과 중국, 일본의 예술과 역사, 고고학을 연구한 동양미술사학자 존 카터 코벨은 이렇게 말했다.

> "제4국, 가야가 한국의 교과서에서 취급되지 않는 이유는 일본이 한때 가야를 이른바 '지배'했다고 하는 황당한 일본 역사의 기록 때문이다. 이 주장은 물론 진짜 사실을 180도 뒤집어놓은 것이다."
>
> – 존 카터 코벨, 『한국문화의 뿌리를 찾아』, 김유경 옮김, 21~22쪽

코벨은 일본이 역사적 사실을 거꾸로 뒤집었다고 밝히며 조선을 '은자의 나라'로 표현한 윌리엄 그리피스(W. E. Griffis)가 머물렀던 일본 아이치(愛知) 현에 대해 묘사한 말을 소개했다.

> "아이치 현의 오래된 가문 사람들은 그들의 조상이 조선 사람들인데 대해 매우 자부심을 갖고 있었다. 온 동네가 모두 '바다 건너 고향의 것'에 정통해 있었다. 새와 가축, 과실, 매(鷹), 채소, 나무 농기구류와 고동이 쓰는 물레, 땅 이름, 예술, 종교 이론과 제도 등에 이르기까지 거의 모든 것이 어떤 식으로든 바다 건너 한국과 관련된 것이었다."
>
> – 존 카터 코벨, 『한국문화의 뿌리를 찾아』, 김유경 옮김, 54쪽

최재석과 김현구의 관점 비교

	중요 항목	최재석	김현구
1	한일관계사의 표현	한국과 일본의 관계사(『통일신라 · 발해와 일본의 관계』)	일본사로 표현(『야마토 정권의 대외관계 연구』)
2	한일관계사의 연도 표현	일본 연도와 서기 병기 또는 한국 연도와 서기 병기	일본 연도로만 표현
3	일본 고대사학자에 대한 비판	22회에 걸쳐 비판(일본 역사학자는 거의 전부 역사를 왜곡함)	비판하지 않음
4	6세기 한국인의 일본 정착 기사	한국인의 일본 개척 기사	한국인의 일본 귀화 기사
5	천황의 거처	띠로 지붕을 인 보잘것없는 상태	언급하지 않음
6	천황의 왕권	천황의 존재 자체가 의심스럽고, 존재하였다고 가정하더라도 같은 지역의 호족보다도 못함	일본 최고의 명령자
7	일본의 관위 시행	607년 처음으로 관위 시행(6세기에는 관위가 시행되지 않음)	언급하지 않음
8	일본의 조선 · 항해 수준	유치하여 한국의 도움 없이는 나라 밖으로 나갈 수 없음	발달(자력으로 군대와 물자를 한국에 수송할 수 있음)
9	7세기 일본의 강역	기내(畿內)	언급하지 않음
10	일본 열도의 각지 지명	고(구)려, 신라, 백제 등 일본 열도를 뒤덮고 있음	언급하지 않음
11	『일본서기』의 평가	변개 조작 기사가 많음	거의 전부 사실로 받아들임
12	쇼토쿠태자(聖德太子)의 존재	허구 인물	실존 인물
13	임나의 위치	존재했다고 가정하면 지금의 쓰시마섬	가야(한반도)

14	소가(蘇我)씨의 죽음	백제왕이 보낸 사람들에 의해 주살됨	일본인이 살해
15	가마타리(鎌足)	백제가 파견한 백제인	일본인
16	다이카개신(大化改新)에 관한 천황의 명령(詔)	조작	사실
17	신라·당·일본의 관계	당이 쓰쿠시(筑紫) 도독부를 통해 일본을 통치함(664~672)	일본이 당·신라와 관계 개선
18	김춘추의 역할	먼저 백제가 경영하던 일본에 가서 군사 사항을 탐색한 후 당에 가서 앞으로 신라가 백제를 공략할 때 당의 도움을 요청함	일본의 상소문을 김춘추가 당에 전달함
19	백강구 전투에 참전한 일본군의 성격	백제왕의 군대	일본 군대
20	663년 이후 백제 장군들이 일본으로 후퇴해 행한 역할	백제 장군들이 방위 시설을 축조함	백제 장군이 아니라 나카노오에(中大兄) 황자가 방위 시설을 강화함
21	6세기 일본에 파견된 백제의 장군·관리·오경박사의 성격	일본을 군사적·정치적으로 통치하기 위해 파견된 백제인	일본의 군사 원조 대가로 백제가 오경박사를 파견함
22	6세기 일본이 군대·인력·물자를 백제에 보낸 기사	백제가 일본의 인력과 물자를 징집·징발함	백제에 대한 일본의 군사 원조
23	6세기 백제와 일본의 관계	백제가 일본을 경영함	대등한 관계로 백제가 일본에 조공함
24	6세기의 일본 군대	존재할 수 없음	한국까지 진출할 정도로 강력함
25	일본 파견 한국사 기사	반드시 사실을 확인해야 하며 허구가 적지 않게 많음	모두 사실이고 거의 모두 조공사임
26	신라의 조선·항해 수준	극동의 해상권을 장악함	언급하지 않음

* 최재석, 『고대한일관계사 연구 비판』, 79~80, 〈표 13〉에서 인용.

그리피스가 기거한 곳의 사람들은 자신들의 조상이 한국이라는 사실에 자부심을 갖고 있었다고 한다. 그곳의 거의 모든 것이 한국과 관련되었다. 고대 한국과 일본의 정치적 상황을 보면 백제가 일본에 칠지도를 하사한 때 일본이 미약한 집단이었던 반면, 백제는 정치적으로 전성기를 구가하고 있었기 때문이다. 백제의 조선술은 최고 수준이어서 일본의 사신들은 백제가 만든 배를 타고 갔다. 일본은 9세기에도 백제가 만든 배를 이용했다. 코벨은 중국 사서 『남제서(南齊書)』「백제국전(伯濟國傳)」에 당시 백제가 5개의 속국을 거느렸는데, 일본이 그중 하나였다고 했다.

마지막으로 코벨의 말로 글을 마무리하자.

"어째서 일본은 그들이 한국문화에 의존하고 있다는 것을 그토록 받아들이지 못하는 것일까? 나는 그러한 사실이 놀랍기 그지없다. (중략) 그렇지만 무엇 때문에 한국의 학계(1981)는 그렇게 소극적인가? 지금의 나이든 학자들은 과거 일본 사람 밑에서 공부했기에 그들에 대한 무슨 의리나 의무 같은 게 있어 그러는 것인가? 아직 서른이 안 된 젊은 학도들은 누구에게도 빚진 것 없을 테니까 이들은 박차고 일어나 진실을 밝혀서 케케묵은 주장들을 일소해버렸으면 한다. 누군가는 해야 할 일이기 때문이다. (중략) 나는 때때로 독자들로부터 두 나라 사이의 문화적 관계가 항상 그렇게 한국에서 일본으로 '일방적 흐름'만 계속되었던 것인가 하는 질문을 받는다. 그렇다. 그 흐름은 사실상 99%까지 한국에서 일본으로 가는 일

방적 흐름으로 지속되었으며 한국에서 일본으로 건너가 화가
와 건축가 그리고 도공들을 통해 그 영향이 나타났다."

– 존 카터 코벨, 『일본에 남은 한국미술』, 김유경 옮김,

글을읽다, 2008, 9~10쪽

코벨은 "아직 서른이 안 된 젊은 학도들은 누구에게도 빚진 것
없을 테니까 이들은 박차고 일어나 진실을 밝혀서 케케묵은 주장
들을 일소해버렸으면 한다."고 말했다. 그러나 이 땅의 '무서운 아이
들'은 거꾸로 갔다. 조선총독부 역사관의 홍위병이 되어버렸다. 나
는 코벨에게 너무나 부끄럽다. 일본인도 한국인도 아닌 서양인이 객
관적 시각으로 보니 확연하게 보였던 진실이 이 땅의 역사학자들에
게는 통하지 않는다. 그는 "누군가는 해야 할 일이기 때문이다."라
고 말했다. 저것은 절망의 벽이라고 말할 때 담쟁이는 서두르지 않
고 앞으로 나아가고 결국 그 벽을 넘는다고 도종환 시인은 노래한
바 있다. 세계 역사상 유래 없는 촛불혁명을 이끈 이 땅의 촛불들
이 박차고 일어나 진실을 밝혀서 케케묵은 주장들을 일소해버릴 것
이라고 나는 확신한다.

참고문헌

1. 1차 사료

『고려사高麗史』,『고려사절요高麗史節要』,『관자管子』,『구당서舊唐書』,『남제서南齊書』,『독사방
여기요讀史方輿紀要』,『동국통감東國通鑑』,『사기史記』,『사기색은史記索隱』,『사기집해史記集解』,
『산해경山海經』,『삼국사기三國史記』,『삼국유사三國遺事』,『삼국지三國志』,『세종실록世宗實錄』,
『송서宋書』,『수경水經』,『수경주水經注』,『신당서新唐書』,『열하일기熱河日記』,『양사梁史』,『일본
서기日本書紀』,『위서魏書』,『자치통감資治通鑑』,『제왕운기帝王韻紀』,『진서晉書』,『태강지리지太
康地理志』,『통전通典』,『한서漢書』,『후한서後漢書』,『회남자淮南子』

2. 단행본·논문·신문기사

강종훈,『한국고대사 사료비판론』, 교육과학사, 2017.

국사편찬위원회,『한국사』, 탐구당, 2003.

권주현,『가야인의 삶과 문화』, 혜안, 2009.

김교경·정강철,「물성 분석을 통하여 본 점제비와 봉니의 진면모」『조선고고연구』제4호(루계
제97호), 1995.

김명옥,「'하백녀 유화' 연구사에 대한 비판적 고찰」,『문화와 융합』통권44, 한국문화융합학회,
2016.

김종성,『조선상고사』, 역사의 아침, 2014.

김태식,『미완의 문명 7백년 가야사』1, 푸른 역사, 2002.

김현구,『김현구 교수의 일본 이야기』, 창비, 1996.

──,『백제는 일본의 기원인가』, 창비, 2002.

──,『임나일본부설은 허구인가』, 창비, 2010.

낙빈기,『금문신고』1, 태산 역주, 미래교통, 2011.

노태돈,「역사적 실체로서의 단군」,『한국사 시민강좌』27집, 일조각, 2000.

──,「고조선 중심지의 변천에 대한 연구」,『단군과 고조선사』, 사계절, 2000.

──,『한국고대사』, 경세원, 2014.

담기양,『중국역사지도집』, 중국지도출판사, 1982.

대한민국 국회,「제332회 국회(임시회) 제32차 동북아역사왜곡대책특별위원회」, 2015년 04월
17일 금요일 08:12, 동영상 및 국회속기록

http://w3.assembly.go.kr/vod/jsp/vod/vod.do?cmd=vod&mc=4EV&ct1=19&ct2=332&ct3=32

동서엽, 「『제요도당씨』 명호삭원」, 『영인본 고사변』 제7책 하편, 개명서점, 1941.

마이클 파렌티, 『비주류 역사』, 김혜선 옮김, 녹두, 2003.

문성재, 『한사군은 중국에 있었다』, 우리역사연구재단, 2016.

미시나 쇼에이, 「구마나리고」 하, 『청구학총』 20호, 오사카야고서점, 1935.

박선희, 「평양 낙랑유적 복식유물의 문화성격과 고조선」 『단군학연구』 20, 2009.

———, 『한국 고대 복식』, 지식산업사, 2002.

박지향 외, 『해방전후사의 재인식』, 책세상, 2006.

베네딕트 앤더슨, 『상상의 공동체』, 윤형숙 옮김, 나남, 2002.

부사년, 『이하동서설』, 정재서 역주, 우리역사연구재단, 2011.

사회과학원, 『평양 일대의 락랑무덤에 대한 연구』, 중심, 2001.

석문이기동교수정년기념 논총간행위원회, 『한국고대사 연구의 현 단계』, 주류성, 2009.

송호정, 『단군, 만들어진 신화』, 산처럼, 2004.

———, 『한국고대사 속의 고조선사』, 푸른 역사, 2003.

스에마쓰 야스카즈, 『임나흥망사』, 오야시마출판大八洲出版, 1949.

시라토리 구라키치, 「단군고」, 『시라토리 구라키치 전집』 3, 이와나미서점岩波書店, 1970.

신종원 엮음, 『일본인들의 단군연구』, 조경철 외 옮김, 민속원, 2009.

신채호, 『신채호 역사 논설집』, 정혜렴 엮어 옮김, 현대실학사, 1995.

———, 『조선상고사』, 박기봉 옮김, 비봉출판사, 2006.

쓰다 소키치, 『쓰다 소키치 전집』, 이와나미서점, 1964.

안춘배, 「고고학상에서 본 임나일본부」, 『재상륙한 임나일본부설』, 역사관련단체연합 학술대회 자료집, 2016.

역사비평편집위원회, 『한국 전근대사의 주요 쟁점』, 역사비평사, 2008.

——————, 「역사비평」, 114·115호, 역사비평사, 2016.

오영찬, 『낙랑군 연구』, 사계절, 2006.

윤내현·박선희·하문식, 『고조선의 강역을 밝힌다』, 지식산업사, 2006.

윤내현, 『고조선 연구』 상·하, 만권당, 2015·2016.

———, 『한국 열국사 연구』, 만권당, 2016.

이경희·정은혜, 「"한국은 사실상 중국 일부였다" 시진핑, 트럼프에게 충격 발언」「중앙일보」, 2017년 4월 20일자.

이기백 책임편집, 『한국사 시민강좌』, 1집, 일조각, 1987.

이기백 책임편집, 『한국사 시민강좌』, 2집, 일조각, 1988.

─────────,『한국사 시민강좌』, 27집, 일조각, 2000.

이기백,『한국사신론』, 일조각, 2001.

─────,『민족과 역사』, 일조각, 1983.

이덕일,『고조선은 대륙의 지배자였다』, 역사의 아침, 2006.

─────,『매국의 역사학, 어디까지 왔나』, 만권당, 2015.

─────,『우리 안의 식민사관』, 만권당, 2014.

─────,『한국사, 그들이 숨긴 진실』, 역사의 아침, 2009.

이도상,『고대조선, 끝나지 않은 논쟁』, 들메나무, 2015.

─────,『일제의 역사 침략 120년』, 경인문화사, 2003.

이마니시 류,「단군고」,「청구설총」 1호, 1929.

이병도,『한국고대사연구』, 한국학술정보, 2012.

─────,『한국고대사회와 그 문화』, 서문당, 1972.

─────,「패수고」,『한국고대사회사론고』, 한국학술정보, 2012.

이순자,『일제 강점기 고적조사사업 연구』, 경인문화사, 2009.

이승호,「단군-역사와 신화, 그리고 민족」,「역사비평」 117호, 역사비평사, 2016.

이영식 외,『우리 역사를 의심한다』, 서해문집, 2002.

이익,「조선4군朝鮮四郡」.

이재수,『한국소설연구』, 선명문화사, 1969.

이주한,『위험한 역사 시간』, 인문서원, 2015.

─────,『한국사가 죽어야 나라가 산다』, 역사의 아침, 2013.

이지영,「하백녀, 유화를 둘러싼 고구려 건국신화의 전승 문제」,『동아시아고대학』 13호, 동아시아고대학회, 2006.

이형구·이기환,『코리안 루트를 찾아서』, 성안당, 2009.

이희수 외,『오류와 편견으로 가득한 세계사 교과서 바로잡기』, 삼인, 2007.

일연,『삼국유사』, 이재호 옮김, 솔, 1997.

전국역사교사모임,『역사, 무엇을 어떻게 가르칠까』, 휴머니스트, 2008.

젊은역사학자모임,『한국 고대사와 사이비 역사학』, 역사비평사, 2017.

정구복 외 4인 엮음,『역주 삼국사기』 2, 한국정신문화연구원, 2002.

정약용,『아방강역고』

정인보,『조선사연구』

조희승,『가야사연구』, 사회과학출판사, 1994.

존 카터 코벨,『한국문화의 뿌리를 찾아』, 김유경 엮어 옮김, 학고재, 1999.

주보돈, 『임나일본부설, 다시 되살아나는 망령』, 역락, 2012.

최재석, 『고대한일관계사연구 비판』, 경인문화사, 2010.

──, 『고대한일관계사연구』, 경인문화사, 2010.

──, 『고대한일관계와 일본서기』, 일지사, 2000.

──, 『백제의 대화왜와 일본화 과정』, 일지사, 1990.

──, 『역경의 행운』, 만권당, 2015.

──, 『일본고대사연구 비판』, 일지사, 1990.

──, 『일본고대사의 진실』, 경인문화사, 2010.

──, 『일본서기의 사실기사와 왜곡기사』, 집문당, 2012.

──, 『한국 고대사회사 방법론』, 일지사, 1987.

──, 『삼국사기 불신론 비판』, 만권당, 2016.

한국고대사학회, 『고조선 연구의 새로운 모색』, 2014.

──, 『한국고대사 연구의 새 동향』, 서경문화사, 2007.

──, 『우리 시대의 한국 고대사』 1·2, 주류성, 2017.

한국교원대 역사교육과, 『아틀라스 한국사』, 사계절, 2010.

한국사특강편찬위원회, 『한국사특강』, 서울대학교 출판부, 2007.

한민족학회 엮음, 『한민족』 제3집, 교문사, 1991.

한배달 편집부 엮음, 『시원문화를 찾아서』, 한배달, 1995.

한일역사공동연구위원회, 『한일역사공동연구보고서』 1, 2005.

홍태한, 「서울 부군당의 실존 인물 숭배 양상」, 『남도민속연구』 17호, 남도민속학회, 2008.

──, 「설화와 민간신앙에서의 실존인물의 신격화 과정」, 『한국민속학보』 3호, 한국민속학회, 1994.

후지타 료사쿠, 『조선고고학연구』, 고토쇼인高桐書院, 1948.

황순종, 『식민사관의 감춰진 맨얼굴』, 만권당, 2014.

──, 『임나일본부는 없었다』, 만권당, 2016.

──, 「패수·열수에 대한 고찰」, 『제4회 고구려 국제학술 세미나』, 고구려역사문화보전회, 2017.

U. M. 부틴, 『고조선』, 이항재·이병두 옮김, 소나무, 1990.

Anthony D. Smith, *Myths and Memories of the Nation*, Oxford University Press, 1999.

매국의 역사학자,
그들만의 세상

초판 1쇄 펴낸 날   2017. 8. 14.
초판 2쇄 펴낸 날   2017. 9. 4.

지은이   김명옥·이주한·홍순대·황순종
발행인   양진호
발행처   도서출판 |만권당▌

등   록   2014년 6월 27일(제2014-000189호)
주   소   (121-894) 서울시 마포구 양화로 56 동양한강트레벨 718호
전   화   (02) 338-5951~2
팩   스   (02) 338-5953
이메일   mangwonbooks@hanmail.net

ISBN   ISBN 979-11-958723-5-0 (03910)

이 도서의 국립중앙도서관 출판시도서목록(CIP)은 서지정보유통지원시스템 홈페이지
(http://seoji.nl.go.kr)와 국가자료공동목록시스템(http://www.nl.go.kr/koli-snet)에
서 이용하실 수 있습니다. (CIP제어번호: CIP2017017571)